僕の訪中ノート 1971

黒田　徹

編集工房ノア

北京　人民公園（頤和園）3月14日

北京　天安門広場。3月9日

上海　馬陸人民公社。3月1日

周恩来総理との会見（前列中央、右から７人目）、北京、人民大会堂　３月13日

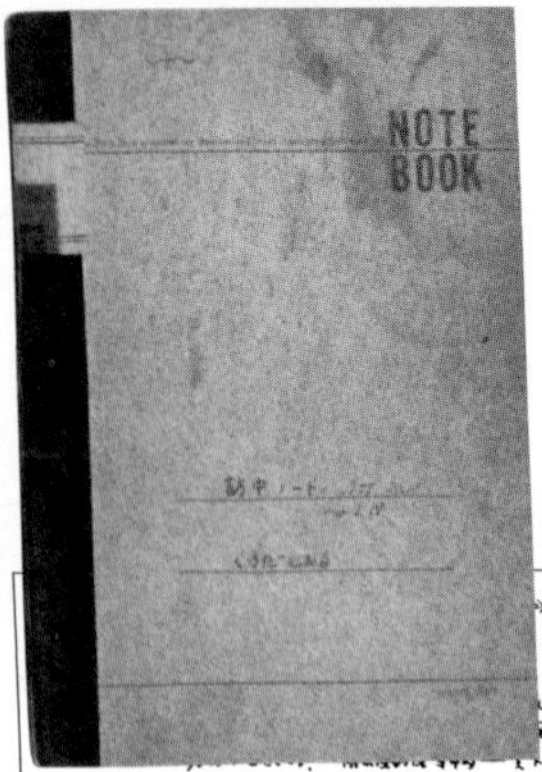

訪中ノート

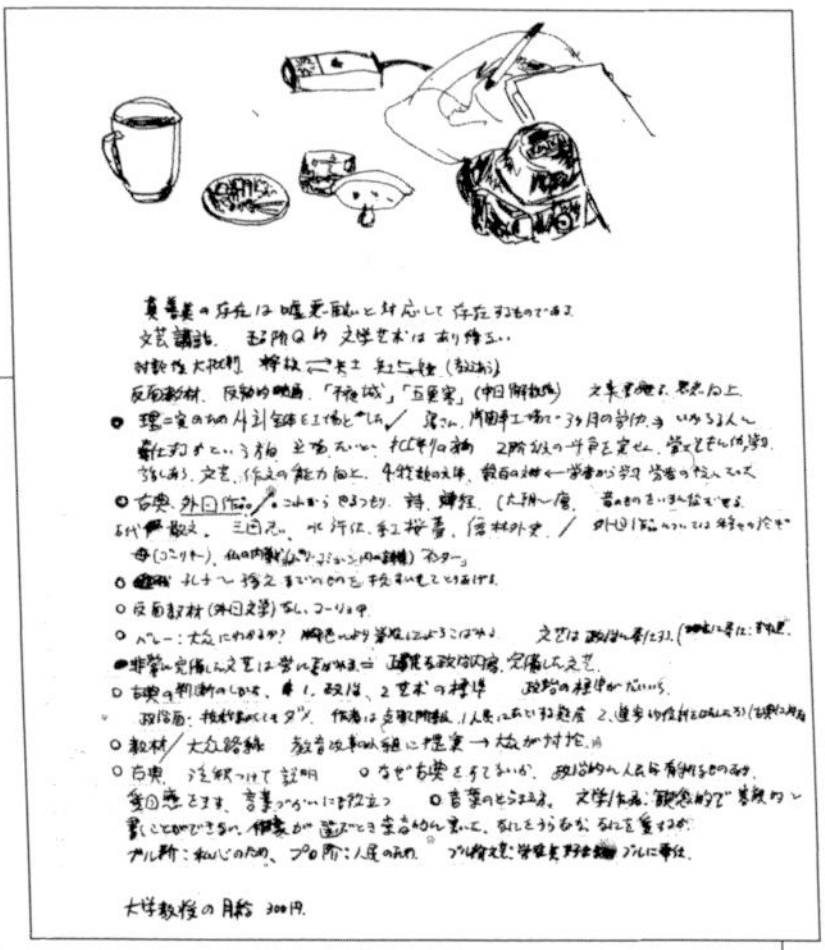

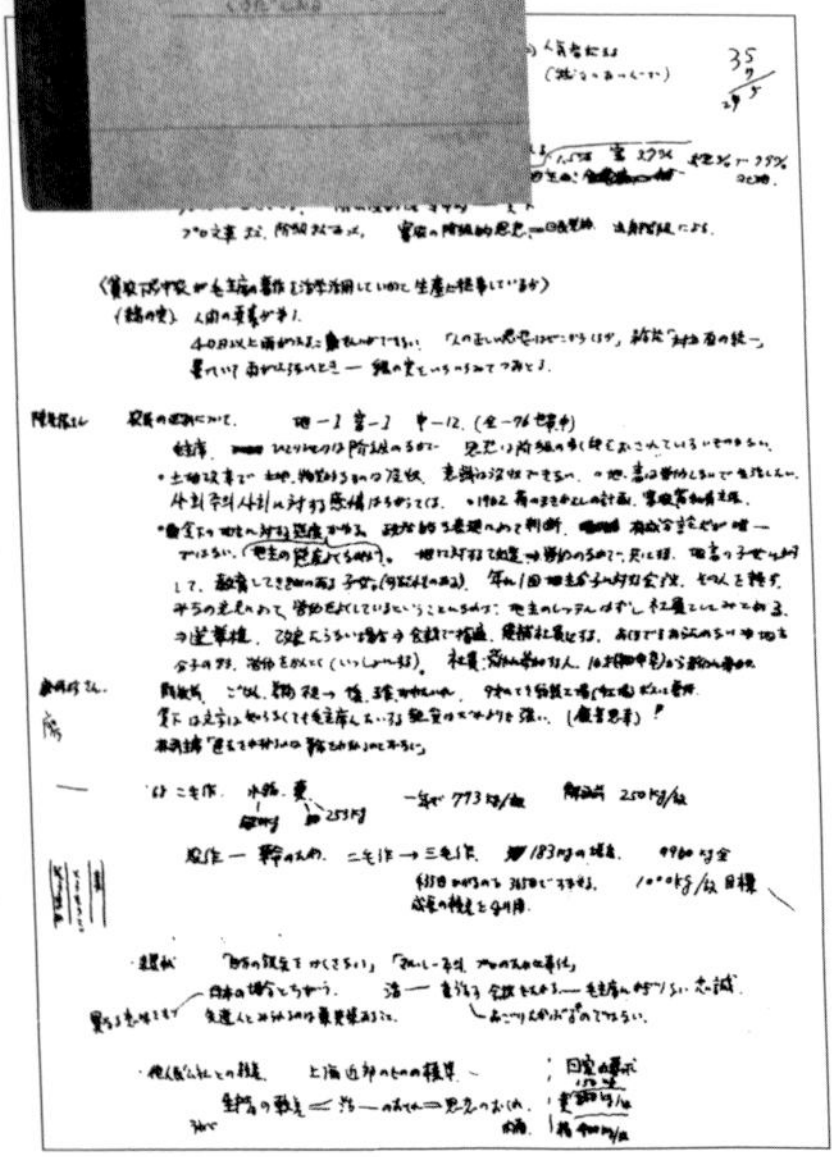

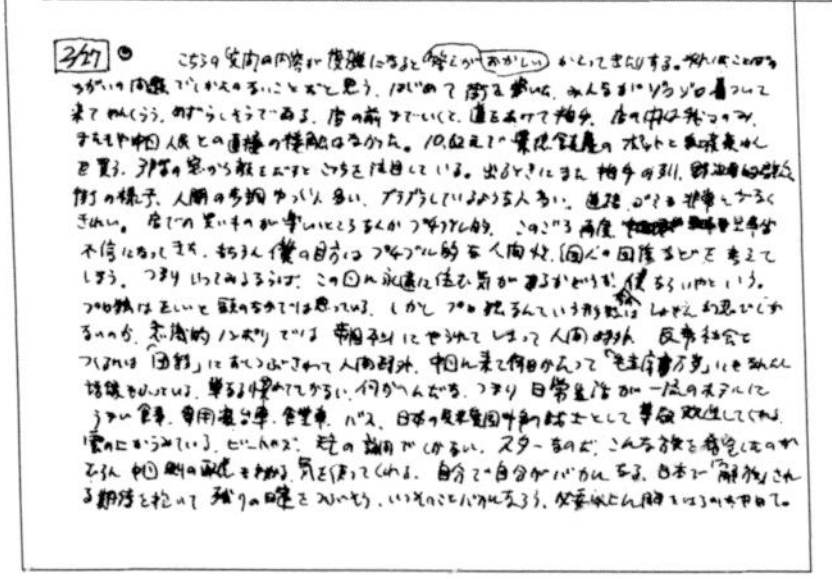

「僕の訪中ノート　１９７１」　目次

訪れた都市
北京
南京
上海
(武漢)
南昌
長沙
韶山
広州
香港

いま刊行にあたって

1

ふるい旅行のふるい旅行記である。

一九七一年の二月から三月にかけて訪れた中国のことを、七九年の秋から同人誌「VIKING」に書きはじめ（掲載は八〇年二月から）、二年後の八一年十月に書きおえた。旅先で二十一歳の誕生日を迎え、書きおえたときは三十一歳になっていた。そして、七十歳になったいま、自分自身と時代の記録として一冊にまとめたいと思った。

私は一九五〇年三月生まれで、団塊の世代の最後の学年である。六八年三月に京都の府立高校を卒業、二浪して、七〇年四月に大阪外国語大学の朝鮮語科に入学した。

当時、京都は革新府政が長くつづいていた。公立高校は小学区制で、小学校の区域がほぼ同じ高校に行くことになっていた。私の学年は、小学校七学級（約三五〇人）、中学校は三つの小学校が集まり十六学級（約八〇〇人）だった。このうち二割弱が公立高校普通科に進学した。高校は普通科七学級（約三五〇人）と商業科四学級（約二〇〇人）だった。私もそのひとりなのだが、ほどほどに勉強して卒業し、浪人して一年間がんばったら京大には行けるだろうと考えている生徒は多かった。「京都は六・三・四制」などと言っていた。入試は三月上旬三日間の一発勝負だった。

浪人の二年間は全国の大学で「闘争」の嵐が吹きあれた。

六八年、日本大学で巨額の使途不明金が発覚し、東京大学では医学部学生の不当処分が行われ、大学当局に対する抗議活動がはじまった。活動は日大全学共闘会議、東大全学共闘会議が主体となった。「全共闘」は学生自治会の枠を越えて多くの学生が参加し、大学の建物を占拠し、バリケードを築き封鎖した。しかし、日大は十月に、東大は翌六九年一月に機動隊により排除された。東大安田講堂での攻防は二日間にわたり、テレビニュースでくりかえし放送された。東大闘争は収束にむかったが、逆に全共闘運動は全国に拡がっていった。東大では闘争の影響で六九年の入試が中止された。

本来東大を受験する秀才たちが京大にやってくる。京都公立高校組はきわめて厳しい状況になった。京大の入試も「過激派学生の妨害」から守るため、市内の予備校に分散して行われた。文学部の会場は一年間通った予備校だった。六人掛けの同じ長机に、中学高校からの仲良し三人が、別々に願書を出していたのに、いっしょに座ることになった。「この机からひとりやな」と、麻雀のうまい友人が大声で言って、周囲の注目をあびていた。それまで四倍程度だった競争率が六倍に上がっていたのだ。結果、もうひとりの友人が合格した。彼はすぐに学生運動をはじめ、生き生きとした口調でデモの様子をしゃべるようになった。

全共闘は、各大学におけるさまざまな党派の活動に多くの一般学生が参加して成り立っていた。全員に共通の思想や組織があったわけではなく、個人参加だった。組織のルールを束縛と感じる者には魅力的であった。二浪目の仲良しといっしょに京大近くにデモを見に行ったりした。調子に乗って車道に降りて大勢で歩いていると、装甲車のマイクから「黄色いセーターを着た少年！　ただちに歩道に上がりなさい」と怒鳴られ、しばらくして自分のことだと気がついて驚いたことがあった。

これ以上の浪人はいやだったので、七〇年の入試は京大のほか、私立四学部と国立二期校

（三月下旬に二日間の試験）も受けた。私立文系の入試科目は国語、英語、社会だったのが、その年は国語、英語、数学にかわった。そのうえ三科目を同時に行って、二時間あまりで終了させるというものだった。これも「過激派学生の妨害」対策で、休憩時間をなくしてスキを見せないようにするためだった。大阪外大の入学式も行われなかった。小さな教室で朝鮮語科十五人の新入生が主任教授の話を聞いただけだった。大人たちは「過激派学生」に悩まされつづけていた。しかし私は、入試の段取りのさまざまな混乱にも不快感を持つことはなかった。それどころか、大学生になったら当然学生運動をするものと思っていた。

学生運動を支持したくなる思いの原点は安保闘争だった。一九六〇年、小学五年生の一学期のことだ。国会周辺の道路を埋めつくすデモ隊のニュースは連日テレビで見ていた。休み時間、運動場で隊列を組んで、「安保反対」と叫び、デモ行進のまねをしていた。大学生や労働組合の若者たちが、一銭の得にもならないのに危険を冒してまで主張していることは正しい、と子供の頭は感じていた。学校の先生や親の態度もデモを応援しているように見えた。

父はフランス文学者で神戸大学の講師だった。病弱で、体力のいる事柄からは距離をとっていたであろうことは、死後何年もたってから気がついた。でも安保条約についてはわかりやすく解説してくれた。アメリカは世界中で戦争を起こしている、安保条約を結ぶとアメリカの味方として世界中で戦争にまきこまれる、だから条約には反対する人がたくさんでてくるのだ、と。

警官や右翼や暴力団が棍棒でデモ隊に殴りかかるのはひどいことだと思った。本来警察に取り締まられる人たちが警察といっしょに学生を攻撃していた。東大の女子学生がデモで死亡した。殺されたのだと思った。その年の秋に、野党第一党の社会党委員長が演説中に右翼の十七歳の少年に刺殺された。その映像はテレビでくりかえし放送された。本当に殺された。暗殺だ。怖いことだと思った。日本政府もアメリカも悪者のように思えてきた。しかし、テレビでみているアメリカ映画の正義感あふれる主人公たちと、世界中で戦争を起こしている悪者というイメージが結びつかなかった。

小学高学年と中学の社会科で、ロシア革命や中国革命を習ったとき、また集団農場や人民公社が教科書にでてきたとき、先生方の授業にはいつもより力がこもっていたような気がする。資本主義より社会主義の方が優れている、と言葉で説明されているわけではないのに、私は勝手にそのように思うようになっていた。先生方もそう思っていたからこそ力が入ったのかもしれない。社会主義は、みんなが平等で、民主的で、正義が貫かれ、弱者にやさしい人間味あふれるもの、と考えていた人が大人にも多くいたように思う。この思いはずっと持ちつづけた。高校生になってからは左翼は知的なものとも思うようになった。中国の人民解放軍の兵士は、民衆のものは針一本糸一筋も盗まない、という話を聞いて感動していた。

六〇年代はじめ、アメリカは南ベトナムへの軍事援助を増大させはじめた。北ベトナムからの共産主義の浸透を防ぐためであった。しかし、南ベトナム政権の腐敗やクーデタによる混乱などによって、北の支援をうけた民族解放戦線との戦いも成算が立たず、泥沼化していった。六五年には北ベトナムに対する大規模な空爆がはじまり戦争は拡大しつづけた。この頃から、西側諸国の市民による反戦運動が活発化していく。

高校時代にギターを買い、練習したのがアメリカのフォークソングだった。ピート・シーガー、ジョーン・バエズ、ボブ・ディラン、ピーター・ポールアンドマリーらの反戦歌も楽譜集にはたくさん載っていた。「悪者の国」にも歌で権力に抗議する人たちがいるのだと、熱烈なファンになった。やがて日本にも、高石友也、岡林信康といった、ギターの弾き語りで異議申し立てする人たちがでてきた。

中国のプロレタリア文化大革命は、一九六六年にはじまった。私が高校二年生のときだ。

北京放送を聴くようになったのもその頃だった。

夜、勉強中にラジオをつけているのは普通だった。音楽のリクエスト番組を各局ひと晩中やっていた。ビートルズはいつもナンバーワンの存在だった。雑音がなく、よく聞こえるのは京都、大阪のいくつかの放送局だったが、北京放送も聞きやすかった。もちろん日本語放送。「こちらは北京放送局です」と言う女性アナウンサーの声がさわやかだった。「北京」が「ペキーン」と聞こえた。音楽番組に飽きたとき気分転換に聴いた。

最初の頃は、日本と国交もなく敵対している外国の放送を聴いていることは何とも不思議な感じがした。ベトナム侵略反対、修正主義反対、対米追従反対。アメリカ、ソ連、日本、それに台湾や韓国にも他の西側諸国にも容赦のない批判をくりひろげた。日本の新聞やテレビでは聞くことのできない論調だった。日本について、どこの国のことを言ってるのだろうと思うこともよくあった。論理的に納得できないものもあったが、一種の新鮮さを感じてもいた。

自国については、国内の敵を打倒して革命をさらに進めようというものばかりだった。建国から二十年もたっていないのにさらに革命をやろうとしている。毛沢東はすごいリーダーなのだと思った。北京大学で学生が大学指導部を批判する壁新聞を貼り出したこと。北京市副市長が書いた『海瑞免官』という歴史劇を批判した論文が上海で発表されたこと。毛沢東主席が「司令部を砲撃せよ」という壁新聞を貼り出したこと。紅衛兵に「造反有理」（謀反を起こすには道理がある）という言葉を送ったこと。紅衛兵の代表と会ったこと。長江を泳いだことなど。

同じニュースが何カ月もつづくことはよくあった。しかし断片的に聴いているだけでは、それぞれが何を意味し、どのようにつながるのかよくわからなかった。毛沢東語録の一節が朗読され、あいまには、「大海を行くには舵取りに頼れ」という曲が賑やかに流れていた。大きな変化が近づいているような内容ばかりだった。紅衛兵が街にでて、たくさんの歴史的文化財を破壊していることは日本の新聞で読んだ。「造反有理」は輸入され、全共闘運動のスローガンになった。

全国の多くの大学でくりひろげられた闘争、封鎖は、主に機動隊によって解除され、六九年中にはほぼ沈静化していた。七〇年四月にやっと大学生になれたのだが、学内には運動の熱気は感じられなかった。六月には「七〇年安保」がひかえていたのに。日本共産党系の民青による自治会の雰囲気はすごく穏やかだった。一浪で京大に入った友人のようにはなりそうになかった。「過激派」がいないわけではなかったが、部室を構えているのはひとつだけで、あとは個人がセクトの看板を背負っている感じだった。学生運動は七〇年以降は、ノンポリでも気軽に参加できる大衆的なものから急速にプロ化していったように思う。

「プロレタリア文化大革命研究会」は中国語科一年生の男が立ちあげたサークルだった。食堂でいつもグループの中心にいて大声でしゃべっていた。顔は覚えたが、名前は知らなかった。あるとき、煙草の火をかしてくれと言うので、ライターで点けてやると、サークルに誘われた。束縛がない、というのが売りであった。彼も二浪で、はじまったばかりの大学生活に私と似た感覚を持っていたのかもしれない。

外大では、自分が習っている言葉が本国でどのくらい通用するか確めたいと、ほとんどの学生が思っていた。当時は大学生が簡単に外国旅行できる時代ではなかった。特に共産圏に行けることなどめずらしかった。私が、中国語を全く学んでいないのに「プロ文研」の代表に選ばれたことは本当に意外だった。私を送り出してくれるメンバーへの最上のお土産は、正確な報告だと思った。名所旧跡を巡るよりも、工場や人民公社や学校などを見学することが圧倒的に多いと聞いていた。訪問先での中国側からの説明や発言をひと言も漏らさず、完璧なメモをとって、「事実」を記録して帰国するのが訪中の使命だと心に決めた。

2

富士正晴さんにはじめて会ったのは一九五六年のことだ。小学一年生だった。夏のある朝、台所にいた母が、「お客さんが泊まらはったんえ」と言う。それで朝ご飯なのに目玉焼があるのかと納得していたら、二階から父といっしょにお客さんが降りてきた。それが富士さんだった。

当時、父は奈良女子大学の講師だった。大学に行かない日は桑原武夫先生のおうちやジンブン（京大の人文科学研究所）に出かけていた。母によると、「文学の研究をしたはる」らしかった。父の日記を見ると、七月二十七日、「午後、人文。カレンダーの原稿持参。富士正晴氏くる。夕方、桑原、富士、多田と四人で百万遍でビール。……」とある。富士さんは居間の入口に立ったまま、ご飯を食べている私をじっと見つめていた。にらまれているようで怖かった。父は「絵描きさん」だと紹介した。「フジさんていうひとや」「富士山！」「ちがう、フジ・さん、や」。富士さんは私には話しかけなかった。母が「オレンジジュース飲まはりますか」と聞いたら、「ミキサー使いたかったら使いいいな」と答えた。なんでミキサーがあることを知ったはんのやろ、と不思議だった。

十二月になって年賀状を書いた。五七年は酉年で、買ってもらったばかりの動物図鑑から何種類かのニワトリをクレパスで写した。年賀状を出すのははじめてだった。父や母のようにたくさん書きたかったが、全部で十枚もなかった。「絵描きさん」やからと、富士さんにも出した。白いニワトリを描き、横に、「これはグヽレホンです」と書いた。年が明けてしばらくして、富士さんから私宛ての葉書が届いた。年賀状のお礼だった。「レグホン」と、訂正もしてあった。大人からもらったはじめての郵便物だった。怖い人という思いは消え、次の年からも干支の動物を描いて年賀状を出すようになった。

六年生の夏に父が亡くなった。葬式から一週間ほどして富士さんがお参りに来てくれた。会ったのは二回目だったが、年賀状のやりとりのおかげで、恥ずかしがることなく挨拶ができた。そのときには「絵描きさん」ではなく、小説家だと認識していた。背表紙を見ていただけだが、書棚に富士さんの本があった。

中学一年のとき、わが家に電話がついた。たまに富士さんからかかってきた。富士さんは、京都の大学の偉い先生たちに酔っぱらって電話をかけるので有名だと、母から聞いた。電話は長電話で、母は楽しそうにいつまでもしゃべっていた。電話で大人と雑談することは私にはまだできなかった。父の主治医であり、私も赤ん坊の頃から診てもらっている松田道雄先生ととても仲良しだと聞いて、富士さんにますます親しみを抱くようになった。穏やかな松田先生とは正反対に思えたのだが。

高校生になると、富士さんからの電話に母と替わるまえに交わす言葉の数がだんだんふえていった。私と話をするためにかかってくる電話もあったが、特に用事があってのものではなかった。富士さんはいつも酔っぱらっている、と思い込んでいた。ひと言で本質をとりだす、怖いものなしの大声を聞いていると、くよくよしているのが馬鹿らしくなり、前向きになれた。

母も富士さんのファンだった。電話のあと、「富士さんの話は無茶苦茶やわ」と言いながら、元気な気分にしてもらっていたようなところがあった。和紙や墨や、画材とは関係のないものや、プレゼントを持って茨木のお宅に伺っていた。その「お返し」かどうか、何枚も絵を描いてもらった。絵にはすべて額を誂えて、家のなかに何カ所も丈夫な釘を打ちつけて絵をかける場所をつくっている。

一浪の五月に、はじめてお宅を訪問した。母といっしょだった。夫人や三人の子供達とははじめての対面だった。長女の年子さんは私と同学年で、京大文学部に入学していた。大阪の公立高校は三年制なのだ、と改めて思った。一時間ほどで辞去した。帰りぎわ、「次はひとりでおいで」と言われた。

阪急茨木市駅からバスに乗って、安威南口で下車。バス道の両側は田圃で、所々に新しい大きな倉庫が建っていた。田圃に突き出たような小高い竹藪があって、そのなかに富士さんの家があった。いったん山側へ舗装道路をのぼる。道なりに五分ほど進んで、田圃の方へ降りる道を右に曲がり、さらに左側に小さなお地蔵さんが並んでいるところを左に曲がると、竹藪のはじまりで、土の道になった。そのまま進むと垣根もなく自然に庭に入り、古い百姓家にたどりついた。

玄関をあがって左側の部屋が書斎だった。座卓があり、入口の磨硝子の引き戸に背を向けて座るのが富士さんの場所で、背もたれを使っていた。正面の床の間には天井までの書棚。本がぎっしり詰まっていたが、これだけでは収まりきらず、四畳半の部屋には高さ数十センチから一メートル近くの積み重ねた本の山がいくつもあった。お客は本の山の間をすりぬけるようにして富士さんの向かい側に至ることになる。黒い受話器は窓側の手の届く小机のうえに置かれていた。

私が定位置につくと、座卓のむこうから富士さんがじっと顔を見つめる。それから「元気そうやな」とか「痩せたか」とかのひと言があって、こちらの近況報告に入る、という座談のはじまりの形は二十年近く通いつづけた最後まで変わらなかった。近況報告からたいてい人物評に落ちついた。友人知人有名人から歴史上の人物まで対象に制限はなかった。ときには私の祖父や祖母という、ごくありきたりの一生をおくった人までが登場した。富士さんが人を評するときの観点のひとつに、その人、あるいはその親の生まれ育った土地がどこか、というものがあった。どこどこの奴は気が荒い、あそこの奴はえげつない、理屈っぽい、気が強い（これは女の場合が多かった）、など貶し言葉ばかりだったが、そういう気質を「持ってへんような奴は失格やねん」というふうに聞こえた。

読書量がきわめて貧弱な私は、作家の話にはほとんどついていけなかった。「若いもんはもっと本読まんようになって、そのうち、大江健三郎てどんな役者？　高橋和巳てどこのピッチャー？　てきく奴がでてきよる」と言っていた。私が比較的まともに話すことができたのは歴史の分野だった。特に中国史が大好きだった。

私の高校の世界史の授業はちょっとかわっていた。二人の先生が一週間交替で東洋史と西洋史を別々に教えた。だからセットになっている隣りのクラスも世界史の時間割りは同じだった。二人の先生は大学時代からの親友だったそうだ。東洋史の先生は少しどもり気味の早口で、登場人物の行動や会話、喜びや嘆きをまるで見てきたように話した。私はこの授業が好きだった。黒板に書かれる「まとめ」も充実していた。写したノートを復習するだけで、京大受験に充分通用した。

富士さんは嫌いだと思っている人物の話はめったにしなかった。好意や興味をもっている人だけが話題にのぼった。しかしそういう人たちに対し、「けったいな奴」「ややこしい奴」と言い、こきおろした。富士さんの「けったいな」「ややこしい」あるいは「えげつない」はしばしば肯定的な意味で用いられた。織田信長や毛沢東とも深夜に電話で愚痴をこぼされていたのではないかと思われるくらい、親しみが込められていた。「ほめてておもろないからねえ。そやけど、ぼろくそに言うのはむつかしいのやで」。

帰り道はいつも暗くなっていた。が、気分ははればれしていた。富士さんの一見無茶苦茶のような話には、心のもやもやを吹きとばしてくれるシカケが組みこまれていたのだ。このことも二十年間かわることはなかった。

富士さんとのおしゃべりはウィスキーやビールを飲みながら、というのがあたりまえだったが、未成年のときはどうだったか。二浪目の頃、「ちょっとはええやろ」とウィスキーを注いでもらっていた覚えはある。富士さんの文化大革命の記事の切り抜きはすでにはじまっていた。朝日、毎日、読売、産経の四紙。切り抜いた紙毎に赤いサインペンで年月日と「読㋟」「毎㊙」のような記号を書きいれていた。伺ったときに作業中だったときは、「ちょっと待っててや」と切り抜きをつづけた。「中国がややこしいことになっとるみたいやな」「まだようわからん」「急に名前が載らんようになった奴がおる」「こんなんあとで読んだらおもろいで」。切り抜きは、瓶ビールの半ダース箱に入れられていた。

二浪目の冬のはじめ、今度は二期校も私立も受けます、と言うと、二期校はどこにするのか聞かれた。大阪外大の中国語にしようと思てます、と答えると、即座に「中国語は外大やのうてもやる奴がいっぱいいいよる。あそこは韓国語があるやろ。韓国語はみなやりたがらん。おもろそうやから、おまえがやれ」と言われた。私は素直に「なるほど」と思い、それまで考えてもいなかった方向に向くことになった。

大学生になって最初に伺ったとき、「もうええやろ」と、背もたれのうしろから「VIKING」を二、三号分とりだして私にくれた。富士さんが同人誌「VIKING」の「親分」であることは知っていた。その後も訪問するたびに最新号をもらったが、熱心に読まなかった。読むのは富士さん、山田稔さん、杉本秀太郎さん、大槻鉄男さんら子供のときから知っている人の作品だけだった。「どんなん書いてはんのやろ」という興味からだった。

訪中後は、富士さんとの話題も旅行のこと、中国のことが多くなった。富士さんはたいへん面白がって聞いてくれた。二年生が終わった春休みには韓国に行った。こちらの話もよく聞いてくれた。そして、「忘れんうちにまとめとけ」と言われた。「まとめたら発表する場が必要になるけど、VIKINGがあるから安心せえ」。旅行記でもいいのですか、と聞くと、「小説や詩と同じように〈記録〉というジャンルがある。それも立派な文学や」。そして「原稿はいちいちおれに見せんでもええ。発行所に送ったらええ」と言われた。

「そやけどそのまえに会員になっとけよ」

というわけで、私は「VIKING」の維持会員になった。七二年八月のことである。旅行記にはすぐとりかかったが、二日分も進むことができなかった。書き方がよくわからなかった。いち度合評会にも出席したが、大勢の出席者がわれ先にと発音するのに圧倒された。一号数十ページを合評会までの一週間で読み終えることもできなかった。

その後も何回か旅行記にはとりかかったが、書けなかった。富士さんは「下手でもええから、とりあえず最後まで書くのや」と言ったが、書けるときに書いたらええ、という感じだった。「ＶＩＫＩＮＧ」の読み方は以前に戻り、合評会にも行かなかった。それでも会費だけは送りつづけた。

大学を卒業して、半年以上たって勤めた会社も富士さんの紹介だった。東京に本社のある時計販売会社で、スーパーのダイエーのなかに何十カ所か時計売場を持っていた。社長が「ＶＩＫＩＮＧ」創立同人で、詩人とのことだった。ほおっておいたらいつまでもふらふらしていそうな私を無理矢理放り込んだ、という感じだった。東京で働けるのなら、と条件を出して採用された。

はじめてのひとり暮しだった。なんでもひとりでする生活は新鮮だった。キャンプに来ている感じだった。職場にもすぐにとけこめた。楽しい毎日だった。学生時代にほとんど読書をしなかったので、少しは挽回しようとアパートにはテレビと電話は置かなかった。夕食後の長い夜の時間、読書はあまりすすまなかったが、詩を書きはじめていた。何かすっきりしない思い、心のなかのもやもやしたものの輪郭だけでも書くことはできないかと、何回も何回も推敲していると時間はあっというまに過ぎた。四、五カ月の間に詩らしきものが何編かできた。見知らぬ人に読んでもらいたくて、「ＶＩＫＩＮＧ」の発行所に送った。もちろん富士さんには何も言わずに。好きな詩人がいるわけでもない。これまで誰かの詩集を読んだこともない。全くの素人の詩など面白いはずがない。私の詩作は、ひそかに投函するという儀式でおしまいになるはずだった。

ところが数日後、発行人からの葉書が届いた。「印象の濃い作品でした」という書きだしだった。どんどん書いて送るように、とも記されていた。三カ月後にはほんとうに掲載された。私は調子にのってどんどん書いて、送った。旅行記を書くために参加した「ＶＩＫＩＮＧ」に、詩人としてデビューした。七六年十二月のことである。年がかわって富士さんに会ったとき、「えらいきばって書いてるそうやな」と、うれしそうに言われた。

翌年の夏に、同世代の二人とともに乗船した。「ＶＩＫＩＮＧ」では同人になることを「乗船する」という。その後も乗船組や乗船予備軍がでてきて、二十代は八、九人にふえた。「富士さんが若返りを計ったはる」と言う先輩同人もいた。

若返りの証に、執筆も編集もすべて二十代が行う、二十代特集を出そうという話がでていたが、七九年の秋になってやっと日程が決まった。特集号は八〇年二月号。「若手」のなかで最年長である私が、三月に三十歳になるからだった。一号分の厚みにするためには私も散文を書かねばならなかった。締切りまでひと月半しかなかった。ずっと忘れていた「訪中ノート」のことが頭に浮かんだ。何回も試みて書きつづけられなかった旅行記。一回一日分でもいいではないか。書けなかったらノートを丸写しにしてもいいではないか。とりあえずこれで行こうと思った。

旅行からは九年近くがたっていた。私もその分大人になっていたし、中国の状況も様がわりしていた。しかし旅行記には「今」の知識はいっさい入れないことにした。二十歳二十一歳の私が考えたこと、感じたことを、大人になった私が訂正することもしなかった。連載のはじめの頃に、「現在と重ねて書く方が読みやすくなる」と、先輩同人から言われたが、当初の方針は変えなかった。

「ＶＩＫＩＮＧ」には十五回の連載となった。一回分がだいたい原稿用紙三十枚前後で、掲載号の三カ月前の月末が締切日だった。一回が三日分のときもあったし、半日分のときもあった。八〇年は連載の抜けが二回しかなかったが、翌年は息切れして掲載月が六回、十二月号が最終回だった。最後まで書けたことは自信になった。連載の途中、富士さんは、

「最後まで書けたら、おれの切り抜きをやる」

と言った。一年後の八三年の正月に、瓶ビール半ダース箱ふたつをお宅までもらいに行った。ただ、こちらの方はいまだに整理しきれないでいる。

（二〇二〇年六月二十五日）

僕の訪中ノート

1971・2・20〜3・17

まえがき

　私が中国へ行ったのは九年前のことである。社会主義国に行くというよりも、はじめての海外旅行ということで緊張した。第一次関西学生訪中参観団の一員としての訪中であった。

　私は大阪外国語大学朝鮮語科の一年生だった。中国語科の一年生たちが中心になっていた「プロレタリア文化大革命研究会」というサークルに参加していた。「プロ文研」は毎週土曜日の午後、大学近くの喫茶店で学習会をやっていた。中国革命に興味を持っているという程度の集まりで、毛沢東選集などを教材にしていたが、あまりレベルの高いものでもなかった。私は、革命とか、マオイストという言葉に、具体的なイメージを浮かべることができなかったが、そういう言葉まで掘り下げることは誰もしようとはしなかったようだ。十人あまりのメンバーの半数は会が終わってからの麻雀に興味を示していたくらいであった。

　私たちの学年は、いわゆる「紛後派」の最初の学年であった。全共闘運動は私たちが入学する直前に急激に衰退していたが、そのなごりが皆無であるということもなかった。私も、目のあたりにできなかったかつての「華やかな」運動にすくなからぬあこがれを抱いているひとりだった。それは私たちの時代の、ひとつの不可欠なダンディズムであったかもしれない。「プロ文研」はそういう次元での「日共嫌い」「民青嫌い」の集まりであった。

十二月はじめの土曜日に「プロ文研」の例会に、中国語科の四年生で、かつての闘士というひとがきていた。整った顔だちの雄弁な男だった。彼が訪中団のメンバーを募りにきたのである。私たちの大学は二名分の枠をわりあてられているとのこと。一名は中国語科二年生の日中友好協会正統本部の活動家が決まっており、あと一名を活動経験の少ない者を選ぶつもりだということ。日中国交正常化の気運が高まってきているときで、新左翼から自民党左派までを含む(ただし日共は除外した)許容範囲の広い団であること、費用は二十万円、期日が迫っているのですぐにでも返事がほしいとのことであった。彼は大阪の正統本部にも顔がきいて、本来ならいの一番に選ばれるところであったが、外大闘争の被告になっていて、裁判終了まで出国できないのでこうして出向いてきたとのことであった。学内には彼の気に入るようなサークルは数少なくなっていたのである。私は訪中団なら中国語科から選ばれるのが当然だと思っていた。その日の十人たらずのなかから誰が名のりをあげるか楽しみであった。ところが、急な話で委縮したのか、二十万円がひっかかるのか、とうとう、私のところまで順番がまわってきた。こんなチャンスはめったにない。私はすぐにとびついた。この際おおいに親のスネをかじろうと勝手に決めた。

事務的な手続きは順調にはこび、「プロ文研」のメンバーが集めてくれたカンパも数万円になった。しかし私は勇ましいことをいうのがいやだった。党派的な活動などやろうとは思っていなかったし、中国に行ったからといってそれほど自分が変わるとも思えない――ほんとうは少し思ってはいたのだが――。訪中団送り出し専門の関西国際旅行社でうちあわせがあるときなど、「気構え」の話がでるたびに私は、自分がノンポリであることを主張した。ホンネだけで見てきたい。わけのわからぬ交換条件などまっぴらだ、と。旅行社の担当者たちは、君のような白紙のひとにこそ見てほしいのだと言ってくれた。うますぎる話だった。私は皆といっしょに香港行きのルフトハンザに乗りこむまで、半信半疑だった。

文化大革命の大勝利のうちにさらに発展する中国というイメージが私たちを大きく支配していた。毛沢東、林彪、周恩来、それに江青が訪中団の予備学習会の主役であり、朱徳はかげがうすく、劉少奇、鄧小平などは、「極悪人」だった。毛主席の後継者は林彪副主席であるということは、公に発表されていた。毛沢東や文革（特に収拾のしかた）に疑問を提起した団員も二、三いたが、日中正統系の団幹部たちはそれを憐れむような目つきで聞いていた。

いまになって言えることだが、当時舞台裏では周―林―江の三つ巴の争いが進行中であったただろう。また、私たちが帰国して二週間ほどして実現した米中ピンポン外交も周到に準備されたものなのだろう。

しかし、二十歳の学生（上海で二十一になった）はまだまだ純情であったし、珍しいものにはすなおに驚くことができた。大学ノート九十ページ分の「訪中ノート　1971・2・18〜3・17」には毎晩就寝前に荒っぽく書きつけた日記と、見学や座談会のメモが詰まっている。九年のあいだに情勢は二転三転したけれど、私の現代中国についての認識は訪中時の強烈な印象を源にしているのは確かだ。

最近になって、表紙の変色した訪中ノートをまとめてみたくなった。急いで書いたり、居眠っていたりして自分でも判読できない文字がある。また聞きちがい、書きちがいなども多いだろう。事実にあわないことを書いているかもしれないが、そこのところはどうか大目に見ていただきたい。

広州

二月二十日　晴

七時四十分、金門酒店をでる。八時すぎ、九竜駅発。十時、羅湖着。中国に入国（深圳）。昼食、歓談。一時、深圳発。三時、広州着。東方賓館までバス。四時、同賓館で中山医学院教師、学生と懇談。夕食後、市ホールで歓迎会。中学生の歌・踊り。

九竜から一時間半ほどの汽車の旅はまだ外国を走っている感じはしない。しかし、新しい高層ビルとトタンぶきの家というとりあわせは日本では見られない景色だ。終着駅・羅湖で下車。木立のむこうにユニオンジャックと五星紅旗が見える。国境は小さな川で、そこにかかった鉄橋を渡って中国にはいるわけだ。何十人かの大きな荷物を担いできた人たちも入国するらしく腰をおろして順番を待っている。僕たちはその列を通りこして屋根付きの鉄橋を渡る。橋のなかほどに人民解放軍の兵士がいて、パスポートを見せる。写真と実物を見くらべて、彼はひとりずつに、にっこりとうなずいた。総勢三十二人の入国だ。

橋を渡りきった。深圳である。出迎えの中国国際旅行社のひとたちと握手。このうちの男性四人、女性一人が今回の旅行の世話人として一カ月間僕たちの面倒をみてくれることになる。

深圳駅構内の建物に案内される。毛主席の高さ四メートルほどの石膏像が玄関ロビーの正面にある。壁には、「米帝国主義とその走狗たちを打倒しよう」とか「台湾を必ず解放する」とか中国語と英語で書かれた赤地のパネルがある。応接室で二十分ほどの休憩のあと食堂にでて昼食。ボリューム満点。まさに本場の中華料理である。ビールがうまい。ファンタオレンジに似た飲み物があり、その瓶のラベルにはPearl Riverと書かれてあった。広東だなあと思う。

食後、旅行社の人たちと日本の大学のことなどしばらく話して建物を出る。学生数、授業の実体、アルバイトのことなど。理解しにくいようだ。授業をさぼってアルバイトすることは、はっきりと「いけないことだ」と言われた。広州行きの汽車に乗る。軟座車・硬座車の区別あり。車輌に札がかけてある。料金も異なるとのこと。僕たちは軟座車。蓋のついた大きなカップでジャスミン茶がでる。香りがよい。カップに茶葉を直接いれて、はっぱの沈むのを待って飲む。ときどき湯を注ぎたしてくれる。汽車は広い畑を横切っていく。旅行社の通訳の林さんとしゃべる。彼は北京大学の日本語科卒業、三十歳。一歳半の女の子がいる。奥さんは人民公社で働いているとのこと。くるぶしまでのバックスキンの靴、トックリのセーターが人民服の襟もとから見える。細いズボン。すべてが型にはまった服装だといわれていたのに意外。まあ当然のことではある。窓から写真を撮る。レールに向けて「戦争にそなえて……」などと書かれたスローガンの大看板。農家はほとんど平屋。工場の煙突が遠くに見えだした。広州駅に近づくにつれて家が多くなってくる。踏切の遮断機のところに人々の姿を見る。乗用車も一台見える。

広州駅でホームに降りたとたんにドラと太鼓の音。大歓声。声をあわせて「ファイン・ファイン」（まさか英語がと思ったら、歓迎しますと言ってるのだそうだ）。たて六列、横列は改札口まで百メートルもの大歓迎。男は短くかりこみ、女はおさげかおかっぱ頭で年齢はよくわからない。整然と並んだ彼らは赤い毛沢東語録ふりかざしている。語録をふっていない列の端の四、五人の女性と握手。握手すると、堂々とした笑顔で僕の目を見つめる。僕たちはびっくりして、歓迎の列に手をふることもできず、せめて最前列のひとの目くらいは見てゆこうと、できるだけゆっくり胸を張って歩いたつもりだ。駅前からバス二台で東方賓館へ。

都会の人波。駅近くは人がたくさん集まっている。「広州市革命委員会」の看板を掲げた建物のまえに列をつくっている。またひとの列。今度は自転車のうしろにリヤカーのような座席をつけたタクシーの順番を待っている。ひとの多さは日本とは桁ちがいだ。いままで活字で見てきた「毛主席の……」という言葉からも連想できないただただ人人人。家並みは古く汚れている。それにひきかえ、車窓から見える公園は清掃がゆきとどいている感じ。通りの人たちは僕たちのバスをめずらしそうに見ている。乗用車は見えず、自動車といえばバスかトラック。自転車は多い。人も車も右側通行。バスは警笛鳴らしながらかなりのスピードで走る。道路は広く、並木道の木と木の間隔がせまい。道路わきを大がかりに掘りかえしているのを見かける。防空壕か。

東方賓館。八階建て。広々として落ち着いたホテル。この旅行、すごい大名旅行になりそうだ。中国のひとたちに申し訳ない。気持をひきしめねば。六階の窓から遠くに珠江が見える。

二十分の休憩ののち六階ロビー横の応接室で中山医学院の三人と懇談。孫中山（文）を記念してつくられた学校で、三人は革命委員員・政治教師・学生であった。

話は文化大革命をさかいにしてその前後の比較が中心。

〈劉少奇時代の少数の者のための医学を、広範な労働者・農民のものにするためカリキュラムを大幅に改革した。六年かけて卒業していたものを一年コースと三年コースに短縮。一年間は医学の知識に触れず、二年目臨床もなく、三年たっても病人を治せなかったのが、一年で卒業し大衆のなかで実践から知識を深めて治せるようになった。我々は労農兵のために治療をするという明確な目的を持っている。また治療をするにあたって労農兵と協力していける自信も持っている。医学を一年で修めることは可能なことだ。農村における寄生虫研究はその成果をあげつつある。医学院はもともと修学科目が三十六科目もあった。これに六年かけていたのだが、毛主席の教えによって十二科目（一年）、十五科目（三年）と、少なくて詳しい内容にした。数学・人体解剖は時間がかかるのでとりやめ、実践のなかで修得。十二科目は内科・外科・産科・皮膚科・工鉱学（職業病）・獣科・新医学（漢方）・新薬科（漢方薬）・物理・化学・診断・外国語（英語）。

労農から選ばれて入学した者は一年で卒業して、元の職場に戻る。これを新医班と呼びその後の進歩は自己の経験のなかで高める。一部はそのまま大学に残り、研修班で研究をつづける。大学病院も持っており、ベッド数は充分足りている。医療の重点は農村で、共産党の指導によって保健衛生は完備。大学は四カ所にあって二カ所で総合的な教育、腫瘍と眼科専門が一カ所ずつ。

これまでなかった政治学部を開設、昨年末に募集して、現在学生数六十九名。生産・階級・科学実験の三大革命の思想をもとにしてつくられた。毛主席の著作を基本的な教材にしている。哲学（毛主席五つの哲学）、政経（社会主義革命の理論）、党の歴史（二つの路線をとらえる）、国際共産主義など。唯心論・形而上学・修正主義を批判するなかでマルクス・レーニン主義を学習。＞

政治教師である呉先生はもともと歴史学者であったとのこと。

夕食後、市内の劇場で歓迎会。僕たちが入場すると皆立ちあがって、中央通路にむかって語録をふりながら「歓迎！　歓迎！」。席は最前列と舞台のあいだに並べられたソファでそのまえにあるテーブルに煙草（「中華」）灰ざら、マッチ、例の蓋付カップでお茶がだされる。テーブルクロスには花の刺繍。

中学生の歌と踊り、迫力ある。彼らはまちがうということを知らない。堂々とした顔で堂々とした演技。はじめて生で聞く胡弓が印象的だった。途中で「日本の友人の皆さんからもだしものを」と言われ、舞台にあがって「大海航行靠舵手」「インターナショナル」を歌う。全くさえず。歓迎のこたえとしては恥ずかしいものだが、この方が愛嬌あるか。盛大な拍手。舞台をおりてソファにもどると林さんがいたずらっぽく「三十二部合唱ですね」。

語録に見送られて退場。ホテルに戻って班会。日本人だけになってちょっと落ち着く。本当の美とは何か（バレエを見て）。中学生の髪型のこと。中学生と直接話したい（団で中国語がいちばん上手な創価学会の団員）。戦争に備えている。歓迎の盛大さと我々のこたえ方に差がある。混乱してわからん。などの意見がでる。

二月二十一日　晴

六時三十分、起床。八時三十分、聾唖学校参観。十二時、ホテルで昼食。二時三十分、農民運動講習所跡見学。七時、広州駅発。夜行列車で長沙へ。

夜、蚊になやまされる。毛布をかぶると暑い。天井の、電燈の傘のようなものから垂れさがっている薄布のカーテンが蚊帳だったことが朝になってわかる。ベッドを薄布でおおうとは、文革中国らしくない装飾だと思いながら寝たのだが……。

カッターシャツのうえにうすいカーディガンでちょうどいいくらいである。

バスで郊外の聾唖学校へ。二つの教室で授業風景を見る。黒板には僕たちに対する歓迎の言葉と、「米帝国主義とそのすべての手先を打倒しよう」という文字が書いてあり、それがその日の授業の教材でもあった。発音の練習では口のまえに薄い紙片を持って有気音無気音の区別をやっていた。先生も生徒も元気いっぱい。生徒数二百五十名、教師は五十名。

ホールで生徒たちが歓迎の歌・踊り・演奏を披露してくれる。前夜の中学生同様、かなりのものだ。歌はいくぶん聞きずらかったがその表情は、やはり堂々としていた。「白毛女」を踊った十二、三歳の女の子がとても可愛らしかった。すこしものおじしない明るい子供たちだった。こちらがとまどうほどだ。

この学校の革命委副主任に話を聞く。彼は毛沢東思想衛生工作隊の隊員で、隊には聾唖病の専門家、権威者はひとりもいないが、治療に全力を注ぐ人民戦線だと説明。

〈治療は実践のなかから。自らの体に針を刺して研究。毛主席の声が聞けるように、毛主席万歳が言えるようにと、聾唖者の気持になって技術を開発している。〉

座談会には教師（男女一名ずつ）も出席している。

〈劉少奇は、聾唖病は不治の病であるから治療しなくてもよい、手話を教えればよいと言っていた。しかしそのほとんどは治すことができる。聾唖者を学校に集めるのは難しかった。家に隠れているからだ。古い社会では聾唖者は見下げられていたので、家族が他人に見せたがらなかった。毛主席の医療衛生の重点を農村におく路線のおかげで、聾唖病が治ってから社会主義のために働くという目的を持つことができ、そうなることを家族も期待するようになって、病人に協力するようになった。聾唖者が見下げられることはなくなった。

聾だから唖になる。だから聾を治せばよい。治療の主流はハリによる耳の神経の刺激。ツボや刺す深さなど、教師自らの身体で実験する。ハリ治療をしながら高い声で教える（高音教育）。舌をよく動かして長い間使っていなかった発声器官を訓練。クラスは聴力の程度によって分ける。

革命のために言葉を練習するのだから何も恐れずに、と思想教育。日常会話ができるようになると工場、学校へ送りだす。治療については本人の意志を尊重し、強制することはしない。毛主席が指示されているところとはまだまだ隔りがあり、聾唖教育ははじまったばかりだと言える。〉

ホテルに戻って昼食。食後、新館前の広い芝生の庭で写真を撮る。白い、宮殿のような新館は、街の家並みの古さと比べて驚くほど立派だ（建面積一二、〇〇〇平方メートル）。屋上は正面玄関上の部分が高くせりあがっていて、その上に、オリンピックの聖火の十倍以上もある「星火燎原」の象徴の炎のオブジェがあった。

午後は毛主席の主催した農民運動講習所跡を見学。一般の人たちも来ている。好奇の目で見られているようだ。座談会は眠くてしかたなかった。広州からこうでは先が思いやられる。通訳を通すと、こちらの聞きたいことが詳しく聞けないのではないかと思うようになる。質問に対する答えは澱みなく滔々としすぎているからだ。彼らにとってはそれは礼儀であり、通訳をはじめ、僕たちに話をしてくれる人たちは政治的にも高度なセンスを持った人たちなのだから、「普通の人」と話したいなどというのはもってのほかなのだろうけれど。それにしても毛語録の言葉がすぐ判断基準になることにひっかかりを感じる。

説明にひきつづいて座談会。

〈農民運動講習所は一九二六年に開講された。一九二四年に国共合作が成り、農民運動が発展し反帝反封建の運動は大きくなっていったが、二五年の上海ストライキを契機に大地主・ブルジョア階級は革命勢力を押えにかかろうとした。孫中山死亡後、国民党は右傾化を強め、共産党弾圧を開始した。左右日和見派に牛耳られて（陳独秀は農民軽視、張国燾は冒険主義に走る）、共産党は危機に瀕した。この状況を打開するために全国から三二七名の同志が集まって階級闘争の要として講習所を開いた。広州は第一次革命の拠点であり、連合政府がおかれ、当時革命的気運が最も高かった。「誰が人民の味方か、誰が人民の敵か」「労働者は農民の真の友である」を背景に「武器には武器を、鉄砲から権力が」と叫ばれた。当時は槍や青竜刀が主な武器だった。槍の数は広州で十万本、長沙で七万本。自分で作ったり、地主から奪ったりで貧弱なものでも広範な大衆が団結すれば強くなる。

マルクス・レーニン主義を宣伝し、農民はなぜ圧迫されるのか、地主の財産はどこからきたのかを説き減租減作の経済闘争を展開。子供までが「反帝」を叫ぶようになる。

講習所の建物は五百年まえに造られた孔子廟で、五四運動のとき打ちこわしにあったものを使うことになった。連合政府の農民部長が共産党員で便宜をはかってくれた。しかし国民党は闘争のなかから生まれた講習所を敵視し、運営費用の支払いを遅らせたり、出さなかったりして妨害活動をした。結局、広州では四カ月しか開かれず、講習所は武漢に移されることになった。〉

毛主席は広州時代、秘密の談合を偽装するために麻雀の形式をとったということだ。毛さんは麻雀が強かったにちがいない。

広州駅から汽車に乗る。見送りは出迎えてくれた人たちと同じ。盛大で熱烈だが、それ以外の普通の人たちは自分の座席の方が心配な感じで、これは当然。あとで通訳のひとに聞いたことだが、出迎え見送りの人たちは中学生で、学校からの指示で来ているとのことであった。

僕は訪中する直前に中国語科の友人から中国語を習ってきた。「コンニチハ」「アリガトウ」「イクラデスカ」「ベンジョハドコデスカ」「サヨウナラ」。これだけでは話などできるわけがない。別れの握手をしながら「再見《ツアイチエン》」しか言えないのは残念である。

車輌は列車最後尾の寝台車輌。四人用の部屋はゆったりしている。通路をはさんで二段ベッド、窓際にはテーブル。テーブルクロスがかけてある。夕食は食堂車でとる。食堂車まで三輌ほど普通の座席車を通ってゆく。満員で通路に座っているひともいる。じろじろ見られている。ひとりで歩くとしたらかなりの勇気がいるだろう。食堂車は四人掛のテーブル。またまた豪華なフルコース。今後もこういうふうに中国での生活が続くのだとしたら僕たちは中国の本当の姿をわからずじまいで帰ってくるのではなかろうか。普通の中国人と比べたらかなりいい目をしているのは確かだ。ボーイがかたづけやすいように気を配ったりは日本にいたらまずしないことだ。緊張しているのは僕だけではなさそうだ。

部屋は暑かったが、扇風機が回っていてすぐにも寝られそうだ。カップが用意してある。お茶がうまい。お茶の罐にランチュウの絵のレッテル、「金魚牌」とある。赤い花が描かれた大きな魔法瓶がテーブルの下に置いてあった。

長沙・韶山

二月二十二日　曇

六時三十分、食堂車で朝食。八時三十分、長沙着。バスで湘江迎賓館へ。十時過、清水塘・自修大学見学。二時、第一師範学校参観。七時三十分、湖南劇院で革命的バレエ「紅色娘子軍」観劇。

朝食はトースト・コーヒー・ハムエッグ。ハムエッグが油っこく感じる。無理して平らげる。寝ることと食べることを怠ればひと月ももたない。

長沙駅におりると、またまたドラと太鼓の音。寒い。日本から着てきた厚手のオーバーは広州では邪魔になったが、ここではこれを着てもおっつかないくらいだ。吐く息がまっ白だ。五月の陽気からひと晩の汽車で真冬に来るとは。バスで湘江迎賓館へ。市の革命委のひとが出向いてきている。ロビーで挨拶。（以後「挨拶」と簡単に書いてあるときも、所要時間は少なくとも二十五分はあると思っていただきたい。先方の歓迎の辞、こちらの団長の返礼。その間二、三のエピソードがはさまれ、全員の拍手で終わるわけだ。最初はこの儀式が退屈でしかたなかったのに、旅が進むにつれて非常に好きなもののひとつになってきた。賓客としての自覚が芽ばえてきたのだろうか。）

挨拶のあと清水塘へ。バスから見える街の様子は広州と比べるとだいぶ落ち着いている。理髪店が目につく。

清水塘のまわりには畑が拡がっている。昔は池がもっと広かったそうだ。毛主席が若い頃に活動したところで新中国の名所なのだろう。記念館の事務室・会議室・客室など当時のままの姿で残っている。どの部屋も狭くて天井が高い。若い毛主席の写真がある。奥さんと二人の子供の写真もある。奥さんは知的な感じで可愛らしい。彼女は国民党に殺されたそうだ。降伏すれば命を助けてやると言われても毛沢東は戦いをやめなかった。広場に毛主席の立像をつくる予定で、彼の誕生日にちなんで、高さは十二メートル二十六センチにするとのことであった。ホテルで借りたオーバーは木綿の綿入れで、まるで蒲団を着ているようだ。重いが随分暖かい。

続いて自修大学へ。ここも若き毛沢東が啓蒙宣伝活動したところで内部のほとんどは写真や記念物の展示場になっている。人民解放軍の兵士がたくさんきている。建校までのいきさつや、当時の詳しい活動状況などの説明を受けるが頭がボーッとして集中できない。帰りぎわに入口のところで七、八歳と四、五歳のふたりの男の子といっしょに写真を写そうする。子供たちはびっくりくりして直立したままだ。父親が写してもらえというふうにうながしてもだめで、笑ってもらうことのできないままシャッターをきる。父親もすこし離れたところから見ているだけで、撮りおえてから会釈すると照れたように笑った。

ホテルで昼食。食堂の人たちに料理の材料を聞く。食後三十分間、部屋に戻って昼寝。深い眠りで、目覚めてからは頭もすっきりする。よほど疲れていたようだ。

第一師範学校へ。毛主席がかつて学んだ学校で、図書室、自習室、当時の教室、夜間学校など見学。大講堂には小学生千人程の大参観団が来ており、僕たちが入ってゆくといっせいに拍手で迎えてくれる。音が天井に響いてびっくりした。広い敷地のなかをぞろぞろと歩く。僕たちが通るのに出くわした学生たちも立ち止まって拍手してくれる。応対のしかたも身についてくる。手をふる。こちらも拍手する、握手、「你好！」など。団員の何人かは語録をふっているが、まだその気にはなれない。

座談会。女子学生から学校の歴史など聞く。

〈毛主席は一九一三年秋から一八年夏までここに在学した。主席はまだマルクス・レーニン主義には触れていなかったが、主席によってはじめて学生運動が組織され、二十一カ条問題などで反袁闘争を展開した。

当時は支配者階級も教育普及に力をいれていた。それによってできた学校のひとつに工人夜間学校があった。この学校の教師には師範学校の学生がなり、共産主義や文化知識の教育にあたった。信仰は自由であるとして共産主義教育も許可されていたが、ある線を越えると弾圧された。これは偽りの民主主義である。工人（プロレタリアート）としての政治的自覚を高め、卒業後は大革命の準備が目的であった。入学は工人であれば許され、授業外の時間に教師たちは工場にはいっていって生徒を募集した。〉

現在の師範学校には付属小学校があり、専門の教師とともに師範の学生も教えている。教師としての心がまえは、政治条件が第一で、毛主席に忠誠であり毛思想を活学活用していること。また「人民の先生になるには人民の生徒にならねばならない」ということ。

座談会の途中で、創価学会の団員が「毛主席は……」と言わず「毛沢東は……」と言ってしまった。彼はすぐ訂正したが座は一瞬静まりかえった。これには僕たちも驚いたが通訳の人たちも驚いただろう。座談会が終わって、通訳の王さんはにこにこして「毛主席、と私たちが呼ぶのは、私たちが毛主席を敬愛しているからです。日本の友人の皆さんにまで呼び方を指図する気はありません。どうぞ気になさらずに」としょげかえっている肩をたたきながらなぐさめた。横で聞いていて感心した。うまく言うものだ。

すべての説明が形式的だ。むこうも気をつかい、こちらも気をつかう。へたすると相手の壁しかみえないかもしれぬ。

ホテルでの夕食ののち湖南劇院で「紅色娘子軍」を見る。北京放送や「プロ文研」ボックスの壁に貼ったカレンダーなどで予備知識はある。僕たち以外の観客は「双代会」の人たち。入場のとき、広州同様大拍手。前から二列目、三列目に座る。海南島解放をテーマにしたバレエだ。地主の手先というのが見るからに下品な動きをする。兵士たちのかたい動作よりもリアリティあって好感を持つ。女性兵士のスタイルは半ズボンにハイソックス。上着のうえからベルトをしているので身体がスマートにみえる。やはり女性は腰を細く見せた方がよいということか。中国の若者たちのあいだではどんな男や女がもてはやされるのだろう。それなりのおしゃれのしかたはあるようだが、僕の目から見ると男も女も髪形や服装は単調だ。化粧は全くしていないので年がわからない。通訳でただひとりの女性である陳さんの年も最初は見当がつかなかった。三十歳と聞いて若く見えると思った。

幕間の休憩で劇場の応接室に行ってお茶を飲んだ。革命的バレエと日本のブルジョアバレエの違いなど話す。解放軍兵士が言うには、文革後はブルジョア的な京劇はなくなったとのこと。新京劇も新バレエも江青同志に負うところが大きいとのことであった。

後半の幕が開く直前まで応接室にいる。僕たちがだらけている感じがしないでもない。特別扱いされると気づつない。

劇中の「インターナショナル」は迫力充分。カーテンコールで「大海航行靠舵手」。この合唱で見送られながら劇場をでる。玄関にはちゃんとバスが待っていてくれてホテルに帰る。外国に来ているという感じがしない。三十二人もの日本人といつもいっしょで、そのうえ街の人々とも接触がないからか。自修大学からホテルまではバスで一分とかからない距離だった。歩かせてくれればいいのに。中国側のこのうえない善意は、本当にありがたいことだと思う。しかし、このような旅を続けていては、文革前後のちがいどころか、実体そのものがわからないではないか。実体は旅のすきまから覗き見るべきか。

ホテルで班会。いくつかでた意見のなかで、毛沢東思想は案外ゆきわたっていないのではないか、というのがおもしろかった。

訪中団は二班構成なのだが、ノンセクトやノンポリの四人で「第三班」をつくった。班会後、第三班の班会。久しぶりにウィスキー飲んで冗談のとばしあいする。

朝鮮民主主義人民共和国のサッカー選手団もこのホテルに泊まっているらしい。玄関ロビーにはハングルで書かれた歓迎の横幕がかけてあった。

二月二十三日　曇

七時三十分、起床。八時三十分、バスで韶山へ。十一時、韶山着。毛主席旧居見学。一時、韶山接待所で昼食。三時、陳列館見学。八時三十分、全体会議。

起床時間が七時過ぎになった。熟睡した。バスで韶山にむかう。紺色の蒲団のようなオーバーをホテルで借りてこなかったのは失敗。いくら厚手でも日本で買ったものでは大陸の寒さにはかなわない。バスは暖房がきいておらず二枚はいた靴下の足先から冷えこんでくる。そのうえマフラーまで忘れてきた。風邪をひかぬためにもたくさん食わねば。

林さんから農村の話を聞く。

「地主・富農・中農・貧農、毎日していることは同じ。土地は人民公社が所有し労働に応じて分配される。分配は金または食料。重要なことはブルジョア的な考えをなくすことだ」まだわからない。解放後二十年もたっているのに元の階級のことを執拗にくりかえす。日本で聞いていた北京放送も同じだ。貧農・下層中農「出身」であることがそんなに重要なのか。

韶山は山あいの小さな町で、文革後、訪れるひとが多くなって駅までできたそうだ。僕たちの宿舎は丘のうえの韶山接待所。一般の人は入ってはいけないと書いてある立札のかかった門が上り道の途中にある。

ここには一泊だけしてまた長沙に戻るので荷物はパジャマと洗面用具程度で軽い。ロビーで韶山革命委員会代表者の挨拶。

＜反米愛国闘争を戦っておられる皆さんを熱烈に歓迎します。解放前、韶山には六百世帯、三千人が住んでいました。毛主席は六歳から家事を手伝い、八歳で学校にあがりました。十六歳まで働きながら勉強し、その間貧しい農民たちのありさまを見て階級的感情を抱くようになりました。一九一〇年、韶山をでて東山学校、その後長沙師範学校へと進んで、二五年に帰郷したときは農民協会、夜間学校、共産党支部をつくりました。二七年の帰郷のときは農民運動工作に力をいれました。五九年六月二十五日に韶山に戻ったときに、人民を祝って七律『至韶山』をつくり、そのなかで人民が社会主義のために戦ったことを称えました。

毛主席の六人の家族は解放のために犠牲となりました。英雄的韶山人民は中国革命のために戦い、三十一人の兵士が革命運動に命を捧げました。

解放後は社会主義の成果をひとつずつ勝ちとってきました。五三年に互助組、五五年に農協、五八年に人民公社成立と年々生産を高めてきました。文革後革命的精神はますます高まり、農業ばかりでなく工業面でもめざましい発展がありました。韶山にはバッジ工場、テレビ工場、石炭の工場があります。〉

毛主席が描かれた金属製・竹製のさまざまなバッジをホテルの売店などですでに買っていた。——十個で一元二角。プロ文研同志へのみやげ。

〈一九七一年。今年も生産大隊・人民公社・小学校・中学校をはじめとする韶山人民は毛主席とともに社会主義革命と社会主義建設のために進みます！〉

僕たちはいつのまにか「反米愛国の戦士」になっていた。僕以上に学生運動をやっている団員は驚いたにちがいない。「反帝・反スタ」という文句はよく聞いたが「反米愛国」ははじめてだ。それにしても毛主席、やはり金持ちの出であった。生家は穀物商のようなこともやっていたらしい。学校に通えるくらいだからそれは当然か。

訪中団からの挨拶が終わるとすぐに毛主席の生家にむかう。僕たちの団の旗を、見学の人たちはめずらしそうに見ている。赤地に黄色の文字で「日本関西訪中学生参観団」と縫いつけてある。生家のまえには池があり、そのほとりで記念写真を撮る。多くの見物人にかこまれる。しかし僕たちを見る目はにこやか。一日に四千人の見学者があるという。解放軍兵士の姿を多く見かける。

寒い。ホテルで貸してくれるオーバーは袖口が大きく、両手を反対側の袖口にいれることができる。見学の中国人も日本人たちも両腕でつくった大きな輪を体のまえにぶらさげている。中国にいるんだなあという実感がわく。僕も貸りてくれればよかった。僕のコートの白っぽい色はよけいに寒く見える。

「旧居」は土間ばかりで天井が高い。中庭があって部屋数も多い。毛主席の使用したベッドがある。ひとの背丈くらいの高さの屋根つきの寝台で、枠の内側にはカーテンがあって、出入口のカーテンは左右にわけられてある。仰々しい、という印象。毛主席の、というより当時の中農階級はこんなもののなかで寝ていたということか。長身の毛主席なら膝を曲げるか、斜めになって寝たのだろう。

接待所に戻って昼食。食後午睡。

三時、陳列館へ。眠く寒く怠い。部屋から部屋への見学の列についてゆくだけで精一杯。暗くなるまで見学を続ける。苦痛。

夕食後、全体会議。通訳のひとたちも出席する。これは明日予定されている座談会の内容を調整するためのものである。

スターリンの問題・朱徳の評価・トロツキズムの影響・対国民党闘争や日中戦争の資料・

朝鮮戦争・台湾の現状と未来などについての見解を知りたいというような、わざわざ中国に来てまで聞くこともないと思われるような質問にまざって、僕たちの本音もでてきた。

「毛主席はなぜ幼い頃から人民に関心があったのか」「中農階級の学生が貧農解放運動に身を投じた動機は」「もし文革がなかったら」「劉少奇は解放運動中から人民を裏切りつづけていたと言うが、そんな人間がどうして国家主席にまでなったのか」「質問の答が形式的で、日本にいても本読めばわかる。個別的・具体的なものを受けとめたい」「修学旅行的なスケジュールを消化するより、人民の声をじかに聞きたい」

これらの意見は団幹部と二人の随員（関西国際旅行社のひと）をあわてさせたようだ。僕が劉少奇のことを口にだしたときなど部屋は静まりかえって自分の声ばかり大きく聞こえ、たいへんなことを言ってしまったのではないかと思ったくらいだ。日中正統系の団員たちの鋭い視線を感じたが取消すわけにもいかない。通訳のひとたちがいつもの顔でメモを取ってるのを見てほっとする。

最後に通訳のリーダー格の呉さんがしめくくる。

「毛主席語録にもあるように、日本人民は一部を除いて中国人民の真の友人です。今回の困難な訪中は帰国後の活動・闘争にきっと役立つはずです。あなたたちは私たちの客人です。

どうか気を使わないで成果をあげて下さい。ありのままを見て帰って下さい。悪意さえなければどんなことでも言って下さい。私たちはあなたたちに学びます」

困難な訪中、というのは、日本政府が僕たちの出国を認めたのが飛行機が飛ぶ数時間まえだった。伊丹から羽田に着いて、いったん空港を出て外務省に向かった。ひとりずつ、判子が押された書類をもらうため。

中国に来て四日たって、来るまでに抱いていた印象とまったく逆ではないかと思いはじめる。「中央集権、人々の緊張、暗い街並み」ではなく「アナーキーで、気楽で、人々はたくましく生きている」、というように。毛思想は宣伝ほどゆきわたってないのではないか。ゆきわたってないから宣伝しているのではないか。毛主席個人は次のように思っているのではないか。おまえたち好きにやったらいい、ここに毛思想というものがあるがよかったら使ってみたらどうか、おまえたちの生活は自分の力で保障しろ、政府に頼るな、と。そういえば毛語録の内容はわかりやすいようで具体的なイメージが浮かばない。どのようにも解釈できるではないか。毛沢東というおっさんは本当はアナーキーなひとかもしれない。解放軍兵士のダブダブの制服、兵士らしくない気楽な所作に好感が持てる。

ソ連は資本主義の道を歩んだが中国は断固それを拒否するという。要はひとりひとりの意識の問題だ、決して焦らず確実に成果をあげてゆく、北京・上海が核でやられても必ず勝利するというのは単なる強がりではないようだ。

ずっとこのままの様子が続いてゆくとは思えないが、いま、中国は社会主義を安定させるために、強引ではあるけれど毛思想で武装させようとしているのではないか。ただ、制度が完全に社会主義化されたといっても、個人の意識となると疑問は残る。毛思想一点張りに反対したい気持もだいぶ薄れてはきたが、僕が中国で暮らすとしたら、それが完全に消えてしまうことなど考えられない。僕たちは、無責任な外国人、それも大名旅行の傍観者だということを強く自覚しなければ。

就寝前、「三班」集まる。羽田で買ったハイライトの最後の一本を吸う。

二月二十四日　曇・小雨

七時三十分、起床。八時三十分、韶山革命委の数人

を囲んで座談会。十一時三十分、韶山発。一時四十分、長沙着、湘江賓館で昼食。三時、愛晩亭で湖南大学学生と交流会。五時、橘子洲散歩。七時三十分、湖南省革命委員会主催のレセプション。十時、班会を欠席して就寝。

座談会というより一方的に講義を受けているようだ。韶山における毛主席の様子は聞くことができたが、説明が型にはまっていて抽象的なところも多い。限られた時間で本当らしく説明せよというほうがおかしいのかもしれないが。

毛主席の階級意識形成について――

〈当時の社会は半封建・半植民地の状態にあった。主席の生まれた翌年（一八九四年）には丙午戦争（日清戦争）が起こり、腐敗しきった清朝は二億両の銀を賠償にあてねばならなかった。九歳のとき（一九〇二年）には列強の侵略が激しくなり、賠償額も四億両になった。国家・民族が危機に直面しているとき、人民は最も苦しむという認識。民族闘争が毛主席の思想形成におおいに影響した。「救国、救人民」「熱愛人民」。

毛主席は労働人民の家庭で育ったため人民の苦しみを理解することができた。韶山は貧しい地域であった。農民の半分が乞食同然であった。「娘は韶山に嫁がせるな」と言われたくらいであった。

民族闘争が反帝・反封建闘争へと進んでゆき、祖国と人民を憂える毛主席は、人民を救うために革命をして現政府を打倒しなければならないと決意し、韶山を離れた。十六歳のときであった。一九一〇年から労働者・農民のなかで彼らの苦しみを調査し、革命の道理を宣伝した。〉

韶山における革命運動——

〈一九二〇年、毛主席は韶山にはじめて戻った。弟、沢民たちにもたえず教育した。現在、祖国は滅亡の危機に直面している。小さな家庭だけを見つめていてはいけない。大きな家庭（国家）のためには小さな家庭を捨てなければならない。己のことばかり考えていてはいけない。

一九二五年に韶山に戻ったときは、農民のなかで運動を指導した。毛主席は三段階に革命の種をまいた。（一）思想教育の段階。農民の自覚を高める、（二）農民の組織をつくる、（三）政治・経済・文化各方面での闘争の段階、というものである。

毛主席は農民に対する深い階級的感情を持っていて、農民の苦しみや希望を自分自身のものとみるべきだと考えた。そして貧しさ苦しさを直接尋ねた。農民の自覚が低いときは具体的に話した。「あなたたちの生活はどうしてこんなに苦しいのか」「一年にどのくらい働くのか」「地主にどれだけ納めるのか」。当時の農民の多くは運命が悪いのだと思っていた。毛主席は彼らに反論した。「いや、地主に納めねばならないから苦しいのです。我々がつくったものを地主が奪ってゆくのです」。

農民夜間学校をつくり、偽装して革命論理を教育した。教師には毛主席から教えを受けた人たちがなり、昼は農民とともに働き、夜は「手・足」の二字を用いて農民と地主の現状を説明した。

「ひとりひとり手を持っている。農民はよく働く。畑、建物、服、綿などすべてのものは農民の手でつくられる。このような農民が満足に食べることもまともな家に住むこともできない。これはなぜか。地主も手を持っているが働かない。それなのに毎日おいしいおかずでご飯を食べ、きれいな着物を着ている。ひとりひとり足を持っている。我々は歩いて働きにゆく。地主にも足があるのに農民の担ぐ籠に乗る。地主は我々を搾取しているのだ。地主を打倒すれば我々はご飯をたくさん食べることができる。」

この教育を徹底することで組織の段階にはいれる。毛主席の農民秘密組織は「雪恥会」と呼ばれた。やがて共産党湖南支部が革命的戦士によってつくられ、農民運動は共産党を核として展開していった。

地主は食料を貯蔵しておいて、収穫前の食料不足の時期に、高い値段で農民たちに売っていた。農民には全く金がないか、あっても全額払えるほどは持っていなかった。そこで地主に食料を買うための金を借りることになる。農民の暮らしはますます苦しくなってゆく。毛主席は「平糶阻禁」闘争を指導した。「餓死するか、奪い取るか」「地主の良心にたよらず、農民自身で生活をうちたてねばならない」と。共産党支部や農民組織の数百名が地主の食料運搬船を包囲して食料を安く売らせることに成功した。この闘争には小金持は消極的であったため、党支部はまず貧農・下層中農から組織した。富農に対しては、地主を孤立させるよう、最低限の闘争支持を働きかけた。＞

劉少奇について――
＜劉少奇ははやくから裏切り者であったが、偽って党の信頼を得て国家主席の地位をかすめ取った。左右日和見主義に荷担し、自分の罪をごまかしてきた。抗日戦争では王明の降伏主義のお先棒をかつぎ、第二回革命運動の時は李立三の修正主義を支持して満州を売りわたした。革命後は裏切り者をかばい、彼らを権力の重要な部分に派遣して党を牛耳って反革命の材料を隠した。安源炭坑ストライキも毛主席が直接指導したのにもかかわらず自分の功績にしてしまった。修正主義・降伏主義の仲間とともに歩んできた路線は、プロレタリア文化大革命で紅衛兵の調査によって暴露された。毛主席は劉路線を見抜いていた。解放後、その反革命路線に対して社会主義運動のなかで名前を出さないで批判した。しかし徹底的解決は文化大革命まで待たねばならなかった。修正主義路線で固っていた中央委で劉少奇の更迭は不可能になっていた。人民大衆の自覚抜きで行動できないし、「黒い司令部」を打ち倒すには大衆運動を盛りあげる方が効果的であった。文化大革命を通じて、上から下まで劉少奇にむかって立ちあがらせるわけだ。我々はようやく反革命修正主義の司令部を打倒した。ひきつづき革命は行う。文化大革命は政治的革命であり、二つの路線闘争である。全国人民は自発的に毛主席の革命思想を実践し、偽のマルクス・レーニン主義を廃して、本当のマルクス・レーニン主義をうちたてねばならない。今、我々はその運動の最中であるが、必ずやり遂げることができると確信している。〉

劉少奇についてのこの見解は、予想していたとはいえ、あまりの主観論にがっかりする。功績は功績として、認めてもいい。勝てば革命、負ければ反革命、という僕の観察はあさはかすぎるのだろうか。

昼前に韶山をたち、長沙に戻る。湘江賓館で昼食後、小雨の降る愛晩亭へ。フェリーで湘江を渡る。ジャンクが見える。小型の軍艦のような船も浮かんでいる。湖南大学の建物を右手に見ながら歩く。広いグラウンド。バスケットボール、サッカー、ハンドボールのコートが何面もある。愛晩亭に着くと湖南大の学生（我々と同じ三十名ほど）が出迎えてくれる。雨が降っていなかったら森のなかをみんなで散歩する予定だったとか。バス四台に分乗して頂上にある休憩所へ。金持ちの別荘という感じで、応接室で歓談。例によって歌と演奏。胡弓の独奏がすばらしかった。陳さん、短いおさげ髪をぴょこぴょこさせながら「在北京的金山」を踊る。この歌はもともとチベット民謡で、それに毛主席を称える歌詞をつけて当世風にしてある。軽快な調子で踊り終えた陳さんはまっ赤な顔で恥ずかしがっていた。とても三十歳には見えない。僕たちは「大海航行靠舵手」を合唱。この旅行の出発前に旅行社からもらったいくつもの印刷物のなかに歌集があった。いま中国でよく歌われているものがまとめてあった。「大海航行靠舵手」は僕たちが最もよく歌った歌だった。日本にいるときから北京放送でメロディーはよく流れていた。軽やかで、元気がでてくる感じ。歌集で歌詞も理解できた。だいたい次のような意味だ。

「大海を行くには舵取りに頼る／生きものの生長は太陽に頼る／雨露は稲を強く育て／革命は毛沢東思想に頼る／魚は水から離れない／瓜はツルから離れない／革命大衆は共産党から

離れない／毛沢東思想は沈まぬ太陽だ」

団員みんなで林さんの歌をリクエストしたが、通訳全員の合唱でごまかされる。突然指名されて林さんはかなりあわてていた。そのあと五、六人ずつに分かれておしゃべり。通訳か、中国語のできる団員が各グループにひとりずつはいる。僕たちは相手の年や恋人のことを聞いているのに、湖南大の方はインドシナ戦争についての見解や日本における闘争の状態を聞きたがる。日本で闘争などやってないのに「反米愛国の戦士」として何か言わなければならない。嘘をつくわけにもいかないので困った。

「侵略が成功したためしはない。アメリカは結局はベトナムから追いだされるだろう」

と言うと、

「我々もできることなら銃を持って米帝と戦いに行きたい」

という言葉が返ってくる。そして、日本人民の勝利もまちがいない、と。彼らは、「人民」という言葉をいとも簡単に口にする。団員のなかにも「人民」が好きなひとが何人かいるが、それには抵抗がある。

彼らは一度労働者として働いてから大学に入る。彼らは僕たちを本当の革命家だと思っているようだ。中国に来てほんの四日でこちらの意識も変わってきそうになるくらいだから、子供のときから毛沢東思想で教育されたとしたら、強い革命の闘士になるにちがいない。プロレタリア独裁から一歩も退かない毛主席の教えはやはり立派であると思う。僕自身、日本に帰ってからどのようにするかが問題だ。今のところ日本的日常からは遠ざかりつつある。しかし帰ってしまえば元の木阿弥か。

最初、彼らは十八、九に見えた。年を聞いてみると男性も女性も二十二歳と二十三歳だった。すれていないという印象。あるいはすれていない学生ばかり選ばれたのか。理想の結婚相手は、というこちらの質問に、顔を赤らめ、

「今はそういう個人のことは考えていない」

――でもいつかは結婚するでしょ。そのときはどんなひとと？

「政治思想、労働状態のよいひと。外見にはだまされやすい。外見で判断してはいけない」

男も女も全員が同じ答であった。

日暮れ近くに橘子洲頭へみんなで行く。休憩所を出てバスに乗るまえに便所に行きたくなった。「便所はどこですか」とそばの学生に聞いたら通じた。中国人相手に使ったはじめての中国語だ。彼はついて来いといって歩きだした。建物の裏側の便所に着くまで彼はにこやかに話しかけてきた。僕が中国語ができないことはすぐにわかるはずなのに話しつづけた。

便所は男子用と女子用にわかれている。入口にある札でそれはすぐわかった。表で待っているというので僕ひとりはいっていった。幅一メートルほどの通路の両側に、一メートル間隔に高さ六十センチくらいのセメントのしきりがあって、その中央に便器の大きさの穴があいている。大・小の区別はないようだ。両側合わせて二十人分。奥の方で用をたそうと歩いてゆくと、左側の便器にしゃがみこんでいる男と顔が合った。ひきこまれるようにその隣にはいったのだが、こちらだけ立ってするのも不自然に感じて通路側に向きなおって僕もしゃがみこんだ。

「橘子洲」はみかんの木のある中洲、「頭」は先端という意味。毛主席が若いころこのあたりで水浴と風浴をして体を鍛えたそうだ。湘江で泳ぎ上半身裸のまま野原を歩きまわったのだろうか。風浴という言葉が気にいった。

ホテルで、湖南省革命委員会主催のレセプション。主催は革命委責任者の馬奇さん。解放軍の軍服姿で、赤ら顔、背が低く太ってはいるがぶよぶよしていない。短く刈りこんだ白髪。鋭い眼。人相はよくない。応接室で挨拶。ソファに深々と腰をおろし、話し終えると必ずフッフッと含み笑いをする。叩き上げの軍人といった感じ。毛主席の故郷の革命委責任者ともなるとかなりの人物なのだろう。湖南省三千八百万人を代表して熱烈に歓迎します、と言われると緊張する。八人掛丸テーブル。湖南大の学生も数名来ている。

茅台酒が小さなグラスに注いである。隣の席の林さんが茅台は強い酒だと教えてくれた。最初の乾杯のときに一息に飲むと食道が燃えるようだった。林さんに酒は好きかと聞くとあまりたくさんは飲めないと言っていた。このてのレセプションはこれがはじめてだったが乾杯の多さに驚いた。「中日両国人民の友好のために」「日本の友人のみなさんの健康のために」「今回の訪中が有意義なものとなるように」……。となると僕たちの団長、秘書長も「プロレタリア文化大革命の発展のために」とか「馬奇先生の健康のために」とかやりだす。はじめ二杯は一息に飲んでいたが、宴の進行を考えるとハイペースは必至だ。途中からビールやブドウ酒にするとかえって悪酔しそうだし、一息はやめて唇をぬらすくらいにしていた。すると四回目の乾杯が終わったあと、林さんがうす桃色の顔で「黒田さん、乾杯とは杯を乾すことです。残してはいけません」としっかりした口調。どうにでもなれと、林さんにつきあったものの、馬奇さん一行を拍手で見送って、部屋まで帰るのがやっとだった。政治するにも外交するにも酒に強いことは必須条件だと思った。

班会は欠席させてもらって寝ることにする。

南昌

二月二十五日　曇

四時三十分、起床。五時二十分、長沙発。七時、車内で朝食。十二時、昼食。一時～五時、午睡。六時、夕食。七時五十分、南昌着。江西賓館へ。班会。

日記を書くのがだんだん邪魔くさくなってくる。通訳の人たちの日本語の影響か、日本にいるときのような早口でしゃべることはほとんどなくなる。人間もかわってきたのではないかとも思う。起床時間は早かったけれど、久しぶりにゆっくりした一日だった。汽車で昼寝もして京都の生活を思い出した。

長沙では湖南大学の学生を中心に盛大な見送りをしてもらった。駅にむかうバスのなかで学生と筆談。話がかみあわない。英語は国際語で、より広範な人民と連帯するために彼らも力をいれて勉強しているということがわかった。ただ、こちらが何を言っても「あなたに学びます」と言われたのには参った。僕たちは彼らにとってものめずらしいだけなのか。

車内で林さん王さんたちが日本の闘争について聞かせてくれという。入管闘争についての質問に、在日外国人の人権を守る闘争だと僕たちは答えた。王さんは、それは一国革命的な風潮で思想闘争として全体に波及しない、国際主義をめざし排外主義を克服しなければならないとコメント。

このおしゃべりで中国における「労働者」の定義がわかった。中国では直接生産に携っている肉体労働者を「労働者」といい、事務員・ウェイトレス・売り子・教師などは「職員」といってはっきり区別している。

八時前に南昌着。まだ夕方くらいの明るさ。汽車は一時間ほど遅れたが、車掌も通訳の人たちもあたりまえのような顔。プラットホームにはドラと太鼓の歓迎団。駅前も黒山のひとだかりで子供たちも多い。僕たち、何が偉いのか知らないが人垣をわってにこやかに手をふりながらバスに乗り込む。窓のむこうで子供たちが手をさしのべるので、わざわざ窓をあけて握手。見世物のようで気恥ずかしい。反面驕ったような気持があるのにも気がつく。冷静にならなくては。

僕たちが泊まるホテルはどこも外国人専用だということ。窓から見える街並みは煉瓦の赤っぽい色。大きな建物、広い道。落ち着いた街だ。

班会では中国滞在日数をのばすことについて話し合った。創価学会の団員が、内定している就職先で自動車免許を取る研修があるので延期に反対したが、皆の説得におれる。滞在延期は中国側からの提案ではなくこちら側の主体的要求であることを確認。理由など何でもいい、僕は一日でも長くいたい。結局、日程は四日のびることになる。その他、人民公社で生産活動を体験したい。帝国主義・軍国主義の経済を研究している学者と対談したいという要望をだす。軍国主義映画「山本五十六」を中国で観賞したいというまじめな意見まで出て驚く。

いまのところ下痢もせず風邪もひかず快調。いつまでつづくかという不安はある。風呂あがりにウィスキー飲んで寝る。

二月二十六日　曇

七時、起床。八時四十五分、共産主義労働大学着。工場見学、観劇。十二時、大学

の食堂で食事。食後、卓球、バスケットボール。二時二十分、座談会。五時、ホテル着。五時三十分、江西省革命委員会主催のレセプション。六時四十分、「沙家浜」観劇。十一時、ホテル着、班会。

今日は気が重くなる一日だった。中国側の歓迎と僕のこの訪中に対する気持のずれを感じる。ノンポリの訪中という旅の重さが積もり積もって限界が近くなってきたのか。昭和三十年代のはじめ頃、家の近くでよく見かけた粗末な町工場のようなものを見せられてすごいすごいと言っている団員の良識を疑う。あるいは僕がふとどきなのか。歓迎のひとたちとも気軽に握手できない。表面は適当ににこやかにやっているものの涙がでそうだ。これは差別意識の逆のあらわれなのか。

共産主義労働大学では江西省革命委と軍事委のひとたちから説明を受ける。

〈一九五八年に創立され、現在本校一、分校二十六。国家から援助を受けない自給自足の学校で、十二年間で十二万六千人の卒業生をだした。基本は三大革命（階級闘争・生産闘争・科学実験）で、毛沢東思想によるプロレタリア階級の人間教育をめざしている。選抜は政治条件、労働条件を中心にし、年齢・教養の制限はない。入学希望者は個人で申し込む。その際、大衆討論をへた職場の推薦が必要で、最後に学校側の審査があり合否が決定される。現在、学生の年齢はまちまちで、青年に混って中年の子持ち（男女）もいる。労農子弟は優先的に入学が許可されるため、労農出身は八十パーセント以上を占めている。入学生の文化程度も文盲まで含めてまちまち。彼らは学校で知識を身につけ、国家のために奉仕する労働者となって卒業してゆく。

階級闘争を主とし、政治思想活動が奨励されている。毛主席の著作を教材に政治を学び、戦争に備えるために軍事を学ぶ。ブルジョア階級を批判し、「大いに破り、大いにうち立てる」を実践する。すなわち、役人になるための読書を破り、人民に奉仕する精神を立てる。教授による学校支配を破り、党による指導を立てる。全民教育を破り、労農教育を立てる。知育第一を破り、全面教育を立てる。インテリが労農と結びつき、驕りや自慢をうち破って社会に奉仕するようにする。

卒業生は、政治思想がよく、大衆とのつながりが強く、労働技術に精通し、刻苦奮闘するため各方面から歓迎される。本校、分校とも卒業生は農村に入ることが多い。専門科目には、農業・林業・畜産・獣医・農業経済・農業医学・水産・養蚕などがある。学科は資源によって設けられる。伝統ある景徳鎮の陶器もそのひとつである。

修学年限は、国家の発展、大衆の要望、三大革命の必要性によって、数カ月から二年。学校内には工場百二十カ所、農・林・牧の実修場が百四十カ所以上ある。耕作地だけで三万五千畝（一ヘクタールが十五畝）。

五つの工業単位と四つの農業単位があり、トラック・農業機械・標準部品・製薬・傘の工場、一般農地のほかに果樹園・牧場がある。工場と学部の一体化をめざし、現在学校内では五万人以上の学生が働きながら学習している。また七百九十人の幹部も工場内で働き、学生たちに「人間」を教えている。学生・労働者・教師が結合し、協力しながら学び働いている。

共産主義労働大学は辺鄙な荒地につくられた。規模も貧弱なものだった。毛主席の教えである自力更生を実践し、机・道路・発電所（水田の水位を利用した小型のもの）などすべてのものを無からつくりだした。二億キログラム以上の食料を生産し、教師と学生は煉瓦と木で二十五万平方メートルの建物をつくった。二億二千八百万元の富が国家のために生産されたのである。穀物・野菜・豚肉・油などの自給が実現し、国家の援助なしで教師・幹部の給料も支払えるようになった。

創設時、劉少奇一味は大学に対し政治面、経済面で弾圧を加えた。文革前は非常に困難な時期であった。江西省中央教育庁は大学を認めず、食料、材料、賃金、煙草、石けん、マッチなどすべての生活用品を配給せず経済封鎖を行った。「草を食べても大学を運営しなければならない」と節約し、農場をつくり食料を生産した。一九六二年と六三年に劉少奇は六十二カ所の大学を切り捨て、二万人の労農出身学生を追放した。これは修正主義の全日制学校にあわせた措置である。まだ理想とは隔りはあるが、我々はここを毛沢東思想宣伝の基地となるよう努力したい。＞

なんとものすごい「大学」である。大学というより村といったほうが理解しやすい。小さな子供たちも大勢いる。小学校・中学校らしきものもある。分校なのだろう。この大学の創設主体がわからない。僕が聞き落としたのではないと思う。創設期から大衆の支持はあったという説明は受けたが。

九時半に大学についての概略説明が終わり、ネジクギ工場と自動車の部品工場を見学。二十メートル×四十メートルくらいの広さの工場がいくつもある。出来上がったクギがパイプ口から落ちてくる。騒音のなかで完成品が木箱にはいってゆくのを見ている労働者に、通訳を通して質問した。

——何年も同じ場所で単純な仕事をしていて、疎外感はありませんか。

日本で僕たちは人間疎外という言葉をよく口にする。全共闘運動にしても、たくさんの学生を巻きこんだ魅力は人間疎外を解消するというところにあったのだと思う。オレは生きているのだと思いたいわけだ。

「少しも感じません。この小さなクギもやはり国家発展の役に立っているのです。私はまさに国家と人民に奉仕しているわけですから」

本当だろうか。日本のものさしをそのままここにあてはめても意味ないことはわかるけれど、あまりに優等生すぎるではないか。中国には本当に優等生しかいないのだろうか。

昼食前の三十分間、今年中学を卒業したという少年たちの歌と踊りを観る。ここでも、ひとりとして間違ったりしない。バイオリンの演奏もあった。曲目はすべていまはやりの革命歌ばかり。僕にはとても新鮮に聞こえる。僕たちも最後にお返しに歌う。やはり下手。

大学の食堂で昼食。ここで毎日だされているものとはちがう感じ。ホテルの食事と大差なし。大学のひとはいつももっとまずいものを食べていると考えるのはいささか失礼かもしれないが……。鶏や魚の骨をだしておく小皿がない。林さんはテーブルに口から直接吐き捨てていた。

校内を案内されたとき体育館に卓球台があるのを見つけたので、一度やってみたいと林さんに言った。中国では卓球が盛んです、などとピントはずれのことしか言わないので、うまくかわされたと思っていた。ところが、食事が終わると、さあ行きましょう、とすたすた食堂を出てゆく。どこへ行くのかと七、八人でついていった。体育館にはいって驚いた。一台の卓球台のまわりに数十人ほどが集まっていて、僕たちの姿が見えるといっせいに拍手。台の傍には点数板まで用意してある。いつのまに準備させたのだろう。言いだしっぺということで僕が林さんと対戦することになった。林さんはシェイクハンドで棒立ちなのにどんな球でも必ず返してくる。適当に体を動かしたところで、彼は中学生くらいの女の子と交代した。卓球部の選手のようだ。僕はあまりうまくはないのだが、曲球のおかげで何度か彼女を空振りさせることができた。僕がポイントを取ったときはまわりから大きな拍手が起こった。結局十一対七で負けた。ほかの団員と代わろうとすると、彼女はもう一試合しようと言う。もはや子供だましの曲球は通用せず、目にもとまらぬスマッシュ攻勢で十対〇。卓球の隣ではバドミントン。女子団員のひとりにバドミントンクラブがいてこちらは好ゲーム。体育館前のバスケットコートでは試合が始まっていた。日本チームは劣勢で、長身の僕に出ろという。中国チームはやはりバスケット部の選手のようだ。年は高校生くらいか。ドリブルで攻めると道をあけてくれ、シュートを失敗しても球がはいるまでいっさい手をださない。三ゴール差くらいになるとたてつづけに点をとってシーソーゲーム、一見好試合。結果は一ゴール差で日本チームの勝ち。彼らだけで演出したことだとすれば中国の若者の客あしらいはすごいものだと言わざるをえない。

二時過ぎからグループに分かれて座談会。団員六人と大学の先生、卒業生、学生。こちらの質問をだしておいて、それに対して答える方式で進める。

全民教育はなぜいけないのか。

〈うわべは聞こえがいいが、教育方面の階級性を認めていない。これは修正主義的である。プロレタリア階級が学校をうちたてることは労農兵に対する奉仕となる。入学が試験の点数や裏金で決まるのなら労農兵は大学にはいれない。政治思想と労働を重視してゆかねばならない。〉

劉少奇の妨害について。

〈教授がいない、建物がない、入学金がいらない。これでは大学らしくない、というので反対した。また教師や学生が階級闘争をすると成績が下がるからという理由でも反対した。劉少奇は学習成績を重視し、我々は労農との結びつきを重視する。教育水準というものに対する理解のしかたが全く異なっている。学生が労働に参加することは世界観の改造につながるが、労働を離れた知識だけをつめこんでもしょうがない。

劉少奇は最初の弾圧に失敗すると、表面上友好的になって手先を学内に送りこんできた。そしてその手先が権力を握り、募集を農村から都市へと切りかえた。大学はこの時期にまわり道したことになったが、文化大革命をへて劉少奇の妨害を徹底的にうちやぶった。＞

インテリの驕りは存在するのか。

＜中学を卒業すると農村で二年間働く。それから自分で申込んで入学の審査を受ける。労農兵と結びついて学ぶことは知識分子が歩まねばならない道である。元来、知識分子は思想的に視野が狭く、革命をやりとげるのが困難で、場合によっては革命を回避したりする。しかし労農兵は必ず革命をやりとげる。革命をひきつづき行うためには知識分子の驕りや自慢をうちやぶらねばならない。知識分子の欠点は、役人かふつうのひとか、生きるか死ぬか、苦しいか楽かでたえず動揺していることである。一方、貧農・下層中農出身の子弟は勤勉で、自分のためではなく世界革命のために働く。これでは、知識分子より貧農・下層中農の方が思想水準が高いと言える。入学したときに、専門の学問だけして幹部になりたいと思っていた学生も、労農兵との結びつき後は人民大衆のために奉仕するようになる。＞

——インテリのあり方をことさら主張するのは不純なインテリが多いからか。

＜役人になると楽して金がたくさんはいってくる。「私」のための考えしかでてこなくなる。これが発展すると修正主義になる。残念なことに「私」のことしか考えない知識分子は多い。彼らの世界観を変えるのには時間がかかるし困難な作業でもある。しかしそれはやりとげねばならないことである。労農兵の生活水準は知識分子より低いが、思想ははるかに高い。机にすわって毛思想を学習しても意味はない。嵐のなかで学習してはじめて身につく。＞

——午後七時から九時の学習の時間（工場内に貼ってあった一日の行動予定表から）には何をしているのか。

＜毛主席著作、特に哲学と国内外の情勢を学習。主観的世界観を改造して人民に奉仕する方法をさぐる。生産方面に生じたいろいろの矛盾を解決する。外国の革命勢力のことも研究する。我々は日本の革命勢力を断固支持する。＞

——工場について。

＜ここでは工場をつくるのが目的ではなく、学生の世界観をかえるのが目的である。勿論自給のために工場を使うし、儲けた金で新しい機械を購入することもある。しかしなにに

しても労農の指導によって、工場を通じて世界的知識を吸収しなければならない。〉

この座談会のおやつには、ここでとれた落花生と木の実がでてきた。粗末ではあるが、心がこもっていておいしかった。

五時にホテルに帰る。江西革命委員会の代表者一行が来ていて、挨拶。レセプションにはいる。夜に観劇があるというので酒は慎む。

バスで市内の劇場に行き、革命的京劇「沙家浜」を観る。人民解放軍が国内の反動派と戦いながら地主を打倒し農村を解放する話。

伝統にのっとった所作で違和感があるが、めまぐるしい立回りにびっくり。俳優は、演技のほかに歌と軽業を要求される。クライマックスで地主の屋敷を攻めるとき、高さ二メートルほどの塀を兵士たちがさまざまな形のとんぼ返りで越えてゆくのは圧巻であった。歌の場面になるとステージの両脇にスライドで歌詞が映しだされる。「共産党」と「毛主席」の文字は赤色であった。終演後、舞台にあがって俳優たちと握手。このとき悪役はひとりもでてきていない。僕たちと俳優が交互に手をつないで客席に向かう。われんばかりの拍手。客席から甲高い声で何か叫ぶ。全員がそれをくりかえす。「中日両国人民の友誼万歳」というようなことか。団の秘書長が壇上一歩進みでて毛語録片手に「毛主席万歳」を叫ぶ。場内大合唱。今度の旅行中、日本人から発せられた最初の「毛主席万歳」であった。

十一時前、ホテルに帰る。班会では上海での行動と毛主席、周総理に会見することについて話し合う。中国要人との会見などできるわけもないのに。部屋に戻って「第三班」班会。四人で知っているかぎりのテレビのコマーシャルソングを歌う。一時過ぎ就寝。

二月二十七日　曇

七時、起床。八時二十分、江西革命運動記念館へ。一時、ホテルで昼食。二時、バスで市内の百貨店（民芸品店）で買い物。四時十五分、南昌発。夜行列車で上海へ。

僕たちの班は林さん、王さんの受持ちなので彼らとしゃべることが多い。彼らは日本語科で秀才だったであろうし、今も日本語に磨きをかけている最中で、ほとんどの会話は何ら支障なく交わされている。生きた日本語にはなじみがないとしても、こうして実地訓練しているわけだし、彼らが「あなたたちに学びます」というとき、日本語習得も当然そのなかにはいっているものと思われる。そのうえ党の公式見解も実にすらすらと述べてくれ、政治意識もしっかりしている。日本での「通訳」という印象とはだいぶ違っている。ただ質問の内容が複雑になってくると時々おかしな答えが返ってくる。それは言葉の問題、社会、伝統による価値観・感覚のちがいでしかたがないことだ。そのうえ、まだ国交も開かれていない国に招待され、友好的にではあるにせよ面とむかって話をすることのきわめて政治的な状況も認識していなければならない。そうなると、僕のノンポリ日本学生としての意識はかなり息苦しいものになってしまう。日中正統系の団員の方がまだ気楽だ。僕は毎日、見学先や座談会で文化大革命の思想を解説され、それを熱心にメモしながら、逆に批評の矢面に立たされている無思想・唯知識主義にますます近くなってゆくような気がしている。

江西革命運動記念館では、安源炭鉱のストライキ、秋収蜂起、井崗山根拠地についての説明があった。革命の輪郭が鮮明になる一九二〇年代後半、共産党の活動が江西、湖南省を中心としていた時期の出来事である。

〈当時の中国社会は、ブルジョア・地主・軍閥の三大敵、学生・知識人層、そして労農階級と三階建ての構造になっていた。学生・知識人層は三大敵のお先棒担ぎにもなりうるし、労農階級の立場で革命を推進することもできる。毛主席は、工人夜間学校や自修大学などで革命教育をして学生・知識人が労農階級と結びつくことの重要さを説いた。学生による学校占拠・運動の発展という図式が現実のものとなってきた。

安源炭鉱のストライキは毛主席が指導した。安源へは長沙の同志とともにでかけた。

（中国服を着、ボロ傘を片手に持った若き毛主席が荒野を行く油絵を長沙の第一師範の講堂で見た。たて三メートル、横二メートルくらいの絵で、「安源に向かう毛主席」という題がついていた。）最初から労働者を集めることは困難だったが、まず彼らの生活条件を聞くことからはじめ、わかりやすい言葉で説明することで多くの労働者が参加するようになった。炭鉱を封鎖しようとする資本家に対してストライキの規模はしだいに大きくなっていった。スローガンには経済的要求もあったが、目的はあくまでも政権奪取である。この点が修正主義と全く異なるところである。運動を指導するとき、路線問題は重要な課題となる。毛主席は多くの場合闘争の先頭に立っている。劉少奇の路線を破って毛主席の路線でストライキを勝利に導いた。これは初期の勝利であり、武装闘争の道を大いに切り開いたといえる。「いままでは牛馬のような生活を強いられていたが、これからは革命の戦士としてはたらく」というのが、ストライキ後の労働者たちの気持であった。〉

ここでも毛主席ばかりが強調されている。このストライキを組織したのは劉少奇だと思っていたが、彼は、功績がないどころか妨害者だとされている。日本で僕が読んだ本は誤りだったのか。そういえば、中国に来てから聞いた歌にしても、毛主席を称えるものばかりで、労働歌がひとつもないのはどうしたことか。労働を軽視しているとまではいわないまでも、思想、思想、思想の思想第一主義は知識人的発想のようにも思えてくる。

〈一九二七年八月、南昌での秋収蜂起は中共前戦委の下にある中国工農革命軍第一師団の一軍・二軍・三軍が主力であった。九月には毛主席が井崗山に根拠地をつくる。（南昌でも湖南でも秋収蜂起が失敗したので、井崗山にのがれたはずなのに、そのことは聞かされない)。翌年五月に工農兵代表大会で執行委員が選ばれ、工農兵政府誕生。政府は土地・財政・食糧・民政・軍事・労働・教育の各部より成り立つ。前戦委の下には紅四軍委、湘贛辺界特委と軍事委・職工運動委・宣伝科・組織科・秘書処が設置された。〉

これは、中国革命の一大転換点である朱・毛連合軍ができたときのはなしなのだが、朱徳将軍の影うすく、安源炭鉱の説明ほど熱がはいっていない様子で、その歴史的意義よりも組織説明がほとんどできわめて事務的。僕としては不満である。たくさんのひとの血が流れた革命史を読みもの的興味で眺めることは無礼なことだし、恥ずかしい気がしないでもないが、この記念館での説明、ひっかかるところがある。

昼食後、バスで市内見物。まばらに見えていた人通りは道路の広さからくる錯覚で、街のどこへ行っても歩道にはかなりの数のひとが歩いている。歩き方もゆったりしていて散歩しているようだ。

市の中心街でバスを降りる。林さんが「百貨店で買い物を楽しんで下さい」と言う。三十メートルほどの距離ではあるが、この旅行ではじめて自分の脚で街を歩くことになる。たくさんのひとがぞろぞろついてきて面喰う。子供よりも大人が多い。無言である。笑いかけるわけでもない。敵意を持っているようにも思えない。僕たちの歩みが邪魔されることもない。

僕たちがめずらしすぎるのか、人々の顔は緊張でこわばっているようだ。こちらがどんな顔をしていたらよいのかわからない。店のまえまでくると、入口に群らがっていた人たちが通り道をつくってくれた。僕たちが店にはいっていくときいっせいに拍手が起こる。何とも妙な具合だ。「百貨店」といっても日常用品はなく、ほとんどが民芸品のようなもので、空間をゆったり使った売場が三階まであった。店内の客は僕たちだけだ。僕たちが来るということで中国人の客はおいだされたのか。入口での拍手は「反米愛国闘争の戦士」になされたものか。三階の窓から下をのぞくと、歩道にはまだたくさんひとがいてこちらを見上げている。

林さんに景徳鎮の陶器があるかどうか聞いてもらった。明代に世界的に有名になった陶磁器の産地である景徳鎮は南昌から遠くないところにある。二階の陶器コーナーに案内される。一〇元六二銭の紅茶カップとポットのセットを買うことにする。セットは十種類ほどあって、質も何段階かにわかれているとのことだったが、値段は同じ。白地に小さな花模様の、中国的でないのを選んだ。包装は薄い紙でくるむだけの簡単なもので箱にもいれてくれない。ホテルに帰ってからウィスキー箱をばらして補強しなければ長旅に耐えられないだろう。一〇元六二銭は円になおすと約一六五〇円。日本ではこんな金額で買えるわけはない。しかし中国の平均的労働者の月収は七〇元前後といわれている。「景徳鎮」は高級品なのだ。それにしてもショッピングを楽しいと思うなど、僕はなんと「プチブル的」なことか。こういう気分を素直に表せないとするなら、僕は中国で暮らしたくない。「プロレタリア独裁」にケチをつける理論など持ってもいないし、観念的には正しいとさえ思っている。しかし一方では、プロ独なんか所詮は幻想でしかないとも思っている。「意識的」ノンポリは帝国主義にはじきとばされ、プロ独やるには団結におしつぶされ、どちらにしても疎外感からは逃れられないのだろうか。中国に来て、強行軍でいろんなところを見てまわり、いろんな話を聞かされた。何かへんだ。高級ホテル、贅沢なフルコースの食事、専用寝台車に食堂車、バスの送り迎え。反米愛国闘争の戦士として尊敬・歓迎してくれる。中国を雲のうえから見ている。訪中旅行というのは前からこんなものだったのか。もちろん中国側の配慮はよくわかる。通訳のひとたちや各地で迎えてくれるひとたちは気を使い、僕たちが喜びそうな企画を準備してくれる。そうであればあるほど自分がつまらなく感じるようになってくる。訪中が戦士の休息であるのなら、戦士でない僕はいったいどうすればいいのだろう。

夕方、南昌駅を発ち、上海にむかう。

上海

二月二十八日　曇

六時三十分、起床。七時、食堂車で朝食。九時、上海着。バスで和平飯店へ。十一時、上海工作機械工場見学。(夕方まで)。一時、工場の食堂で昼食。七時、ホテルで夕食。夕食後、班会。

昨夜もそのまえもおそくまで起きていたので体が怠い。朝食は小さい時からトーストと紅茶だけだったのが、ここでは、大皿いっぱいのハムエッグ・サラダ・厚切りトースト三枚・ホットミルク・コーヒーという献立で最初は平らげるのに苦労した。しかし、毎日動きどうしで、睡眠時間は短かく、そのうえかなり気を使っているせいか、食べることは体が素直にうけつけてくれる。朝はこのくらい食べないと、などと思うようになっている。

朝食後、部屋のベッドに腰かけて同室の団員ともうすぐ着く上海のことを想像する。中国一の大都会で人口は東京以上やそうや。最も近代化が進んでいて開放的な街。いくら上海といってもいままでとかわりはないやろ。

創価学会の団員はこういうときには、チャック付きの、本カバーにしてはひどくたいそうな皮のいれものを開いて彼らの聖書（正式に何と呼ぶのか知らない）を黙読している。車内放送がある。「ウェイターリンシュウマオチューシーシュオウォーメン……」見学先や座談会でもよく聞く文句で、中国語堪能の彼に意味を尋ねた。「偉大領袖毛主席説我們」――偉大な指導者毛主席は私たちにこう言っています。毛語録の一節の朗読だと黒縁眼鏡の奥から目を輝かせて答えてくれた。彼のなかで日蓮上人と毛主席は仲よくしているのだろうか。

九時ちょうどに上海着。歓迎陣にいままでのような熱っぽさが感じられず、かえってほっとする。駅を出るとものすごい群衆。別に僕たちを見にきているのではない。すぐにこれをかたづけて、次にあれやってというふうな忙しそうな顔で足早に行き交っている。やっと都会に戻ったなぁとつくづく思う。懐かしいにおいを嗅ぐ感じ。身構える必要のない空気。歓迎のドラ・太鼓がないわけではないし、バスに乗りこむ僕たちに注目しているひともいっぱいいることはいた。しかしそんなものはここでは際立つことはない。

バスの窓から街並みを見ていて、「大阪」が頭に浮かんだ。景色が似ているからというのでもないのだが……。いままでの街のような違和感がないのは建物と道路のせいだ。高いビルが世界のどの大都会へ行ってもあるようなスタイルで（イギリス的だということか）間隔をつめて建っているし、交通量のわりには道路は狭い（もちろん日本のようなことはないけれど）。その分空も狭くなっている。

十分あまりで和平飯店に到着。運河のほとりにある九階建ての古いホテルだ。五階の部屋に分散する。窓がなく、古風な薄暗い照明が所々壁にとりつけてある廊下をぐるぐる歩きまわって（迷路遊びをしたらおもしろそうだ）、指定された部屋にたどり着いた。ドアを開けて驚いた。広すぎる。ベッドがむこうの方にふたつ並んでいる。三十畳ではきかない。たて長の窓が三つ。ドアは部屋の角にある。ここから入って正面にある左端の窓際に机、対角線の反対側に鏡台、中央にソファ二脚、丸テーブルをはさんでまん中の窓際に長ソファ、そこから数歩分奥にベッドが窓側の壁と平行に並んでいる。入口のすぐ左には物置、その次は洋服部屋。それぞれ立派なドアがついている。洋服部屋の両側には人の背丈くらいの箪笥、正面には何十とハンガーのかかった棒がとおっている。ここだけでもわが家の茶の間くらいはあるだろう。壁のスイッチを押すと薄暗い灯がついた。浴室もいままでのホテルの倍の広さだ。こんなに広々とした空間を自分のものとすることはこれから先そんなにあるものではない。上海には四、五日滞在するという。このあいだに「ゆとり」を満喫することにしよう。

十一時、上海工作機械工場に着く。塀をめぐらした広い敷地。大きなゲイトをくぐって緑の多い構内へ。舗装された道端に清掃員が二、三人見える。男か女かはわからない。古い木造の建物の前でバスを降りる。応接室で挨拶。すぐに工場についての説明にうつる。

＜上海工作機械工場では十の職場に六千名が働いている。敷地面積、四十二万平方メートル。研磨機・旋盤を原料からつくっている。一九五七年七月八日に毛主席が視察。四大家族とアメリカの資本でできた工場で、解放前は千名の労働者が鍬や鎌をつくっていた。米帝国主義の侵略・搾取のための企業であったが、解放後は独立・自立・自力更生をスローガンに精密研磨機の開発にとりくむ。素手からはじまり、五七年までの模造の時期をへて「大躍進」後は独自で設計するまでになった。(▽▽▽▽14) 規格の世界でも最高級の精密研磨機も製造している。その他平面研磨機・外円研磨機などを全国各地、世界三十一カ国に輸出。＞

つづいて質疑応答。先に質問をだしてからあとでまとめて答えてもらう。

——輸出国は。

〈アジア・アフリカ・ラテンアメリカ諸国・アルバニア・パキスタン・タンザニアなど。貿易業務は外貿部で行っている。〉

――このような大工場と人民公社の工場との較差、矛盾は。またその解決方法は。

〈解放前は農村には工場がなかった。解放後、都市の国営工業だけでは充分な生産ができないため、地方でも人民公社経営工場をたてて二本足で歩くようになった。大中小・新旧の工業が結合し、お互いの足らない部分を支援しあっている。人民公社工場は集団所有であり、当工場などは全民所有である。〉

――労働者の階級闘争の形成について。

〈毛主席著作を活学活用するために一日一時間の講習会がある。そこで、プロレタリア階級教育（愛国主義・国際主義・「人民に奉仕」・世界革命教育）を学習する。〉

――この工場の製品に対する国内需要は。

〈主に、航空機・精密機械・印刷機械などの分野において。社会主義の発展にともないますます必要になる。〉

――理工科系の大学の役割は。

〈教育は生産実践と結びつかねばならない。現在、多くの学生が実習にきている。学生が労働者と結合して「批修」を行っている。修正主義の時代には、実践と大衆と知識が遊離していたが、文革後は工場と学校が結びつき、工場が学校を、あるいは学校が工場を経営するのがあたりまえとなった。〉

――この工場の経費は。

〈国家援助はまず技術革新に、次に生産にあてる。我々の方でも増産と節約で拡大費を捻出している。〉

――時期や工程によって忙しさのちがいがあるか。

〈組立の職場にこの現象が見られる。経営管理に欠点があるためで、国家の需要を完全に満たしてゆくためにも改善してゆかねばならない。〉

――労働者の健康、公害について。

〈労働者の健康には注意をはらっている。定期的に健康診断を行い、塗装や鋳物職場の労働者には栄養費がでる。

この工場からは害になる排水はほとんどでない。軽工業・化学工業などの工場では三排（排物・排気・排水）を三宝にかえるよう努力している。たとえば石炭かすの再利用で煉瓦をつくるように。〉

——賃金について。

〈国家に対する労働の代償として支払われる。技術の等級、国に対する貢献度によって段階がある。〉

——労働者から技術者を育てることは。

〈一九五三年から行っている。文革前は実践経験のある労働者を学校（中学）におくっていたが、文革後に「七・二一大学」をつくり、そこで教育している。労働者・技術者・幹部が設計グループをつくって、政治的自覚と実践をむすびつけた。修学年限は二年、学費無料で、労働者と同じだけの賃金が支給される。ここを終了して技術部門に戻ってくるのであるが、実験段階のため、いまのところは新入生募集はやっていない。〉

——生産目標について。

〈国家計画に基き大衆討論をへて設定。〉

——工場と農村のつながりは。

〈この工場と農村のつながりは、上海と農村のつながりと同様だ。密接である。農業は基礎、工業は導手であるが、労働者の出身地の多くは農村だから。〉

文革後の生産増大の要因、技術の専門化と普及、技術開発と利潤について説明された十五分ほどのあいだ、ボールペンを握ったまま居眠り。ノートにインクの染みが残らないよう直前に万年筆からボールペンにかえていた。数行のボールペン書きのあとに「チンボツ　おやすみなさい」。となりの、クリスチャンの団員のいたずらで、書かれたのに全く気づかなった。目を覚してまたノートをとる。

——組織・組合・福祉について。

〈党委・職場革命委・各工程の中隊という三段階の組織で、党委の指導で労働者代表大会が開かれる。労働組合は文革前にはあったが、劉少奇一派の、階級闘争をせず福祉だけを要求する組合で、文革で我々が打ちやぶった。現在、組合はないが、労働者は政治的に成長し、福祉も充分にゆきとどいている。

労働者のケガや病気に対しては、治療費無料（家族の場合は半額）で賃金はそのまま支給される。不治の病気や死亡したときは国家から補助金がだされ、子供がある場合、十八歳になるまで国家援助がつづく。女子労働者は千名弱いるが出産休暇が五十六日あり（賃金はそのまま）、託児所も完備している。

定年は、男子六十歳、女子五十五歳。希望があればそれ以上働ける。十年以上勤めたひとには年金があり、やめた時の賃金の七割を毎月、死ぬまで支給される。

全国的に工業はまだ発展していない。機械化をさらに進めてゆかねばならないが、それによる首切りの心配もない。社会主義制度のなかで労働者の生活は充分保障できる。〉

——毛主席の著作を読むことについて。

〈労働者階級の三大革命運動で困難にぶつかった問題を携えて読む。これは「九全大会」における哲学学習をしようというよびかけにこたえたものである。〉

この座談会には、上海の通訳が大活躍した。五十代後半の温和な感じの男性で、並の日本人以上に日本語がうまい。きれいな標準語。僕たちがだらだらしゃべるのを二言三言で要約し、共通項のあるいくつかの質問をひとつにまとめる。メモを取ることもほとんどない。「つまり——ということを質問なさりたいわけですね」にこやかに受け答えしながら、彼は日本の大学生の頭の程度に疑問を持ったのではないだろうか。座談会が終わって聞いてみると、大学時代の専攻が日本文学で北原白秋をかなり研究したそうだ。東京に留学したこともあるとのこと。林さんたちもここでは出る幕なし。

午後一時、工場の食堂で昼食。豚肉と野菜の炒めもので、労働者が毎日食べているのと同じ食事だという説明。豚の脂がこってりしすぎて食欲がわかない。セルフサービスで、厨房の窓口にとりにゆく。一人一皿のおかずとご飯、大皿に盛られたものを数人でつつく食事に慣らされていたので妙な感じである。やはりホテルや食堂車の食事は上等なのだろう。旅行社の上海支部の職員で、日本語と朝鮮語をすこし知っているというひとと同じテーブルになる。僕が朝鮮語科の学生であると言うと、食堂のことは朝鮮語で何というのかと尋ねた。「シクタン」と答える。「そう。中国語ではシータンです。日本語でショクドウ、みんなよく似てます」。同じ漢字なのだから似ているのはあたりまえだ。お互い拙い朝鮮語と日本語と、中国語を専攻している団員の通訳による中国語で三つの言葉についておしゃべり。最後に中国語で「あなたの学習態度に学びます」などと言われる。日本語になおすと、おおげさで時としてばかにされているようにも聞こえる文句なのだが、さりげない社交辞令と見る方があたっているようだ。

昼食後、工場内を見学。機械の効力や性能を自慢げに説明してくれるが、僕は機械のことはよくわからないし、おそらく日本の工場の方が進んでいるであろうと思うと興味起こらず。重視したいのは人の問題だ。社会主義という機構のなかで人々はいかに自己を大事にすることができるかという点だ。もし僕たちが意地悪な質問をしたとする。つまり、日本の工場の方が設備がよく、規模も大きく、合理的で、ひょっとすると労働環境・労働条件もすぐれているかもしれない、と。きっと次のような、答えになっているような、いないような言葉がかえってくるだろう。「ひとにぎりの資本家が人民を搾取するための工場ではなく、我々の工場はプロレタリア独裁のもとで自力更生によってつくられたものである」と。

工場内を見ると実際に労働している人は汚れた服を着て単純作業、案内の青年はこぎれいでかしこそう。また構内の清掃員は工場内労働者とはっきり区別されていて（賃金は同じだとのこと）、見下されているような感じがしないでもない。技術の責任者は六十歳くらいの紳士で賃金は三百元。党の上級幹部なみの収入で、一般労働者の四倍強。このようなことを意外に思うとは、まだまだ中国のことが理解できていない証拠だ。社会にさまざまの区別（あるいは差別も）があるのは、それはよくないことだと思うのとは別のところで現実としてあたりまえだと思ってきた。そんな日本人の僕が、中国の放送を聞いたり、雑誌を読んだりして、「夢の国」のイメージをかってにつくりあげてしまっただけのことだ。どうも中国好きの日本人は、中国を特別扱いしすぎるようだ。人間の社会の営みなど、気候・風土・文化・経済力などの違いはあるにしても、基本パターンはどこへ行ってもたいしてかわらないものかもしれない。それなら、革命というエネルギーの塊はどう評価すればいいのだろう。一種の生態の変化のようなものなのか。「革命」は結果論か。すると「革命」を称える人たちは、また革命を起こすか、あるいは「結果」を固定化してしまうかどちらかでしかない。

大都会に来て、中国でも人に上下があるんだなと思うようになる。現在、その上下関係を精算する闘争が行われているのであろうが、「上」と思われる人の口から革命のスローガンが叫ばれると、プロレタリア独裁という言葉で少数の人間が社会を支配しようとしているのではないかなどとひねくれたことまで考えてしまう。革命とは縁のない、暢気で無責任な日本人的発想か。

ホテルにむかうバスで王さんの隣にすわる。王さんは吉林省の出身で（吉林省は朝鮮との国境にあり、中国の少数民族として朝鮮人の多いところ）、幼いときに近所の朝鮮人から簡単な言葉を教えてもらったことがあるという。ほとんど忘れてしまったけれど数は数えることができると、「ひい、ふう、みい」とやってくれた。食堂で通訳してくれた団員が前の座席からやってきて、僕に訳せるかと赤い小さな本を開いて見せる。朝鮮語版毛語録だ。日本語版よりひとまわり大きく、中国語版よりふたまわり大きい。開かれたページは冒頭の部分で、そこは日本語版で知っていたのですらすらとできた。朝鮮語科といっても一年が終わったところ、単語もたくさん知っているわけではない。王さんは語録のまん中あたりを開いて読めという。彼は一言一句、完璧に知っているだろうから嘘を言うわけにもいかない。幸運なことにそこにも難しい単語はなく、どうにか訳すことができた。王さんはハングルが読めないらしく、訳すこと以上に記号のような文字を読めることに驚いたようだ。「はじめてでこれだけ読めたら、全部読めるようになるのはすぐですよ。旅行が終わるまでに一冊読んで下さい」。これからは王さんとは朝鮮語のことを話題にしない方がよさそうだ。

「毛主席語録」はいろんな国の言葉に翻訳されていた。それらはホテルのロビーにある書棚に置いてあって、ただでもらえる。奥付に値段も印刷してあるが、外国人の宿泊客に対するサービスだろう。いままで、中国語版と日本語版しか知らなかったのは、僕たちが泊まる階の書棚にはその二種類しかなく、エレベーターばかり使うのでほかの階の様子がわからなかったからだ。不必要な混乱を避けるためだろう、ホテルは、階によって客の国籍を分けているのだ。

ホテルに帰って、さっそく朝鮮語版を見つけ、さらに階段を上り下りしてフランス語版、記念にアラビア語版とビルマ語版ももらってくる。各版とも奥付に漢字で国名が記してあるので、見たこともない文字でも何語なのかがわかる。

七時、夕食。食後の休憩のあと班会。

僕たちが「毛主席万歳」を叫ぶことについて論議。南昌で「沙家浜」を観たとき、カーテンコールで団員全員が舞台にあがったが、秘書長が客席にむかって「毛主席万歳」をやった。

このひと言で会場の雰囲気は盛りあがったのだが、ノンセクトの団員から文句がでた。思想的不統一を原則としている団で、よりによって事務局の者が軽々しく口に出すべき言葉ではないというのだ。秘書長の見解は「万歳」が全員の意志に反してはいないとするものだったが、秘書長ほど日中正統本部と関係が深くない団長がノンセクトに同調。そこへ事務局内部の不統一を批判する意見がでて、班会は紛糾。結局、「毛主席万歳」は個人的になら叫んでもいいということになる。

広州以来、ホテル・汽車・学校・記念館・街なかといたるところに毛主席の肖像が掲げられ、僕たちの見学先では必ず毛主席を称える言葉を聞いてきた。日本人として、たとえば、それは個人崇拝だと批判してもいいだろう。しかし主体性を貫くために善意で接してくれる中国人に対して礼儀を欠いてもいいということにはならない。僕は心から主席を敬愛しているわけではないし、十日たらずの滞在で僕なりに疑問も抱きはじめている。しかし、僕たちを迎えてくれる人たちが「毛主席万歳」と言えば僕も言うし、彼らが語録をふればポケットからすばやくとりだしてふるだろう。知りたいことはまだまだいっぱいあるはずだ。そう、大勢の人にむかって力いっぱい語録をふることは気分のいいものだ。

三月一日　曇

七時三十分、起床。八時四十五分、馬陸人民公社見学。一時すぎ、人民公社の食堂で昼食。一時三十分、野ら仕事。二時二十五分、座談会。七時、ホテルに戻って夕食。九時、全体会議。

胃が痛いのは気の使いすぎ、頭が重いのは睡眠不足。オレはノンポリだと言いながら、ここでは「日本人」が目立ちすぎ、日本を代表しているような気持になってくる。僕たちの接する人々は真面目で、世間話しようと思っても、それがいつのまにか政治の話になってきて、米帝、ソ修それに日本軍国主義が悪く、毛主席の教えは正しいというところに導かれてしまう。何も毛主席を悪く言う気はない。彼は偉大な革命家で政治家で、僕は「彼の国」に来ることができたことを感謝しているくらいだ。ただ、むこうもこちらも毛主席のことを話しすぎる。挨拶の一種のようにさえ思う。冗談を言う隙もない。日本ではとうてい味わえない雰囲気だ。タブーがないというのは自由なことか。毛主席批判がタブーだとするなら中国には自由がないことになる。しかし農民や労働者は自分の仕事を自分で決定することができる。

どこにいても日常は政治なのだから、ここでは政治に参加する自由があると言える。一方、日本に人民公社や工場の革命委員会のような直接民主主義の生きる場所があるか。政治的に自分を自分の力で守るべき場所のない日本には自由がないことになる。

僕が考えているよりも何倍も、毛主席は偉大であるということなのか。せめて、その「倍率」くらいわかりたいと思う。でないと雲をつかむようなことになってしまう。いまのところ雲もつかめないまま気ばかり使い、深夜に「第三班」あたりで馬鹿げた冗談でもとばしていないとやりきれない。そして僕の焦りは睡眠不足となって自覚するところとなる。

八時前にホテルを出る。バスで郊外の馬陸人民公社にむかう。街なかではノロノロ運転だったのが、街はずれの人家がやや疎になってくるあたりから速度をあげる。四台のバスがすれちがえるくらい広い道路は街はずれでも自転車、牛車、トラックで混んでいる。自転車が圧倒的に多い。数人が横にひろがって話をしながらのんびりペダルを漕いでいて、僕たちのバスの警笛に驚いて道端に寄るということが何回もあった。バスは大きな顔をして速度も一定のまま、警笛だけを鳴らしつづける。中学生が列をつくって歩いているのもよく目につく。かなりの数だ。農村へ働きに行くのだそうだ。道路はほぼ直線で、両側には並木。バスのなかから前と後ろを見ると、どちらも同じような景色である。そのうち、人家も人かげも見えなくなり、道幅もいくぶん狭くなる。両側は畑。冬だからか緑は見えない。黒々と耕された畝が地平線までつづいている。歩いて耕しに行くのだろうか。

一時間たらずで目的地に到着。古くて白っぽい農家が集まっている。バスは広場でとまる。ドラと太鼓の歓迎。この頃はこの音を聞かないと「着いた」という気がしない。おおげさではないが「熱烈歓迎……」の横幕も張ってある。公民館の会議室のようなところにはいる。挨拶のあと馬陸人民公社についての説明を革命委員会の李さんがしてくれる。しまった口もと、鋭い目、何をしても失敗はない、という雰囲気。大真面目である。年は三十四、五歳か。

〈一九五八年、毛主席の「人民公社はすばらしい」という呼びかけに応じてつくられた。現在、六、六三二戸、二七、五三二人が暮らしている。労働人口一六、六七九人、耕地面積は二、二六一ヘクタール。十四の生産大隊のもとに百四十の生産隊があり、主に食料と綿を栽培。「五・七指示」に基づいてつくった工場もある。

個人経営→互助組→初級社（農協）→高級社（合作社）という過程をへて人民公社ができあがった。その間にも二つの路線の闘争があった。初級社になる段階で貧農・下層中農は賛成、富農は反対、中農は動揺した。少数の富農に対しては「集団のものを盗んではいけない」と批判が起こった。プロレタリア文化大革命後、貧農・下層中農は毛主席の著作を学習するようになり革命意識はいちだんと高くなった。学習前は「野ら仕事は一家の暮らしのため」だったのが、「革命のため」「七億のため」になり、「自然条件をかえてゆこう」というスローガンが叫ばれるようにさえなった。陸家大隊の柴塘隊は「人間の力は天に打ち勝つことができる」と、低地に土砂を運んで平らにし、荒地を良田にかえることに成功した。

一九七〇年は、わが人民公社で最高生産高を記録した。食料は一ヘクタール当たり一〇、八八二キログラム。これは一九五七年の八五パーセント増、四九年の二四八パーセント増になる。綿の生産も繰り綿で一ヘクタール当たり七九五キログラム（五七年の一五二パーセント、四九年の七一五パーセント増）、収穫時に雨が降っても決して綿を腐らせなかった。牧畜業も大幅に集団化され改良された。機械による耕作は九五パーセントに達し、大トラクター二十四台、反動トラクター三十一台を持つ。各家庭には電燈が完備され、農機工場のほか各生産大隊には農機修理所があり自力更生は現実のものとなっている。農機修理所は戦時には小型武器の工場となる。

小学校は三十三。医療施設は大隊に病院（衛生院）、生産隊に衛生室があり、年に一定額を納める合作医療制によって運営されている。

昨年末配当は、子供も含めた全社員平均で百三十九元。五七年の一五七パーセント増であり、朝食えば晩には食えなかったという四九年とは比較にならない。しかし、上海周辺の先進的人民公社と比べるとまだまだ大きな差がある。金山県金山人民公社の八二大隊では三毛作で（馬陸はほとんどが二毛作）、一ヘクタール当たり食料一五、〇〇〇キログラム、南准人民公社の人民大隊では繰り綿一、五〇〇キログラムを生産している。我々は集団化と機械化を進め、生産を高めてゆかねばならない。＞

十時前から公社内を見学。農機修理所、甕工場、養豚場など。まだ幼稚園にもいかないころ、京都西郊の鳴滝の農家ではじめてブタを見たことを思い出す。農家とはほとんど縁がない僕の鼻には懐かしいにおいだった。

夫婦と子供二人が住んでいるという農家を訪れる。凹字型の古い平屋。四部屋あってすべて土間。凹字の下側のまん中にあたる部分に二枚引き戸の「玄関」があり、正方形の土間の正面に織機が置いてある。この土間に入ってすぐ左右に一枚引き戸。右側の部屋は長方形の台所兼食堂でいちばん奥にかまど、その手前に食卓と椅子。左側には正方形の部屋がふたつ。これは寝室でそれぞれにベッドがある。奥の寝室には鏡台があり奥さんの部屋らしい。あるいはそれは夫婦の部屋で表の間は子供部屋なのか。僕たちが訪れたときには家のひとはだれもおらず、案内のひとにぞろぞろついてゆくだけで変な気分。僕がこの家の人間だったらあまりいい気はしないだろう。掃除はゆきとどいているものの家も家具も古い。室内にこまごました物がほとんどない。なんと殺風景な。

市場があった。市場というよりは小さな雑貨屋だ。腕時計は百元以上、靴下三元、将棋もある。衣料品は高いそうだ。

一時過ぎ、公民館（正式の呼び方はわからない）の、午前中話を聞いた部屋の隣にある狭い食堂で昼食。きのうの工場の食事よりまだまずい。なんとか残さずに食べる。最初からこれで慣れたかったとつくづく思う。ホテルの高級料理ばかりでは一般的な中国民衆がわからないではないか。

食後、野ら仕事をやってみるかと言われる。全員が賛成した。

畑に出る。バスのなかから見たのと同じ景色。畝が地平線までつづいている。柄の長い鍬で耕す。土は思っていたよりもかたい。種まき準備とのこと。何の畑かは聞かず。僕たちのはわいわいやっているだけでほんのお遊び。すこし離れたところで耕している十七、八の女の子のやり方をまねる。柄の先端を持ち、高くふりあげて力を抜くと鍬は深く土につきささる、土をおこすときに腰にかなりの力がかかる。女の子の方は棒立ちのままうまく腕の力を加減してやっているが、僕らはどうしても前かがみになってしまう。「野ら仕事」は二十分くらいで終わった。上手に遊ばせてくれるものだ。人民公社で耕作するということはやはりカッコいいことで、僕も人民帽かぶって鍬を持っている証拠写真を撮ってもらう。最初、野ら仕事できることを大声で喜んでいた創価学会の団員は、鍬にはさわりもせず八ミリカメラを持ってうるさくポーズの注文をつけてまわり、少なくとも第三班では評判を落とした。

二時二十五分、公民館で座談会。腰が痛い。二十分間の野ら仕事が風邪ひきにはずみをつけてしまったか。

例によって、先に僕らの質問をまとめ、順番に答えてくれる。

——賃金について。

〈生産したものを国家、集団、社員にいかに結びつけているかが問題であり、三者の利益を正しく処理しなければならない。一九七〇年の場合、国家へ四・二二パーセント、生産コスト三五・一九パーセント、管理費〇・四四パーセント、社員に五〇・四四パーセント、蓄積九・七一パーセントであった。〉

——どのようにして個人に分配するのか。

〈我々は社会主義のために労働し、労働によって報酬をうける。個人については、生産隊の総生産高を労働日数で割って労働の重さを定め、三つの基準によって判定、分配する。その基準とは、労働の態度（毛沢東思想をよく活学活用しているか）・労働の程度・技術の高低である。労働力のない者に対して、幼児の場合は生活の保証・少年には教育・老人には養生・病人には治療・そして葬儀と、五つの保護がなされる。分配は現金。〉

――自留地について。

〈各生産隊の土地の広さと人口によってわりあてられる。土地は集団の所有であるが、自留地は集団が個人に貸した土地であり、収穫した作物を勝手に売ることはできない。ここでの自留地の広さは、ひとり当たり平均で十分の一畝（約〇・六六アール）。〉

――貧農・中農・富農の区別について。

〈二十年前の土地改革のときに決めた社員の出身階級。当時、一・五パーセントの地主と三・七パーセントの富農が七九パーセントの土地を所有しており、九〇パーセントの農民が土地を持っていなかった。貧農と下層中農は解放後最も革新的であったが、文化大革命前にはまだ階級は存在した。富農出身の階級思想は国民党的である。〉

――いかにして綿を腐らせなかったか。

〈これには、貧農・下層中農が毛主席の著作を活学活用して、いかに生産に従事しているか、ということがよく表れている。

綿の実は四十日以上雨が降ると繊維ができない。それで、雨が止んだときに綿の実をひとつひとつ調べながら摘み取る。つまり人間の要素が第一ということである。『矛盾論』の「対立面の統一」のところに「人の正しい思想はどこから来るか」という毛主席の問いかけがあるが、これはまさにその教えを具体化したものである。〉

僕には全く理解できない説明だ。毛主席の著作など読んだこともないから無理はない。座談会を司会する李さんはそつなくやっているが、にこりともしない。緊張しているのか。ホテルに帰って、「今日は李さんがいちばんよかった」などと話す。芝居見物的発想で少々ふざけてはいるが、それには「好感が持てる」以上のものがある。おそらく中国では通用しない感覚だ。

次に、三十歳くらいの陳さんと四十代後半の廖さんがさらに詳しい発表をしてくれた。陳さん――農民の区別について。

〈毛主席は次のように言っている。「ひとりひとりは階級に属し、その思想に階級の烙印の押されていないものはない」。土地改革で土地や物質的なものは没収できても、意識までは没収できない。地主や富農は労働しないで生活したいと思っているので社会主義社会に対する感情も貧農・下層中農とちがってくる。私の生産隊には七六世帯あり、そのなかで地主出身、富農出身はそれぞれ一世帯、中農出身は十二世帯である。

一九六二年に蒋介石のまきかえし計画があったとき、地主、富農が土地私有を主張したことがある。貧農・下層中農の地主に対する態度は、地主の態度によってかわる。つまり政治的な表現によって判断するわけだ。地主の思想改造は労働のなかで共にする。彼らの子女に対しても教育して効きめのある者には積極的にする。

年に一回地主分子に対しての会議があってそのひとを評す。全員の意見で、彼は労働をよくしているということになれば、「地主」のレッテルをはがして社員として認める。社員になると革命委員の選挙権・被選挙権を持つことができる。改良が足らないときは、その箇所を会議で指摘して候補社員とする。あくまで改めない者は地主分子のまま社員といっしょに労働させ、それを監督する。社員とは労働に参加する者を指し、普通十六歳（初等中学卒）以上である。〉

廖さん——解放前と今との比較。

〈解放前は食糧も衣服も極端に不足していたが、解放後には日に三食のご飯を食べ、綿入れの着物を着ることができるようになった。私は九歳のときに紡績工場で働いた。近代的な機械が何ひとつないところで労働は厳しく、そのうえ工場のボスに虐待された。貧農・下層中農は文字を知らなくとも、毛主席に対する熱愛はだれよりも強い。まさに顧苦思幸である。林彪副主席も「過去を忘れることは革命を忘れるのと同じである」と言っている。

私の生産隊では一九六八年に二毛作を行った。一畝当たり水稲五二〇キログラム、麦二五三キログラムを収穫した。これは解放前の二五〇キログラムという数字と比べて三倍以上にもなっている。農作は革命のためのものである。今二毛作から三毛作に切り替えている。ソラマメ、トウモロコシ、麦を同じ畑で育てるやり方だ。それぞれの成長の較差を利用して、従来なら四三五日かかるところを三六五日で収穫できるようにした。これによって一畝当たりの収穫が九六〇キログラムになった。目標の一トンまでもうすこしのところにきている。〉

馬陸人民公社の革命委員会については、李さんから説明があった。軍・干（幹部）・群（大衆）の三結合のかたちをとっており、幹部九人、大衆代表十三人、民兵三人の構成で二年ごとに選挙で選ばれるとのこと。

中国一の大都会周辺の人民公社でも、僕が想像していたよりずっと田舎だった。もっと辺鄙なところではいったいどんな暮らしをしているのだろう。中国ではそういった農村が圧倒的多数をしめているはずだ。僕たちは、都会のインテリが農村に下放されてゆくことを一種の英雄的事柄だと安易に考えてきた。しかし、毎日の具体的な生活を思うと、彼らには「英雄的」などという以上の重大な決意があったにちがいない。若者の精神をこのように急変させたプロレタリア文化大革命は「文化」を変える大きな力を持っていたのだ。

それにしても中国は広い。山など見えない。畑ばかりである。人々はのんびりやっているように見える。あくせくしてもはじまらないだろう。中国の農村にはアナーキーな要素が強く浸透している。だからこそ毛沢東思想の重みも感じられる。あるいは、もっと単純に、ろくに文字も読めない人々が文字を覚えようとしたとき、毛主席語録が格好の教科書になるからこそ「毛沢東思想」が有難いものとなり得るのか。広大な中国をひとつの政権で治めている毛主席は確かに偉大であるが、誰が指導者であってもそれなりにうまく立回っている農民たちは恐しい存在だ。中国の農民をもっとも恐れているのは毛主席ではなかろうか。

七時、ホテルに帰り夕食。九時から全体会議。「毛主席万歳」に関して事務局が自己批判。事務局内部で足並みが揃わなかったからだそうだが、僕にはどうでもいいことだ。ここでずっと暮らすわけでもなし、旅行中は楽しく仲よくやっておればいいことだ。彼らと比べて僕は不真面目なのかもしれないが、いまだに、自分の考えを整理することで頭がいっぱいだ。

「毛主席万歳《マオチューシーワンスイ》」くらい抵抗なく叫べますよ。ワンスイ、ワンスイ、ワンワンスイ、何と快い響きだ。何と封建的な言葉だ。

四、五日前から過労で見学を休む団員がふえている。クリスチャンの団員など一日おきに休養をとっている。第三班では彼はこの旅行そのものに抗議しているという見解まででている。腰の痛みが夜まで消えない。中国まで来て病気になるわけにはいかない。明日は僕も休養することにしよう。

三月二日　曇

二時、起床。夕方までベッドのなか。六時、夕食。七時三十分、バレエ映画「白毛女」を市内の劇場で観賞。

同室の団員に起こされたとき休養することを告げる。彼が部屋を出ていった時刻はわからない。前夜にとことん寝ることを決めていたので気が楽だ。十三日ぶりの休み。みんなは上海工業展覧会に行っている。午後二時に目を覚ます。パジャマのうえからズボンとセーターを着けてエレベーター前に行き（机がひとつあって必ずボーイが座っている）、トーストとホットミルクを注文。しばらくして部屋に持ってきてくれる。ドアのところで盆を受けとり、金を払おうとするといらないと言う。

またベッドにはいって、日本とフランスのガールフレンドに手紙を書く。時計台（？）の鐘が聞こえてくる。曲は「東方紅」。表から聞こえる音は、自動車の警笛、川をゆく船の汽笛、救急車のサイレンのような音が時々。自動車の振動を感じる。ここは日本だと言われてもわからない。

うとうとして目が覚めたら部屋はうす暗かった。腕時計を見ると六時過ぎ。腰の痛みはなくなっていた。今度はちゃんと着替えて廊下に出る。腹ぺこだ。いくらでも食えそう。みんなは帰ってきて食堂で夕食をとっている時刻だ。エレベーター前のボーイは昼間のひとではなかった。Do you speak English? と声をかけた。"Little" と彼が答える。「リル」と聞こえる。団員たちはもう帰ったかと聞くのに僕の京都弁の英語は全く通じない。それどころか、彼は何やらまくしたてた。僕には聞きとれない。「リル」どころかペラペラではないか。僕は、旅行中に聞き覚えた中国語で「日本人の同志たちは今どこにいるか？」と尋ねた。六階の食堂にいることがすぐにわかる。

六階では夕食の最中。第三班のメンバーのひとりが手招きした。

「お前も抗議のサボリをやったんか思た。オレが起こしにいっても目ェ覚まさへんかったからなあ」

あごひげをはやした彼は大声でしゃべった。もともと「日中」とはあまり縁のないセクトで活動したことがあり、そのセクトが事実上壊滅しても、いまだに「オレは○○○の活動家や」と言う男である。そのわりには頭は柔軟で、だからこそ日中正統が嫌いで、どうして団にはいれたかが不思議なのだが、僕とはいちばん仲のよい団員だ。彼も野次馬精神は旺盛で、「抗議のサボリ」などナンセンスだと思っている。僕は、本当の休養だったことを説明しながらいつも以上に食った。

「白毛女」はテレビ映画用に撮ったもので、本来直接舞台を見るべきものを映画で見るのはいささかたよりない。ヒロインは可愛い顔をしている。背は低そうだがスタイルはよい。地主の弾圧に耐えかねて山奥に逃げたヒロインは怒りと苦労のために髪がまっ白になってしまい、山には白髪の妖怪がいるという噂までたつが、かつての恋人の率いる八路軍が村を解放して彼女は村に戻ることができる、というあらすじである。王さんの説明によると、恋人と再会するところでハッピーエンドだったのが、「労農」の要求で、地主が処刑され、ヒロインが八路軍に参加するところまで書き加えられたそうだ。恋物語から革命物語になったわけだ。五〇年代にこのバレエ映画が日本にも来たことは知っていた。中学のときに押入れを整理していたら、大学の先生たちと「映画をみる会」をつくっていた父のファイルから、「白毛女」のパンフレットがでてきたことがあった。父の見た「白毛女」は恋物語の方だったのだろう。

今夜は二十歳最後の夜になる。去年のいまごろは、大学入試のおもしろくもない丸暗記を必死になってやっていた。一年後に上海に来ているなど予想もできなかった。入試勉強から解放されて落ち着いているはずの、今の僕の頭でも中国を理解することはできない。文化大革命という、僕たちにとってはこのうえなく観念的な部分と、一畝当たりいくらの収穫があったという具体的な部分とが合致しない。文革は偉大だと思う反面、文革体制が不可欠のものなのかという疑問もわいてくる。毛主席も林副主席も中国のフルシチョフも、指導者が誰であろうと生活はそんなに変わらないのではないかという疑問だ。ひとは、ある程度の目標を持って、血を流すことなく、安心して仕事ができる状態を好むものではないだろうか。こんな甘い考えは中国では通用しないのだろう。文革で多くのひとが死に、傷つき、世の中がいっぺんにひっくりかえった。文革をはじめたのはまぎれもなく毛主席であり、それは史上最高の革命とまで言われ、僕たちもまた観念的にではあるにせよその激変に拍手を送っている。日本の全共闘運動は、結局は負けてしまった。しかし中国の「全共闘運動」は完全に勝利した。僕たちははじめから負け犬ではなかったかと思う。日本における運動でいったい何人死んだ。死人の数は革命の激しさのバロメーターなのだ。日本と中国を同等に比較することは無意味ではあるが、ある一面だけをとらえると、僕たちはこのうえもなく中国に憧憬の念を抱いているようだ。ただし自らは決して傷つくことなく！　僕たちは僕たちの暮らしのあまりの退屈さにちょっとだだをこねてみたいだけなのだろうか。僕は僕のなかの「日本人」をものすごく感じる。これは否定してもしかたがない。いや逆に、積極的に肯定すべきものなのではないだろうか。

「日本人万歳、万歳、万万歳！」

三月三日　曇

七時三十分、起床。九時十五分、工人新村見学。二時〜五時、市内散策。七時三十分、上海市革命委員会主催のレセプション。十一時二十五分、班会。

今日で二十一歳になる。去年の今日は入試初日で国語と数学の受験日だった。一年後、上海で朝をむかえるとは、ものすごいかわりようだ。

何に気を遣っているのかはっきりわからないのだが、気遣いの多い旅行だ。この気遣いを相手に悟られまいとすると、必要以上に陽気でなければならない。冗談を言えば言うほど団員たちからは無神経だと思われる。面白い冗談ほど団員の持っているタブーを逆撫でることになるからだ。それでも毛沢東思想活学活用分子のような顔をしている団員の軽薄さと比べたらまだ救われるような気がする。彼らは、挨拶のときなどによく聞かされる言葉をもっと噛みしめて聞くべきではないか。「中国と日本は社会体制が全く異なる」こと、「日本革命は日本のやり方で行うべきだ」ということ。中国のものをそのまま持って帰ってもしかたがない。単なるブームのお先棒担ぎでは、それこそ中国に申し訳がたたないではないか。

過労で倒れる者がふえている。このところ見学で全員揃ったことはない。通訳のひとたちはほんとうにタフだと思う。僕たち以上に気を遣っているのは確かだ。毎晩、解散したあと会議しているらしい。

二週間もいっしょにいると、僕たちの癖も出きってしまう。そもそも募集の幅を拡げすぎたことが問題なのか、三十二人がなかなかまとまらない。まず、何かにつけ団事務局がやり玉にあげられる。それは、オレたちは日中正統の考えには反対だ、という形ででてくる。華僑の孫で、まさに全民教育の旗手である教育学専攻の団員と創価学会は軽蔑と同情にサンドウィッチされて別格となる。ML派の一匹狼は団の決定には意外と従順。四人の女性陣は「日中」の主流派一と非主流派三で何となくバランスをとり、随員のコネで参加したと思われる奈良からきた団員たちはホームシック。クリスチャンは病気と称して食事にしかでてこない（静かなる抵抗か、第三班の班会にはたまに顔を出す）。

そして第三班は、ほんものには程遠いけれど「ゲバラひげ」をはやした班長、いつも鼻をぐずぐずさせているわりには頭の冴えた京都の新聞部。がっしりした体で童顔で健康で勤勉で無口で時々痛烈なことをぼそっと言う神戸のぼん。「ひげ」と「新聞部」は、彼らがもといたセクトからいえば敵同士だし、僕は完全なノンポリ、「ぼん」にいたっては真面目なのか不真面目なのか、家が裕福なのか貧しいのか全くとらえどころがない。四人はなんとなく仲良くなったわけだが、次にあげる点で共通性があるように思う。日本の運動においてひとつの教材となった文革に興味があり、一連の流れを好意的に見ているものの、毛主席に対する熱狂性には少なからず疑問を持ち、だから日中正統に対しても（彼らが日本人だからこそ）批判的となり、旺盛な好奇心を削ぐたてまえ主義に不平をこぼす、という点において。団幹部や随員から見るとやりにくい団員だと思う。このような特殊な旅で我儘は慎むべきなのか。特殊な旅だからこそ思ったことはそれこそ悪意のないものであれば、どんどん言うべきなのか。解散後、ひそかに集まってはとばしあいしている恐ろしい冗談を団長や秘書長が聞いたらどんな顔するだろう。

旅程の半分を消化した。あと半分、長いようでも短いようでもある。お互い性格も「思想」もわかってきて大喧嘩しそうな相手とはうまく避けあっているようだ。帰国するまでこのままでいってくれればよいのだが……。

ホテルからバスに乗り、九時十五分、郊外にある工人新村に到着。上海の工場に勤める労働者の団地である。中学校（四年制、生徒数四百名、九〇パーセントが労働者の子弟）の革命委員会のメンバーと党委員の説明を受ける。

＜この工人新村は、一九六一年には人口五千、一、五〇〇世帯にすぎなかったのが七〇年には一四、七〇〇世帯、六八、〇〇〇人に発展しました。住人のほとんどが紡績工場の労働者です。新村は七郡にわかれており、各郡は八村で構成されています。教育施設は中学校七校（一七、〇〇〇名）・小学校十四校（一五、〇〇〇名）・託児所幼稚園十三カ所。衛生施設は普陀区に中央病院、八つの村に保健ステーションがあります。商業関係では百貨店がひとつあり、各村にその分店を持っています。そのほか映劇園（劇場）や新華書店、公園・公衆浴場などの公共施設もあります。〉

建物は二階建てから五階建てまでのものが多い。次に新村に住む人たちから話を聞く。

王さん、六十歳くらいの男性。

〈ここには一九五二年から住んでいます。もちろん、今のように立派な建物があったわけではありません。解放前、私はトウモロコシの製粉をしていました。本当に貧しい暮らしで一日の賃金は五十七銭にしかなりませんでした。（一銭は一元の百分の一、一元は約百五十円。ただし元と円の数字上の単純比較は無意味である）。階段の踊り場・屋根裏部屋・ボロ船などで寝起きしました。家族は乞食同然の暮らしで、祖父も父も、兄弟も養子も餓死しました。

解放後、四十一歳になってやっと結婚することができました。働けば人間らしい生活ができるようになりました。今はもう帰休（定年）になって月五十元あまりの年給をもらっています。妻と長男は工場で働いています。次男はインテリ志望ですが、目下のところは農村生産隊にはいっています。三男は中学生、四男はまだ小学生です。一家で月二十元も貯金できます。

私は毛沢東思想宣伝隊におります。文化大革命後人々の思想は変わり、村の姿も大きく変わりました。紅小兵から年寄りまで、だれもが毛主席の著作を活学活用しています。〉

谷さん、五十歳くらいの女性。

〈紅小兵のために、機会があるたびに、過去の苦しさを語り今のしあわせを教えています。〉

李さん、六十代半ばの女性。

〈私は定年労働者です。定年にはなったけれど、ひきつづいて革命を行い、ベチューン同志（カナダ人の医師。中国革命に義勇兵として参戦中病死）のように人民に奉仕するという気持でいっぱいです。二人の子供は国境地方にやって、そこで教育を受けさせています。

祖国解放のおかげで、私たちは政治的、経済的にも解放されました。私は第一村里委員から支部書記に当選し、現在普陀党委の労務委員をしています。上海市革命委の候補委員でもあります。〉

このおばあさんが、色黒で粗末な人民服のどこででも見かけるようなおばあさんが政治をやっているのだ。

このあと、労働者の家庭を数人ずつにわかれて訪問。二階建ての棟の二階の部屋。建物の外見は日本の団地とかわりないが、階段や壁のコンクリートはうす汚れていてかなり以前に造られたもののようだ。

家族構成は、労働者の夫、小学校教師の妻、夫の両親、子供二人（小学生と三歳）の六人。二部屋で面積二十三平方メートル。水道、電気完備だが炊事場と便所は三世帯の共用。狭苦しい。一人当たりのスペースで考えると人民公社の家の方がまだましだ。中国でも都会は住宅難なのか。

夫と小学生の子供は留守で、話のほとんどは妻の小学校教師がしてくれた。六十過ぎの母親は孫を膝にのせて、部屋のほとんどを占領しているベッドの端に腰をおろしている。父親は隅の椅子に、妻はその傍に立っている。大歓迎という雰囲気はない。外国人の若者がものめずらしそうに我家に入りこんでくるのだ。あまり気分のいいものではないだろう。

＜月収は、家族みんなで百八十元もあります。月々貯金もでき、たいへん豊かです。

小学校では最初に階級教育をします。過去を忘れるな、ということです。労働者の思想は他のすべての思想を改造してくれますから。修正主義の時代は、五段階評価でした。現在それを改革中なのですが、子供たちが毛主席の著作をいかに活学活用しているかに重点を置き、点数ではなく全体の交流がうまくいっているかどうかに注目していこうと思っています。

表現力は団結と友誼のために必要です。今の生活が得られたのは毛主席のおかげですから、毛主席を称える歌や踊りを指導しています。江青同志は次のように言っています。「文芸は労働者のためにある。だから革命的な歌や踊りを推し進めねばならない。子供が習うことは、まず「毛主席万歳」であり、歌や踊りは教えられたとおりにしなければならない。そうすれば表現力がつき、活発な子供になることができる」と。

労働者なら個人、家庭のことはあまり重視しないで国家・革命のために奮闘しなければなりません。解放前と今とでは、私たちの待遇には天と地の差があります。私たちは居住民会で毛主席著作の普及に努めています。〉

またまたきまり文句。だれがしゃべっても表現がいっしょなのは通訳を通して聞いているからか。そうではないだろう。だれもが同じことを言っているのだろう。このきまり文句は、長い長い挨拶言葉のようだ。こんななかで夫の母親がぽつりとしゃべったことがかえって新鮮だった。

〈私利はたしかにあります。しかし毛主席の著作の学習はしています。毎日の暮らしで煩わしいのは、息子夫婦が働きにいった留守に孫の世話をすることです。私心が起こったときは解放前のことを考えるようにしています。〉

彼女は、膝の孫の相手になりながら、孫にむかって話しかけているようだ。これまで接してきた人々とはちがって僕たちの顔をまっすぐ見つめず、ぼそぼそとした口調でしゃべった。ここの家では、嫁と姑のあいだがうまくいっていないのか、あるいはこれは一般的な問題なのか。いくら文革を経たといっても、そう簡単には解決できないことらしい。六人が暮らすのにはいくらなんでも狭いつくりだ。中国にきてはじめて聞く個人的不満であった。

ここを出て、いくつかのタイプの住宅を外見だけ見ながら、中学校・託児所・幼稚園とまわる。幼稚園ではピアノを置いた広間で園児たちが遊戯を見せてくれた。だれもまちがったりはしない。曲は例によって革命歌である。子供たちの自信に満ちた表情とあまりのひとなつっこさに僕たちの方が萎縮している。この子らはいったい何を考えてるのだろう。みんなで見送ってくれるという。庭に出たとき女の子を抱きあげた。泣きもせず、はしゃぎもせず、すずしげな目で僕を見つめている。僕は、今回の旅行における中国人と日本人のスケールの差みたいなものを感じずにはいられなかった。女の子を抱いたまま門にむかって歩く。「お嬢ちゃん可愛いね。いくつになったのかな。幼稚園楽しそうやね」と彼女にはわからない言葉で話しかけた。一瞬きょとんとしたが、すぐに微笑をうかべた顔にもどる。この子はきっとすごい美人になるだろう。頰っぺにキッスして子供たちのなかに降した。庭は道路より一メートルほど高くなっていて、門を出た僕たちは生垣ごしに手をふる。顔だけ見せて、甲高い声でさよならしている子供たち。「彼女」と視線があって、僕の顔はちょっと赤くなったかもしれない。

ホテルに帰って昼食をとったあと、二時過ぎから三時間ほど街をぶらつく。百貨店、公園、裏通り、街の食堂などいってみたいところ別に数人ずつのグループをつくる。僕は百貨店組にはいる。

各グループに通訳がひとりずつついてくれる。僕たちのところには王さん。ホテルの玄関をでたところで全員揃うのを待っているとき、小学三年生くらいの男の子がめずらしそうに近づいてきて、別のグループの女子団員の顔をのぞきこもうとした。彼女どうするかなと思っていると、林さんがすばやく少年の耳をつまんで数メートル程引っぱっていった。少年の顔から判断して林さんは手加減などしていないようだ。林さんは耳から手を離して、シッシッと追いたてた。少年はさらに数メートル程遠ざかったがじっとこちらを見ていた。

運河のほとりにあるホテルから五分も歩くと人通りの多い街路にでる。幅七、八メートルの歩道。車道を歩く人もかなりいる。車道といっても走っているものは大部分が自転車でトラック、バスはたまにしか通らないので事故を起こす危険はまずない。

あいつらは何だ！　という視線を感じる。すぐに敵意のないことはわかったが、好意的というものでもない。僕たちは、あっというまに好奇心に溢れたたくさんの視線にとり囲まれた。しかしそれは僕たちの歩みを遮るようなものではなく、僕たちは百人近い人垣をひきつれるようにして歩くことになった。王さんはこんなことには慣れているのか、いつものようににこにこ話しかけてくる。緊張を顔に出すのもばかみたいだから僕も無視することに努めた。南昌でもびっくりしたが、ここでは野次馬の数も桁ちがいだ。

まず友誼商店に行く。外国人向けの百貨店ということだが、家具や民芸品がほとんどで日用雑貨はない。高級品ばかり、ピアノまで置いてある。僕たちが買えそうなものはひとつもない。次に普通の百貨店に行くことにする。

野次馬をひきつれしばらく歩く。大通りの向かい側のビルが百貨店だと、王さんが指さす。四、五段の石の階段のある出入口に人垣ができている。何か催し物でもあるのかと思いながら通りを渡ると、それが僕たちの先まわりをしていた一団だとわかり、またびっくり。いい勘をしている。ほとんどが若い男で、広い出入口も塞がれるかっこうになっていた。王さんは構わず進んでゆく。するとひとひとり通れるくらいの道をあけてくれる。彼らはほとんど無言。うしろから押されたのかあけてくれた道が塞がりかけた。二、三人が大声で怒鳴り(押すな、とでも言っているのか)とびだした人をもとのところに引っぱり入れた。相手がにこりともしないから手をふるわけにもいかない。

すり抜けるようにして店内にはいることができた。数は減ったもののまだぞろぞろとついてくる。僕たちは万年筆売場にいった。おなじみの「英雄」がある。店員は一度に一本しか見せてくれない。別のものを求めると先に出していたものをかたづけてから次のを取り出す。これが中国式接客法か。商品の比較が全くできない。万年筆売場の隣に小さな竹細工の売場があり、第三班の「ひげ」がそれをひとつ買った。支払いを済ますと、陽気な顔でふりかえり、野次馬にむかって小さな紙包みをかざした。当然のように拍手が起こる。なんともおかしな具合だが、こういうのに僕たちの方も慣れてきたようだ。

百貨店は三階建て。ほとんどが日用雑貨の売場。華やかさはない。衣料品売場では、「ひげ」ともうひとりの団員が人民服を買う。

店内を一巡するあいだに少なくなった野次馬も、表に出たとたんまた数十人にふくれあがった。王さんに質問しようと通りの向かい側の建物を指さすと、まわりのひとたちも僕たちの指のかなたに視線をやる。息抜きのはずであった散策でかえって疲れが増したようだ。

商店の看板は、赤、黄などの地色には黒で、白地には赤、紺、黒で文字が書かれた単純なものばかりだ。これまでの都会でもそうだったが、内容は政治スローガンからとってきた文句ばかりで、商店名、商品名の書かれた看板はひとつもない。これでは、街を知らない者にとってはどこで何を売っているのかは、店先まで行かないとわからないだろう。そういえば、紅衛兵の運動がはじめて世界の注目を集めたのはブルジョア的商店の打壊しからであった。商店はすべて国営で、個人経営は皆無とのことである。

七時三十分、上海市革命委員会主催のレセプション出席のため国際飯店へ。大きな白い建物で玄関にイルミネーション。雑誌の写真で北京飯店の玄関を見たことがあったが、よく似ている。エレベーターで八階に上がる。和平飯店と比べると新しい。室内の色調も白。濃紺の厚手のカーペットが敷かれた応接間に通される。団員三十二人と通訳、それに革命委の数人が皮張りのソファにゆったり座る。

主催者の革命委副主任徐景賢さんは三十七歳、文革で台頭した若手幹部のひとりで張春橋主任のよき戦友であると紹介される。小田実のような巨体でソファに浅く腰掛け、長い脚を組んで身ぶり大きくしゃべりだす。これまで会見した幹部のような堅さはなく、見るからにインテリという感じ。きまり文句の挨拶も二、三言で終わる。あとは両隣に座った団長・秘書長にしきりに話かけている。徐さんのすぐ後には革命委専属のような女性の通訳が座っていて、彼女を通じてしゃべるのだが、通訳のテンポは早く、間があかないので聞きやすい。秘書長は、十一歳まで中国にいただけあって通訳は不要。冗談でも言っているのか副主任を笑わせている。副主任は、今度は僕たちを見まわし、視線の合った者に感想を求める。あてられた団員は起立はするのだが何をしゃべっていいのかわからない様子。名前を尋ね、事前に手渡されていたのか顔写真入りの団員名簿と見比べて学生生活や中国の食事のことなど話題をもちかけてくる。しかし日本の若者たちは彼から見るとおとなしすぎるようだ。

「みなさん、もっとしゃべらないとあそこに用意した料理はおあずけですよ」

宴会場を指さしていたずらっぽく笑う。

「ご婦人方も感想を述べて下さい」

四人の女子団員も順番にあてられた。

「日本のご婦人はどなたも素敵な方ばかりです」

文化大革命のことにも反米愛国のことにも触れない。こちらがやきもきするくらいだ。

「今日三月三日は黒田さんのお誕生日だそうです。どなたが黒田さんですか」

僕は副主任の真正面に座っていた。僕があわてて起立すると、

「今日でおいくつになられましたか」

「二十一歳です」と答える。

「それはおめでとう。上海市革命委員会を代表してお祝いいたします」

通訳からあらかじめ聞いていたのだろうか、僕は「ありがとうございます」とお辞儀をして座ったが、おちょくられているような気分。堅苦しい挨拶に慣れてしまっている僕たちにとってはかえってしんどい。この開放的なおしゃべりは上海の土地柄なのか、徐さんの人柄なのか。文革で台頭した造反派幹部のユーモアは、僕をほっとさせ、一方でがっかりさせた。

僕たちは腹ぺこだった。結局、宴会は八時半をすこし過ぎてはじまった。すぐに終わりそうだった宴会前の「儀式」はこれまででいちばん長いものとなった。茅台酒が注がれ、例によって五分に一度のペースで乾杯。いっしょうけんめい食べたものの、酒のまわりの速さに追っつかない。中座しようとしたとき、日中正統の団員のひとりが『インターナショナル』を合唱しようと言いだした。全員で肩を組み、部屋いっぱいに大きな輪をつくり、左右に揺れながら歌う。僕は歌どころではなかった。視界に白い星が拡ってゆく。やっと一番が終わったと思うと二番がはじまっている。いつもは一番だけなのに、ばかが調子にのって！　イ

ンターなんか金輪際歌うもんか。

歌が終わって全員で拍手。僕は拍手しながら部屋を出た。白い星が邪魔して正面のごく狭い部分しか見えない酔っぱらった目で便所へとむかう。これ以上視界が狭まらないよう、大股で胸を張って静かに歩く。はじめてきたところにもかかわらず、確信を持って進んでいったその先に男子用便所があった（これは本能としかいいようがない）。先客がふたりいてしきりにうがいしている。僕は便器のところまで我慢できず、洗面台にぶちまけてしまった。茅台酒のにおい。いっぱいに水を出す。排水口につまった汚物を指で押しながらすこしずつ流す。王さんがかけつけていた。僕のあとを追っかけてきたのか。

「大丈夫ですか。あとは私たちがやりますから休んでいて下さい」

「いや僕が汚したものです。自分できれいにします。どうもすみません」

王さんは二度ほど同じことを言ったが、洗面台はほぼもと通りになっていた。王さんは先客のふたりにもすこし休むように言っている。石鹸で手と顔を洗い、うがいをして鏡を見る。すっきりした顔。「もう大丈夫ですから」と王さんに声をかけ、会場に戻る。同じテーブルの林さんと「ひげ」が心配していた。「間一髪セーフやった」と言って席に着く。訪中前のスキー焼けで浅黒いはずの僕の顔がまっ青になっていると「ひげ」がのぞきこむ。

「このへんで今日誕生日を迎えられた黒田さんにだしものをひとつ……」

副主任の通訳の声が高らかに聞こえる。あのおっさんほんとに陽気なんやなあ。ここで引き下がるわけにはいかない。「ひげ」と林さんがなにか言おうとしたときにはもう立ちあがっていた。大きな拍手。徐さんに一礼して、まわりを見わたしながら、「それでは日本のテレビで人気のある歌を歌います」。人形劇『ひょっこりひょうたん島』の主題歌を歌いはじめた。

波をちゃぷちゃぷ　ちゃぷちゃぷかきわけて／雲をすいすい　すいすい追いぬいて

日本人たちはびっくりした様子だったが、身ぶり入りの歌に手拍子も多くなってくる。

「ちゃぷちゃぷ」や「すいすい」の合いの手が入る。

ひょうたん島はどこへ行く　僕らを乗せてどこへ行くゥーゥー／まるい地球の水平線に何かがきっと待っているゥ／苦しいこともあるだろさ／悲しいこともあるだろさ／だけど僕らは挫けない　泣くのはいやだ笑っちゃお／進めー　ひょっこりひょうたん島　ひょっこりひょうたん島……

歌が終わると大拍手、僕も左胸のところで小さく中国式拍手をして着席。「ひげ」が、よう歌《う》とたと嬉しそう。林さんは、ひょっこりひょうたん？　これどういう意味ですか、と真面目に質問してくる。「ひょっこりひょうたん」の説明には苦労したが、日本版「大海航行靠舵手」、ただし舵取りがいない分はみんなで力を合わせて大海を乗りきろうという歌だと解説。団のノンポリ層にはたいへんうけたようだが、幹部、日中正統あたりからは完全に無視される。

食後、生クリームののった小さなケーキがでてくる。食べたいのだけれど胃が受けつけそうにないのでやめる。今日の「バースデイパーティー」のご馳走はなにひとつ僕の胃袋に残らなかったことになる。

十一時二十五分、ホテルで班会。北京での周総理との会見を団の正式の希望として中国側に提出するという。秘書長と呉さんの間で話は煮つまっているらしい。日中正統系でない団員のひとりが毛主席とも会見したいと言いだした。秘書長はその団員をきびしくにらんで言いかえした。「毛主席はあかん。私たちひとりひとりが毛主席だと思って下さい、といなされるのがオチや」。

三月四日　うす曇

七時三十分、起床。八時四十五分、上海市革命委のひとたちと座談会。一時、ホテルで昼食。三時、俳優・作曲家と座談会。六時、夕食。六時三十分「智取威虎山」観劇。十時〜三時、第三班班会。

上海革命委員会の常任理事をも含めた座談会は、たてまえ論の域をでないものではあったが、今回の訪中のひとつのシンボルとなるだろう。僕たちは、プロレタリア文化大革命に大勝利し、さらに革命を推し進めてゆこうとするまっただなかの中国に来ており、その革命の大本山ともいうべき上海革命委から直々に講義を受けるのだから。このプログラムには僕のような者でさえ、ある種の緊張を覚えた。

話題は上海一月革命。パリコミューンの歴史的意義から話ははじまる。「講師」は朱永力さん。

〈今年はパリコミューン成立百周年にあたります。私たちは、社会主義革命運動としてははじめて歴史にあらわれたパリコミューンを革命の模範として評価しています。労働者が武器をとり、国家権力を打ち砕く、これがパリコミューンの原則でした。〉

上海一月革命の源流がパリコミューンだということははじめて聞かされた。そういえば日本で読んだ本には「上海コミューン」という言い方をしていたものもあった。中国語なら「上海人民公社」となるべきところか。しかし、革命委の人たちは、一九六七年一月のこの運動を「一月革命」と呼んでいる。

〈プロレタリア文化大革命はプロレタリア独裁における継続革命であります。なぜ革命が必要か。それはプロレタリア独裁のもとでもプロレタリアとブルジョアの闘争があるからです。プロレタリア独裁が全体にゆきわたるには一定の過程が必要です。一部のブルジョアが握っている権力を奪いとる。党内の実権派からの奪権がプロレタリア独裁をより強固にする道なのです。毛主席・中国共産党・人民解放軍の支持のもとに奪権を推進しなくてはなりません。〉

コミューンの原則のひとつに常備軍の廃止という項目があったと思うが、「奪権」に人民解放軍が参加するというのは矛盾することではないのか。たてまえ論よりも実際的な方法をとるのが中国の現実主義といえるのかもしれない。日常即政治である国において、もめごとを解決するには、力＝人民解放軍が必要なことはあたりまえなのかもしれない。

〈党内におけるふたつの路線の闘争は一九四九年の中華人民共和国成立以来続いています。

一九五〇年二月六日に上海発電所が米軍機に爆撃されました。当時上海の責任者であった饒漱石・楊帆・潘改年らは反革命帝国主義の代理人でした。五三年から五四年にかけての高崗連盟も東北地方を地盤にした反毛組織でした。

五四年、柯慶施同志が上海市委員会の第一書記となりましたが、五三年からすでに上海にきていた陳丕顕が劉少奇と結託して曹荻秋を市長にして毛主席と対立しました。〉建国時から文化大革命までの「ふたつの司令部」の闘争を実例をあげて解説がつづく。

(以下要約して記述)

工・農・商の三大改造(毛)と工業第一主義(劉)。整風運動・反右派闘争(毛)と階級消失論(劉)。廬山会議における彭徳懐国防相の三面紅旗(毛)批判。劉少奇は毛主席の唱える三面紅旗(総路線・大躍進・人民公社政策)を「共産風邪」と冷笑していたくらいだから、彭は劉のあと押しを受けていたはずだ。「もしみんなが彭徳懐についていくというのなら、私はもう一度山に入ってゲリラをやる」という毛主席の一言で劉少奇までが主席に忠誠を誓い、彭は国防相を解任された。(その後任が林彪。)

その後六〇〜六二年に三年連続の自然災害で農業生産が打撃を受け、中ソ間の契約がソ連によって一方的に破棄されたため深刻な経済困難に直面した。中国は「スターリン批判」に反論しており、フルシチョフは「人民公社」を公然と非難していた。三自一包政策（劉）（三自は自留地・自由市場・自由企業、一包は生産を各農家に請負わせること。人民公社路線に逆行）が実施され、農村にブルジョア思想を氾濫させた。工業面でも利潤第一主義、工業長の支配に従う一長制がとられプロレタリアの企業管理に反対する反大衆路線が敷かれた。文教面でも自由化を鼓吹。封建時代の悪弊（帝王将相・妖怪変化）が舞台や映画を占領した。

北京市には彭真（市長）のブルジョアの独立王国が生まれた。副市長の呉晗は、彭徳懐の解任は間違いだったとする歴史劇『海瑞免官』を発表（海瑞は明末の政治家）、また鄧拓（市書記）・廖沫沙（情宣部長）と組んで「呉南星」のペンネームで『三家村札記』という雑文を市党委機関誌に連載。主席に対して露骨な攻撃をしかけてくるようになる。

一九六二年九月の八期十中全会で、毛主席は「社会主義社会においても階級闘争が必要であり、都市、農村で社会主義教育運動を推進すべきである」と発言。

劉少奇は形は左、実質は右のブルジョア路線をとっていたが、六三年に妻の王光美を河北省盧王荘人民公社桃園大隊に派遣し、長期滞在して調査活動を行わせた。のちに

「桃園経験」として講演、毛主席の調査研究に反対した。上海でこの講演があったとき、陳丕顕・曹荻秋は絶賛した。

この間、林彪副主席は人民解放軍で毛主席著作の学習を着々と拡大しており、江青同志は京劇を改革し「革命模範劇」を創作する運動を起こしている。八つの革命模範劇のうち「海港」「白毛女」「智取威虎山」が江青同志によって創作あるいは書きなおしされ、「紅灯記」「沙家浜」は滬劇を京劇にアレンジされてできあがった。陳・曹はアレンジに反対し、妨害した。

「講義」は文化大革命前夜の状況へと話が移る。

〈一九六四年から六五年にかけて開かれた第三期全国人民代表大会で周恩来総理は劉少奇路線を批判。九月には林彪副主席が、抗日戦争勝利二十周年を記念して論文『人民戦争の勝利万歳』を発表。毛主席は一月に開かれた全国工作会議において制定された「二十三条」で劉少奇・鄧小平を「あれら党内で資本主義の道をあゆむ実権派」と呼び、国内の矛盾はプロレタリアとブルジョアの矛盾として、ひとにぎりの実権派をたたかねばならないと主張。

六五年四月、柯慶施同志が死亡し陳丕顕・曹荻秋は上海市を名実ともにのっとった。毛主席は『海瑞免官』の批判を書ける人を求めたが北京には誰もおらず、上海市委書記に昇格した張春橋同志と文芸評論家の姚文元同志にそれを委託。十一月に「新編歴史劇『海瑞免官』を評す」が文匯報に掲載されて一大センセーションをまきおこした。上海解放日報はすぐにこの文章を転載したが、北京の新聞は無関心を装い、発表後十八日を経て周総理の催促があってやっと人民日報に載った。

彭真はこの呉晗批判が大問題になるのを恐れ、党中央の名をかたって「二月テーゼ」をだし、学術の範囲に矮小化しようとした。そして「プロレタリアであろうとブルジョアであろうと真理のまえでは平等である」とし、「左派も整風運動をすべきだ」と闘争の矛先を左派に向けてきた。一方、林彪副主席と江青同志が「座談会紀要」をあらわして「二月テーゼ」のブルジョア性をあばき、三〇年代文芸についても「国防文学」は王明路線だとし「三〇年代の四人男(周揚・夏衍・田漢・陽翰笙)」にも批判を加えた。この「紀要」にはじめて「社会主義文化大革命」という言葉が使われた。

毛主席は伏魔殿をうちくだいて人民を解放しようと呼びかけ、北京市委を解散して彭真・羅瑞卿・陸定一・楊尚昆の罪状をあばいた。

六六年五月十六日、毛主席はフルシチョフ式人物をあばこうという通知を出し、中央文化革命小組を改組した。小組は彭真・陸定一らから陳伯達・江青らにかわった。姚同志の『「三家村」を評す』が発表され、党内の走資派を糾弾する運動は全国に拡がり、とくに北京でさかんであった。北京大学で陸平校長を批判する「大字報」が貼りだされた。劉少奇はこれを弾圧し、五十二日間にわたる白色テロを行い、革命を反革命ときめつけて闘争の矛先を大衆にむけてきた。

七月、毛主席が北京に戻ってきて(北京にいられない理由があったのか)、「わたしの大字報——司令部を砲撃せよ」を書いた。七月末、紅衛兵が出現。八月十八日、毛主席が紅衛兵と接見。紅衛兵運動は最初、清華大学附属中学に生まれ、毛主席の支持を得て全国に波及していった。〉

ここで舞台は上海へと移り、プロレタリア文化大革命勝利に向かって一気に坂道をかけあがる「ヤマ場に」さしかかる。

〈学生運動と労働者運動は当時分散していた。実権派はブルジョア的労働者を学生と戦わせようとした。北京の紅衛兵たちは上海の運動はひっそりとしていると判断していて曹荻秋と会見するよう要求した。曹と陳不顕はそれを恐れ、「上海市委は正しい。『海瑞』『三家村』の批判文も書いた」と言いながら一方で幹部と学生を対立させた。そのころ大学に

はさまざまのグループが生まれていた。〉

「日本ではいくつの党派がありましたか」と朱さんが尋ねる。秘書長は指を折って数えてから「大きい党派で九つです」と答える。朱さんはにこりとして「私たちの上海では当時九〇以上の党派がありました」。

〈グループには名前がついていた。例えば交通大学のグループは「反到底」、同済大学のは「東方紅」というように。それらのなかには保守的なグループもあり、グループ同士の反目もあった。私たちは他の組織との連合が大切であることを学んだ。

労働者がそれぞれの職場で走資派をたたいてもしかたがない。元締をたたかねばならない。十一月六日、十あまりの工場の組織が連合して「上海工人革命造反同盟」を結成、文化広場に集まって勢力をふやし「上海工人革命造反総司令部」(工総司)となって、曹荻秋・陳丕顕に対し、出頭して皆の批判を受けるよう要求。曹・陳は「承認せず、参加せず、支持せず」の三不主義で対抗。当初「広場では会わない」といっていたのが結局「会わない」にかわる。労働者、学生はデモ行進し、北停車場へ。汽車を出し、十キロメートルほど離れた安亭駅で停車させた。労働者、学生は「北京に行かせなければすべての列車を止める」と主張し上海から北京行の便は不通となった。安亭駅は市委側の労働者が包囲し列車監禁事件となる。毛主席は張春橋同志を安亭駅に派遣。張同志は労働者の意見を聞いて納得し、上海市委に背いて「工総司」を合法だとした。上海市委側はその支持に憤慨して張同志を二十四時間も包囲・攻撃したが、曹荻秋が妥協したので張春橋同志は北京に引揚げた。上海の労働運動に驚いた陳丕顕は、大衆をだまし赤衛隊を結成させて大衆同士戦わせようとした。赤衛隊は組合連合によって牛耳られていた。このような状況下で解放日報事件が起こった。

解放日報はブルジョアに奉仕し、保守的組織を支持して反革命世論をつくっていた。紅衛兵の連合体である紅革会は機関紙で解放日報を批判し、大衆の手で運営することを要求。上海市委がそれを許可しなかったので紅革会は解放日報社を占拠した。市委は保守的大衆を煽動して赤衛隊を組織、「おれは解放日報を読みたい」と叫ばせてデモを起こし、紅革会に対して包囲作戦にでた。十一月二十五日、「工総司」は紅革会を支持。赤衛隊が包囲する外側で逆包囲する。周総理が紅革会を支持したため市委は妥協し、解放日報を大衆の手にゆだねることになった。

市委は御用団体の赤衛隊の勢力拡大と主導権奪回のために偽の批判をやらせた。八十万の赤衛隊に陳丕顕・曹荻秋を批判させ、市委がこれまでのやり方を改めるという芝居をうったわけである。
赤衛隊が合法的組織であるということを認めさせようとするが、陳・曹は認めない。赤衛隊が市委に断固詰めよるというので曹市長が組織承認のサインをする。陳丕顕がそれに怒って翌日サイン無効を発表。そこで赤衛隊は康平路（上海市委の事務所がある）に押しかけていかにも最前衛であるという態度を示すというものであった。事件をデッチあげ、その現場を独占することで紅革会より優位に立とうとしたのである。三万人の赤衛隊が市委を包囲した。しかし紅革会も康平路に結集し、十万以上を動員して赤衛隊を包囲してしまった。市委＝赤衛隊はまたもや敗北した。＞
動員数が万単位・十万単位。スケールの大きさは想像を絶する。
実際にこの説明のとおりであったかどうかははなはだ疑しい。どちらの側も「革命のため」と本気で思っていただろう。だから相手側は「憎き反革命集団」ということになる。紅革会にしても市委・赤衛隊にしてもこのうえもなく真面目であったことだろう。いまの説明では市委と赤衛隊はグルであったとしているが、それさえも疑しい。「勝てば官軍」か。ただ僕たちが理解できないのはどうして十万以上もの市民がデモに参加できるか、ということだ。「羽田」や「東大」にこのくらいの人間が集まっていたら状況は全く変わっていたにちがいない。日本には切羽つまったものがないのか、中国ではどちらかに与しなければ生きてゆけないのか。

朱さんは、「敵」の動員数の多いこと、「味方」の動員数はさらに多かったことを少々自慢げに話す。日本における街頭デモの動員数を質問される。誰も答える気にもならない。僕は、朱さんのいう数字が嘘だとは思わない。

＜陳・曹は政治的指導権を強化するために、経済政策をゆるめるという反革命的手段を使うようになる。やみくもに賃上げを実施し、経済主義のよこしまな風を上海にかもしだす。一部の誤った労働者のあいだに高級品を買いあさる風潮が起こる。

二度も敗北した赤衛隊は、今度は水道・電気・交通を止めてしまう「三停」をたくらんだ。三停は上海に混乱をひきおこし、党中央に圧力をかけようとするものである。＞

上海はゼネスト状態に突入したわけだ。

＜生産はストップし、港には滞貨の山ができ、日常生活は維持できなくなった。革命造反派は連合して奪権すべきである、という声が高まった。十二月三十一日、紅革会など、造反派が会議を開き、党・政府・文教・経済などについて話し合った。会議後、「全市人民に告ぐるの書」「緊急通告」を発表。経済主義・ブルジョアを批判、革命に力をいれ生産

を促すことを主張。赤衛隊に対してははやく工場に帰れと呼びかけ、自らの労働力で物流・交通の正常化を行った。〉

造反派は事実上、上海市委の権力を代行したのである。しかし、経験ある市委の役人が事態がここまでになるのに、ほんとうに「反革命」一点張りだったのか。陳・曹はひとくくりにできる実権派だったのか。曹荻秋「市長」はかなり妥協的ではなかっただろうか。いたずらに事態が混乱にむかってゆくのを「市長」が座視できるわけがない。三停＝ゼネストをした赤衛隊が反革命であると言えるだろうか。いったい何に対するゼネストなのか。ゼネストと経済主義は相反するものであるのに、「反革命」という共通項でくくってしまうのはおかしい。それに、事態を収拾にかかった紅革会は全く独自的であったか。僕たちは「混乱」の発端と終結において主客がみごとに逆転していることに注目しなければならない。

〈一月四日、毛主席は、張春橋・姚文元同志を派遣した。革命派による奪権を支持する両氏の見解が文匯報に掲載される。五日、解放日報で奪権。六日、人民広場で陳・曹を批判する全市的集会で曹荻秋の市長職を解く。

毛主席は全国にむかって「プロレタリア革命派は連合して党内のひとにぎりの資本主義の道をあゆむ実権派から奪権せよ」と指示した。紅革会は小組織を無視し、妨害するようになる。これは悪しき小集団主義である。討論によって小集団主義を批判して団結してゆかねばならない。学生の小集団主義は、闘争に勝利したときによくあらわれる。これは革命を推しすすめてゆくにあたってたいへんいけないことだ。〉

なんだか雲ゆきがあやしくなってきた。計画が成功すると用無しにされるような感じで不愉快。

〈一月十二日、百万人の大会を開催。党中央からも祝電。十五日、労働者、紅革会は新しい上海市委をつくろうと提案し、第一書記（市長格）に張春橋同志、第二書記（副市長格）に姚文元同志を選出。毛主席は大衆の提案を支持する報告を行い、省・市クラスの奪権闘争を推しすすめるよう指示した。

当時はまだ奪権の方法が確立されていなかった。旧上海市委の判子を奪うことで奪権成功だとしたり、勝手に会議を開いて成功の宣言をしたりした。学生グループのなかに、自分たちが中核になろうという「唯我独革」の風潮がひろがっていた。特に紅革会は最大の組織であるという自負心から、他組織とは連合せず、排斥までするようになった。なにがなんでも、自分の力だけで奪権を行おうとする紅革会のおかげで革命的組織は分裂した。

一月三十日、紅革会は数十万人のデモを組織して張・姚同志を批判し、プロレタリア司令部を攻撃するという極左行動にでた。「工総司」は、紅革会が労働者を指導することに反対、「紅革会の広範な人々はたちあがって幹部を批判せよ」と主張。ここに紅革会はその後の運動に参加する資格を失った。

上海コミューン成立直後、張・姚同志は北京へ行き、毛主席に報告。毛主席は「新しい組織は革命委員会がいい」と指示。「人民公社」は「上海革命委員会」と改名される。次には各区・県でも奪権して革命委をつくる必要がでてくる。そこでブルジョア・プチブル思想をプロレタリアの軌道にのせる「払私批修」の運動をひろめる。「唯我独革」は大衆に批判されたが、学生内の左右日和見主義者たちは、軍隊内のひとにぎりの分子を煽動し、批判の矛先を人民解放軍にむけてくるようになる。

上海の運動が左右の妨害で進展しないあいだに、山西省・黒龍江省などでも奪権闘争があり、省委の幹部が現地の人民解放軍と協力して省委の権力を奪って造反派の連合組織をつくった。この革命的幹部・革命造反派・人民解放軍の三者が協力して奪権を行う方式が「三結合」と呼ばれ奪権の条件とされた。

上海では上海駐三軍＝革命造反派の支持によってはじめて奪権できた。まぎれこんだ裏切者を追出し、悔い改めない輩を党から除名して隊列を純化させ、全上海市革命委員会が

成立した。〉

何か釈然としないものが残る「講義」であった。プロレタリア文化大革命の最先鋒として当然の評価を受けるべき部分が最終段階であっさり切り捨てられ、いままで日の目を見なかった二級権力者にとってかわられただけではないのかという思いである。上海の革命的急進性なくして文化大革命は語れないが、その急進性が、真の革命造反派の悲劇となったような気がしてならない。彼らの目的はあくまで「上海人民公社」ではなかったのだろうか。このような発想は「田舎」で生まれるわけがない。いったい毛主席は何を考えていたのだろう。上海の状況には毛主席さえついてゆけなかったのか。

例によって質疑応答がはじまる。

——当時の幹部について。

〈一部はブルジョアと闘う。張・姚同志は陣・曹に正面から闘った。一部は最初反革命修正主義であったが、大衆から批判されて改め、いまでは革命委の指導的地位にある（馬天水・王少庸同志）。一般的幹部は造反にたちあがった（徐景賢同志ら）。〉

——上海コミューンについて。

〈省・市のコミューンをつくると国家の名称まで変えねばならない。問題は権力の質であり、質さえ変わらなければ、名称が「コミューン」であっても他のものであっても同じことだ。ブルジョアの国家を徹底的にうちくだくというパリコミューンの原則は生きている。この力はプロレタリア独裁を強化し、上海市革命委をつくるうえにも役立ったと評価している。〉

常備軍は廃止されるどころか、常備軍の力で奪権されたではないか。

——紅革会はなぜはねあがったか。

〈彼らは革命的造反派として文化大革命に大きく貢献した。しかし唯我独革というプチブル思想に冒され革命から転落していった。誤りを認めて大衆のなかに戻った者も多い。頭《かしら》に対して造反もした。多くは愛すべき学生である。〉

——陳・曹と赤衛隊について。

〈赤衛隊は上海の走資派を守るためにつくられた。革命の嵐のなかで保守派がデッチあげた芝居にすぎない。〉

——団結について。

〈プロレタリアは全人類を解放してはじめて自己を解放できる。これには長い過程が必要である。上海の革命派もはじめは数千人であったが、闘争を拡大してゆくとともに勢力を

伸ばし百三十万にふくれあがった。〉

一時、ホテルに帰って昼食。食後、三時から行う上海の芸術家との個別座談会のわりふり。作家・俳優・作曲家・画家など話をしてみたい分野のひとと直接会える。団員の一部から「馬陸人民公社の李さんからもっと話が聞きたい」という要望もあり、李さんもわざわざホテルに出向いてくれる。第三班のひげは李さんグループに、僕は「白毛女」の主役女優が来るという俳優・作曲家グループに参加。この分科会の通訳は王さん。ロビーで僕たちがグループ別に集まっているとき、「美人と話ができていいですね」と団員からひやかされ、顔をあかくしながら「仕事ですから。いつもといっしょですよ」と妙にあわてている。林さんもにやにやしながら王さんの肩をたたきにくる。美人女優と直接話ができるというのでかたくなるのは中国でも同じらしい。

僕たち日本人は数人で、テーブルをはさんで俳優・作曲家のひとたちとむかいあった。「白毛女」のふたりの主役女優（二人一役）は責任者である初老の女性の両側に座り、その両側に作曲家やバレエの先生が並ぶ。彼女たちは舞台とは全くちがった顔をしていた。舞台では厚化粧で、役柄からも目や眉はきつくしてあるが、いまは化粧をしていない。それでも美人だ。僕に近い方に座っているひとは、八千草薫に似ていた。肩にはとどかない太くて短いおさげが耳のすぐうしろに結ってある。両側に前髪が垂れたややひろい額はすこし神経質な感じ。背筋を伸ばし、ひとの話を聞いているときは左の肘を軽くついて左手を頰にあてている。自分に質問が及んだときは、大きな瞳で下の方から質問者をのぞきこむようにして、わからない日本語を懸命に聞く。王さんが通訳するとこわばった口元が急にあかるくなる。

自分が美人であることはだれよりもよく知っているというふるまいかただ。身長は一五七センチメートルくらいか。新しくはないが清潔そうな、地味な人民服を着ている。顔と手の皮膚はすべすべしていて、きれいに手入れされた爪のつややかさが印象的だった。それにしてもプロ文研のボックスにあったカレンダー写真を見て可愛いなと思っていたひとにこうして会えるとは。座談会のあいだに彼女にわからないようにノートに似顔絵を描く。

座談会は責任者からの説明ではじまる。

〈上海バレエ学校は一九六〇年に創立されました。練習は基本動作が中心です。一日一時間、毛主席著作の学習をします。

芸術と政治について――。資本主義、修正主義の国家では芸術は超階級的です。しかし芸術には世論をつくることができます。党の主張・宣伝を表現することや革命を前にして思想の準備を喚起することができます。ですから芸術と革命は不可分のものです。もっとも、反革命の場合も同じだと言えるでしょうが……。私たちがまだ解放区にいるとき、「白毛女」上演で農民教育をしました。「白毛女」は敵と最後まで闘うことを教えてくれます。この劇は解放闘争と密接にかかわっています。解放後も鉄砲を持たない敵がいます。修正主義者たちです。

修正主義的「白毛女」は愛情物です。「天鴻湖（白鳥の湖）」や「巴黎聖母院」などの涙や泉をとりあげる西欧のバレエとよく似ています。江青同志は修正主義に反対し、革命的バレエの創作に力をいれ、「白毛女」を書きかえたほか「赤軍女性第二中隊長」などの素晴らしい作品を発表しました。〉

次に、僕が似顔絵を描いている方の主役女優が、バレリーナとしての経験を語ってくれる。

〈一九六〇年に上海バレエ学校に入学したときは十三歳でした（現在二十四歳ということ

になる）。まだ思想的に単純でしたが、練習はがんばりました。「白鳥の湖」も練習しました。しかし、労・農・兵の観客はブルジョア的バレエは見たくないと言いました。そこで中国の民謡や舞踏を学習して上演したところ大歓迎されました。私たちには文芸工作の正しい姿勢がなかったのでたいへん動揺し前途もなく自信をなくしていました。そこへ江青同志、張春橋同志の呼びかけがあり、新しい「白毛女」に取組みました。最初は舞台衣装が中国の普通の服装だったので面くらいました。私たちは毛主席語録をくりかえし学習し、失敗を怖れずに上演しました。労・農・兵がたくさん集まってくれました。「楊白老」の苦しみは解放前を思い出させ、大衆は「地主階級打倒」を大きく叫びました。俳優の気持が大衆の気持と溶けあい、労働者の階級的感情を喚起することができたのです。このことは私たちにとっても大きな自信となり、大きな支えとなっています。＞

彼女は、堂々と、感情豊かに、僕たちを見わたしながらしゃべった。「お人形さん」ではない。これでいいの、と先生たちを気にする様子もない。最後に作曲家が話す。

＜「白鳥の湖」を社会主義社会で上演するのがなぜいけないのか。劉少奇は、「中国では階級はなくなった」として、芸術は鑑賞だけすればよいと言った。また人生論を宣伝して害毒を流し、人民の思想を麻痺させようとした。人の心の判断はプロレタリアとブルジョアでは大違いなのです。だから愛情至上主義では広範な大衆を救うことはできません。

旋律にはふた通りあって、ひとつは階級を意識できるもの、ひとつは非階級的なものです。「ローレライ」には階級性を隠す陰謀が含まれている。美意識にも階級性があります。もともと芸術は生活から生まれたものですが、例えば化粧をとりあげてみると、芸術が生活より上のものであるという印象をつくりだすために作用していることが多い。プロレタリア階級には美しいものが必要です。しかし、その美の観点は独得のものを持っています。芸術美は階級によって認識が異なります。元来貴族的な楽器も毛主席の文芸活動路線に沿うことができるし、西洋音楽も中国の状況のなかで運用してゆくことができるわけです。＞

さっきの主役女優におしゃれについて質問をする。

＜勤倹・質素が勤労大衆としての条件です。大衆のひとりとしての自分を忘れないように心がけています。「白毛女」の名誉は私自身の名誉だとは考えません。だから人よりおしゃれしなければならないと思っていません。舞台が終われば雑用もする。みんな人民の服務員です。＞

僕は一般的なおしゃれ論を聞こうとしたのだが、彼女自身のことを話してくれた。エリートの思いあがりとまではいかないにしろ、かなり自意識過剰のようだ。仕事柄、それはしかたないことか。可愛らしさに免じて追及するのはやめにする。

芸術の階級性にしてもこじつけみたいな気もする。ローレライがでてきてびっくりした。流れに逆らったり、流れにうまく乗ったりすることが政治的であるなら、何もしないで流されていくのも客観的には政治的だと言えるだろう。まして、ある思想・路線を信奉する者にとっては、自分以外のすべてのものは敵となるだろう。そうなると、日本にも、僕にはわからないだけで、芸術の政治性はおおいにあるはずだ。一部の「それらしい」作品をマスコミが「政治的だ」と騒ぐので、その他の大多数のものは無色透明だと勝手に思っているだけなのかもしれない。

上海革命委の「講義」にでてきた紅革会や赤衛隊を構成していたひとりひとりはいったいどのように考えて行動していたのか。張春橋さんも曹荻秋さんも、また除景賢さんもこの美人の俳優も、ほんとうに絶対これが正しいと思って行動した（している）のだろうか。革命であれ、反革命であれ広範な大衆の延長線上にしか存在しえない。その広範な大衆ほどノンポリでアナーキーで「脆弱」な意志を持っているものはないだろう。世に恐しきものは大衆なり、か。このように考えてくると、毛主席というひとがますますわからなくなってくる。まさに巨人だ。

六時、夕食。六時三十分、市内の劇場で「智取威虎山」を観劇。平幹二郎の頬をふくらませたような顔の俳優が主役。これもカレンダーで顔はよく見ていた。

さすが上海、日本人の団体が入場しても拍手もない。席は前から五列目の特等席。解放後も堅固な山にたてこもり野盗集団となった国民党の残党を掃討する話。「智取」というのは主役がスパイとなって敵の巣窟にはいりこみ、なかから手引きをすること。馬やスキーに乗る様子が上手に演じられ、立回りの多い男性的京劇だ。クライマックスで、野盗の頭目が逃げそこない、主役にふりまわされて取押えられるシーンがある。舞台の端から中央に置かれた頭目の椅子までひとっ飛びし背もたれの下に両脚をつっこみ身動きできなくなる様は動作の滑稽さも加わって迫力があった。

ただ、いまの中国の作品はパターンが決まっていて話の筋を追う面白さがないのは確かだ。演技の奇抜さや迫力＝飛んだり跳ねたりには目を見張るものがある。しかしそういうものは回を重ねるとマンネリにはならないだろうか。あるいはこういう動作は、日本の歌舞伎のように伝統的なものでいまさら変えられないものなのか。

十時前にホテルに戻る。三時頃まで第三班でおしゃべり。二週間もいっしょにいれば、地が見えてくる。ひとの好き嫌いはあっても団としてはなんとかまとまってゆくしかしかたがない。日本人の招待客として、吸収できるものはすでに吸収してしまったような感じだ。僕の意識がこれ以上変わるとも思えない。中国側の答えもだいたい想像がつく。王さんや林さんでもいい、工場のひとでも革命委の幹部でもいい、個人的な言葉が聞きたい。きれいごとばかりでなく、悪いことも聞きたい。「おれとしてはこうしたいんやけどな」というようなことをしゃべらせるなど不可能なことはわかりきっているが……。

三月五日　うす曇

七時三十分、起床。八時、魯迅の墓見学。九時、中国国際旅行社上海支社のひとたちと座談会。十一時三十分、上海発。三時四十分、南京着。夕方、散歩。夕食後、全体会議。

急ぎの朝食を終え、バスに乗る。十分あまりで虹口公園の入口に到着。このなかに魯迅の墓があるらしい。広い公園。冷たい空気が快い。二、三人ずつ大木の下に集まっていてゆっくり体を動かしている。ほとんど老人だが、若者も少し混っている。舞っているようにも見える。片足を宙に浮かせたまま両手で大きく、ゆっくりゆっくり輪を描き、突然向きを変える。僕はハッと息を吸いこむ。それまでの動作があまりにのろいため、呼吸するのも忘れて見ていたからか。そろえられた指先は弓なりに伸びきっており、渾身の力で動作を抑制しているようだ。体操の一種か。王さんが太極拳だと説明してくれた。何かの本で読んだことがある。「中国古来の武術はあんなにゆっくりなのですか」「あれは基本動作だけが現代的に改良されたもので、実戦では目にもとまらぬ速さです」そういえば、どんな場合にも片手は急所を防御していた。

ラジオ体操やランニングなどの日本の健康法とはテンポがちがい、しなやかな太極拳体操は若者よりも老人がしているほうが様になっている。日に焼けたしわくちゃの顔と洗いざらしの紺色の人民服が冷気によく似合う。

五分ほど歩いて墓に着いた。「魯迅先生之墓」という文字がはめこまれた石の台のうえに椅子に座った像。僕は浪人時代に『阿Q正伝』と『狂人日記』を読んだだけで、その文学的価値も革命的意義もよくわからない。ただ、髭をはやした顔は小さいときから知っていた。子供向けの歴史図鑑かなにかで見たり、中学の社会科の教科書に、「近代中国の文学者」などと簡単な説明がついた写真があったりしたからか。

中国共産党が一貫して「革命的」と評価しているということはよっぽどの功績を残したのだろうが、左翼作家連盟をつくって活動したから評価が高いのでもないはずだ。解放前の運動から見なおしていくと、思想として現在なお生き残っているものは毛沢東思想だけであるのに気がついた。毛思想は政治・軍事・経済上の路線闘争に何十年にもわたって勝利しつづけ、その集大成ともいうべきプロレタリア文化大革命にも大勝利した。だから、直接的には暴力を伴わないからこそさらにデリケートになる文学の分野で魯迅が高い評価を得つづけていることは（政治的な意味で）驚異である。逆に考えると、魯迅の作品や思想には、時代の経過とともに露見してくる瑣末性がなかったのではないかとも思われる。「近代」の枠のなかでの対立関係ではなく、「近代」と「封建時代」の対立を反封建の立場で描いているからこそ、中国近代思想の最先端に立ち得たのではないか。彼には「封建」をたたくことしかなかった。だから批判のされようがない。毛主席は封建の残りかすをたたきながら「近代」を組み立て「現代」に突入しなければならなかった。状況に不満だらけで死んでいった魯迅には、最先頭という栄光が残された。毛主席は思想を自らの力で現実のものとした。しかしその栄光はどうだろうか。いまの勢いだと、少なくとも僕が生きているあいだにどうこうなりそうもないが、それにしても毛主席個人の肖像画や立像が、国中にあまりにも多く並びすぎてはいないだろうか。

日本の新聞に紅衛兵が魯迅を批判したという記事が載ったことがある。僕たちを墓にまで案内するのだから、批判派はごく少数だったようだ。しかしここには、早朝であったからかいつものような解説員はつかなかった。通訳のひとたちが解説風にではなく、まわりの数人に聞こえるくらいの声で、魯迅が革命的文学者であったことをしゃべってくれただけだった。団員たちが墓前で記念スナップ。いつも「毛主席は、毛主席は」と言っているのがやはりはしゃいでいる。「ロジン、ロジン」という声が空虚に聞こえてくる。昨夜、墓に案内すると言われてはじめて「魯迅健在」がわかったにしては、いくら中国語なり中国文学なりに精通していて彼の偉大さをよく理解しているといっても調子にのりすぎではないか。

それなら僕も日本に帰ったら魯迅を読もう。二年生で初級を始めたら、三年生で原文を読むことができるだろうか。

九時、ホテルに戻り、中国国際旅行社上海支社のひとたちと数人ずつに分かれて座談会。僕のグループではなかったが、北原白秋専攻のおじさんも来ていた。僕たちは、今後の日程について、量から質への変化を求めた。修学旅行的な毎日にうんざりしていたところへ、一昨日のレセプションの「中国的でない」雰囲気に対する不満のようなものもあったからだ。旅行社のひとからは「平素は八文字でやっている」という答えが返って来た（「八文字」とは、団結・緊張・厳粛・活発）。ちょっと困ったような、外国人の中国旅行でこれほど完璧なものはないのに、と言わんばかりの表情である。中国側の「歓待」は僕たちの入国以来高水準を保っているが、僕たちの「遠慮」のほうがすこしずつ変化してきたらしい。最初はただただ恐れ入っていたものがあたりまえになってきた。「反米愛国の戦士」となっていい気になってゆく一方で戸惑いも起こり、まっ正面からの歓待に対して逃げ腰になっているのもたしかなようだ。ほんとうに、外国の学生に対してこれ以上のサービスは考えられない。南昌のホテルで、半分くらい食べ残された料理を目の前にして王さんに言ったことがある。

「いつもいつも僕たちには多すぎるのです。準備する量を減らしてはいかがですか」

「いやこれでいいのです。皆さんがすっかり平らげてしまうと、足らないのではないかと考え、私たちはまた作らなければなりません。どうか心配なさらずに」

変な遠慮をするよりももっと素直に、それこそ自分の健康に気をつけて見学をサボらないようにこころがけるべきなのだ。

十一時三十分、上海発。汽車で南京に向かう。僕たちにとっての「上海」は徐景賢さんのイメージが大きく支配した。彼の態度に反感を持つ者とそうでない者に分かれた。あの陽気さが気になった者と気に入った者とで。若い頭脳が抜擢されるリベラル（？）な土地柄、毛主席の枠を突きやぶろうとしたコミューン運動が起こってもなんの不思議もない街、このように僕はひとりで「上海」を総括した。

三時四十分、南京着。バスで南京飯店へ。古い街並みがどこまでもつづく。建物はほとんどが二階建てでビルディングはあまり目につかない。半分崩れかけた城壁が見える。立体的な上海から平面的な南京に来て、「普段」に戻ったような気分。

南京飯店は街なかにある三階建てのホテルで庭が広い。ロビーで江蘇省革命委員会から歓迎の挨拶。夕食までの一時間あまりが自由時間になる。ホテルの近くを数人で散歩。もちろん僕たちだけではない。林さんが同行してくれた。立ち止まって見るひとはいるが、ぞろぞろついてきたりしない。いくぶん気楽に歩ける。民芸品店で刺繍入りのハンカチと外国煙草を一カートン買う。煙草はずっと「中華」を吸っていた。ハイライトより軽く、鼻にすこしひっかかるような香りが新鮮で、葉がぎっしり詰っていて減りが遅かった。ホテルや汽車の売店で買うのだが六角七分《リューマオチー》という値段も同じだった。「中華」のくすんだ赤色の落ち着いたパッケージに比べ、この外国煙草は白地に赤や青や黄色の幼稚な図柄。DIAMANTEと黒文字がある。アルバニア産であった。一カートン十箱で二元一角だから一箱二角一分。「中華」と比べると三分の一以下だ。安物だからか、アルバニア産だからか。さっそく吸ってみる。フィルターなし、ゲルベゾールのように平たくしてある。味も似ている。

夕食後、全体会議。明日の予定を聞く。この頃は、夕食後に団長、秘書長らが旅行社のひとたちと打合せして翌日の行動を決めるというパターンが定着している。やっと決まって会議で発表したらいつもさんざん文句をつけられる。僕もどちらかというと文句言いのほうなのだが、団長、秘書長にしてみたらたまったものではないだろう。彼らも当初から思えば威し方、泣きのいれ方がうまくなった。こちらのゴネ方と引きさがり方がわかってきたからか。結局ははじめの計画どおりになるのに物事をすんなりと運ばせないのは、僕たちの世代の特徴かもしれない。どちらも御苦労さん。

南京

三月六日　うす曇

七時三十分、起床。八時三十分、成賢街小学校参観。一時、昼食。二時四十分、雨花台へ。三時四十分、ホテルで座談会。七時、江蘇省革命委員会主催のレセプション。

市内にある成賢街小学校へ。雨天練習場のような広い部屋に長テーブルと椅子が用意してある。窓が少ないせいかうす暗い。

学校の革命委のひとから説明を受ける。

＜我校は生徒一、二〇〇名、教職員四八名の小学校です。文革前の修正主義の時代には生徒は政治に無関心で、労働をせずに勉強ばかりしていました。文革後は思想教育第一で毛主席の著作を活学活用しています。教師のほうも、文革前は授業ばかりで学校外の生徒の姿を知ろうともせず、真面目に向上させようという気持がありませんでした。文革後になって、なじめない生徒にも毛主席の実学の思想を教え、内因（物事の変化の根本）と外因（物事を変化させる要因）の弁証法的発展を教え、毛沢東思想で武装して世界観を改造する教育を実践しています。＞

次に四年生の女の子、王さんからの報告。

＜自分の意識や行動の根本は毛沢東思想に基いているという実感があります。宿題のための宿題ではなく、宿題をする私たちひとりひとりの頭のなかに学習に対する意味づけがなくてはなりません。＞

十歳にもならない子供が、堂々と表情豊かに、下書きを見ることもなく初対面の外国人の我々にむかって演説してくれる。内容よりもその態度に圧倒された。六年生の女の子、倪さんはさらに貫禄があった。成賢街小学校の紅小兵責任者である。

＜哲学を大衆の武器にしなくてはなりません。自己の思想の革命化を図らねばなりません。そうするとひとつのものがふたつになり、さらに多くのものに発展してゆきます。私の母親は古参革命家ですが、私は母親の元手を食いつぶしてはいけないと思っています。母親が偉いからといって勉強を怠ることは思想改造を放棄することになり、驕りや自惚れは思想を後退させることになるからです。
　私たち六年生は一年のうち一カ月半のあいだ労働に参加します。そこで労働が光栄あることを学びます。小学生は地主階級を知りません。労、農、兵から、階級の感情を学びます。〉

　部屋の前方にある広い教壇で生徒たちのだしもの。いつものことだが、歌も踊りも楽器も文句なしにうまい。男の子が飛びあがったかと思うと床ぴったりに開脚して着地したりする。なによりも全員が本当に嬉しそうに晴れやかな笑顔をつくったり、涙を浮かべて沈痛な表情を見せたりするのには、こちらがぞっとした。僕たちに表情がなさすぎるのか。毛主席の思想を活学活用すればこんなにも表情豊かになれるのか。

　三十分ほどでだしものが終わり、質疑応答がはじまる。方式はいつものとおり。革命委のひとと教師の代表が答えてくれる。

――三・八作風とは。

〈確固として正確な政治的方向・刻苦質朴の工作作風・敏感で機動的な戦略と戦術をもって、八字（団結・緊張・厳粛・活発）を実践する態度。〉

――「母親の元手を食うな」とは。

＜母親がよいことが自分もよいことにはならない。母親は外因であり、自分の努力が内因である。自覚的に革命を行わねばならない。思想改造を厳しくしなければならない。＞
――外国語教育。
＜四年生から英語を教える、外国語は英語だけ。＞
――政治教育。
＜教室外でも政治活動に参加し、国内外の様子に関心を持つようにする。各学年の程度に基いて討論会を開く。＞
――図画。
＜絵の目的は階級闘争の武器にすることである。風景画では階級意識を象徴的に表す。例えば『智取威虎山』の雪のなかの松のように。三年生で模写、五、六年生で創作画をやる。幼いときに一方的に教える。絵はテーマを持たなければならない。政治思想が含まれねばならない。作品がテーマにあわないときは生徒に注意する。テーマは絵だけではなく文芸一般に及ぶ。音楽も作文も舞踏も超階級的であってはいけない。文革前は没階級的なものがいっぱいあったが、いまでは幼稚園でも階級的な作品をつくりだしている。＞
――古参貧農。

〈階級教育は思想教育の重要な部分である。旧社会の人たちからそれを学ぶ。学生は工場、農村、貧農・下層中農の家を訪問して物質面での比較をする。また泥人形で旧社会のありさまを再現し、それを参観してから、昔が苦しく、今がどうしてよいのかを討論する。〉

——労働時間。

〈学年で異なる。労働は四年生からはじまり、一学期で二週間、五、六年生は三週間行う。四、五、六年はそれぞれ十クラスあるので十週目が労働の週となる。校内に工場があり、市内のトラック修理工場とつながりを持っている。学校工場では利潤追求はやらず、技術を得、労働を学ぶ。必要な材料は親工場から取りよせる。〉

——理科の、例えば天文学などは直接生産に結びつかないが。

〈五、六年生には「常識」という科目があって、地理、自然科学、歴史などの基本知識を教えている。小学地理では省の数や位置など基本的なものだけ教えて詳しい事柄は説明しない。歴史は現代史で中国共産党成立以後の背景を説明。近代史（一八四〇年以降）や中国革命史は初等中学でやる。一般科目のほかに毎日三十分毛主席の著作を読む時間がある。授業は一週間二十九時間。〉

——統一された教科書はあるのか。

〈南京の労働者と教師がいっしょになっていま実験中である。思想教育は学年によって取りいれる政治内容を決める。算数の教科書では、修正主義の時代には物を数えるのにハンカチやリンゴを用いたが、いまでは、鎌や綿を使っている。数字そのものはいっしょでもその内容はおおいにちがう。毛主席は五・二〇声明で、低学年には簡単な数式、高学年ではパーセンテージなど複雑な数式を教えるよう指示している。〉

——成績、評価について。

〈文革前の点数第一主義が文革で粉砕された。試験はもちろんあるが、突然試験用紙を配ったりして生徒を困らせるようなことはしない。毎学期二回（中間・期末）、出題範囲やテーマは生徒の意見を聞いてから行う。公開試験と非公開試験があり、前者ではカンニングが許される。外国語は後者にはいる。

文革前は百点満点方式だったが、いまは優・良・可・不可で採点する。採点は全員で討論して決める。〉

——歌・踊り・演奏の練習とだしものの分担について。

〈月・木・土曜の午後、授業外の時間に練習。毛沢東思想宣伝隊を構成する紅小兵によって運営される。紅小兵以外の生徒はそれに参加できない。当校では一九六七年春に紅小兵が生まれた。紅小兵は生徒のなかで学習・政治思想に優れた者がなる。各クラスに紅小兵指導部があり、参加したい者はここに申し込む。指導部は各クラスの生徒から推薦を受け五、六年生は七名、四年生以下は各クラス五名で構成する。成績だけではなく生徒個人の努力も重視する。現在、生徒の三分の一が紅小兵になっている。〉

校庭に沿って学校工場へ。校庭では三十人余りの生徒が竹槍で突きの練習をしている。「サァー」とかけ声をかけながらいっせいに槍を突き出す。日中正統の団員があのかけ声は「殺せ！」と言っているのだと教えてくれ、「あいつら可愛い声だしてるなあ」とは言えなくなる。もっとも「エイヤー」くらいの意味しかないのかもしれないが。

僕たちの入った学校工場は小さな教室くらいの部屋で、二十人ほどのチビさんたちが万力に固定した金属片をヤスリで研いていた。黙々と働いている。僕の小学校時代の判断からするとこのような作業はいやでたまらないだろう。「かわいそう」と思うのはブルジョア的見方なのか。子供たちの顔に暗さはない。だからよけいに僕を複雑な気分にさせる。プロレタリア独裁の社会においてはこのかたちはやはり正しいのだろう。ここにはこれしかないのだから。僕も中国で育っていたなら、こんなもんや、という感じでいっしょうけんめいゴシゴシやってるだろう。「サァー」が「殺せ！」でもあたりまえだと思うだろう。個人の主体性はなくなり、イメージを画一化する教育に疑問さえ感じないだろう。この子らもそうなのか。この子らに逞しさを感じる一方で、「ほんとうにこれでいいのか」と思いはじめはしないだろうかと期待する自分に気がついた。工場内にも毛主席の肖像画が掛かっている。毛さんがこのうえもなくやさしいおっさんに見えた。

一時、ホテルに戻って昼食。食後しばらく休憩したあとバスで雨花台にむかう。日本軍による南京大虐殺の慰霊碑があるところだと説明を受ける。バスのなかで林さんに、当時の資料を保存してある陳列館があるはずだと尋ねると、いま修理中で一般参観できないと言う。ほんとうだろうか。

南京大虐殺のことは、父が買っておいたエドガー・スノーの『アジアの戦争』で知っていた。知っていたというより、その本にある写真が本物を写したということを父から聞いてショックを受けたことがある。腹を裂かれた死体、掲げられた首、斬首寸前の光景。子供心に、それがつい二十年ほど前に実際にあったことだとは信じられなかった。いま僕は「その場所」を走っている。

バスは長い石段の下で止まった。だれもなにもしゃべらずに石段を上る。中国人の参拝者もいる。彼らは僕たちをものめずらしそうに見ているだけだ。石段を上りきると広場があり、五メートルほどの高さの碑が立っていた。碑には「死難烈士万歳」と大きく文字が刻まれ、傍に「毛沢東」とある。彼独特の舞っているような字体。なんと簡潔明瞭な決意表明か。僕は「毛沢東」に泣けた。皆で黙禱をささげると言う。涙が流れそうになる。三十何年か前の南京と、それを想いながら筆をとる毛主席が目の前にちらつく。僕はひとりで石段をおりてバスに戻った。黙禱などやってはいられない。林さんが僕のあとを追ってバスに乗りこんできた。僕は煙草に火をつけてむりやり煙を吐きだし、僕の顔を包みこもうとした。林さんは通路を隔てた席に座って黙って窓の外を見ている。

三時四十分、ホテルの会議室で座談会。大虐殺生き残りの姜根福さんの話を聞く。少し白髪の混った頭、浅黒い顔、スラリとした体つきで、古いが清潔そうな人民服を着ている。通訳は女性の陳さん。姜さんは話をはじめる前に毛語録から「全世界人民は団結して米帝国主義とそのすべての手先を打倒しよう」という一節を朗読。

〈私はこれから、一九三七年の日本帝国主義の犯罪行為をお話しします。当時私は七歳でした。日本帝国主義は二万の軍隊を率いて南京を侵略しようとしていました。十二月十二日午後四時、雨花台を占領した日本軍は中華門を攻略し城内になだれこみました。城内には四十万もの国民党軍がいたにもかかわらず、彼らは戦わず逃げるという作戦をとりました。司令官夫婦は城門を閉じて逃げました。市民が逃げるのを防ぐためです。高級将校たちは舟で逃げました。市民は中央路と中山北路に集められ、国民党軍の楯にされました。日本軍はうしろから機銃掃射をし、二日間で街中に死体の山ができました。十二月十四日、中央門、イコ門（字わからず、以下のカタカナ部分も同じ）を開いて市民を城外に出し、何カ所かに集めて四万人を殺しました。一カ月のあいだ街には死臭が漂いました。雨花台、シキン山では二万人が生き埋めにされました。結局南京市で三十万もの中国人が殺されました。虐殺方法は、人数が多いときは一カ所に集めて機関銃で殺しました。銃剣で刺して動けなくしてからガソリンで焼き殺しもしました。伍長徳さんはスイセイ門外の刑場で死体の下にかくれ、焼かれる寸前に湖に飛びこんで逃げることができました。

日本軍はこのほかにも、市民を電線につるして焼き殺したり、硝酸をかけてひきまわしたり、目をえぐる、耳を切り落とす、首を切って銃剣に突き刺す、心臓を食うなどあらゆる蛮行をはたらきました。特に野蛮だったのは「殺人コンクール」です。この事件は東京の新聞にも載ったそうです。向井と野田の二人の少尉が大通りから次の大通りまでで何人斬り殺すかを競いました。最初向井が八十九人、野田が七十九人でしたが、百人に満たないといって延長戦をやり、向井百六人、野田百五人になりました。彼らはさらに目標を百五十人にして市民を殺しつづけました。

李シュウエイさんはゴタイ山で三人の日本兵に襲われました。彼女は六カ月の身重ながら激しく抵抗して死なずにすみましたが、いまでも三十七の傷あとが痛々しく残っています。

私自身のことをお話ししましょう。私たちは九人家族でした。両親と三人の姉、三人の弟がいました。父は船仕事をしていましたが賃金だけでは食ってゆけず、いちばんうえの姉を売らなければなりませんでした。十一歳と九歳の姉、私が七歳、弟たちは五歳、三歳、六カ月で、ぼろ舟に住み、乞食同然の暮らしをしていました。侵略軍が来たため二カ所に分かれて隠れていました。父と姉たち、母と私と弟たちに分かれました。弟の泣き声で日本軍に見つかり、まだ赤ん坊の弟は長江に投げこまれ、母は銃剣で刺し殺されました。私たちは父や姉のところに逃げましたが、二日後にまた日本軍に見つかり、父は荷物運びの人夫として連れてゆかれました。その日から父にはまだ会うことができません。〉

家族の死のありさまを感情を押さえながら――それは、僕たちにもよくわかった――話していた姜さんの声が涙声になった。

〈父がつかまって姉弟五人だけになりました。翌日、日本軍は十一歳の姉を暴行しようとしました。姉が抵抗すると頭を刀で切りつけて殺してしまいました。（しゃくりあげて何を言っているのかわからなくなる。陳さんの日本語もとぎれがち。）姉弟四人は空腹で泣くことしかできません。川の水は死臭で飲めません。中国人の家へ物乞いに行っても食べ物は満足にありません。空家に隠れ、そこに残された漬物と近くの池の水で三、四カ月過ごしました。漬物もなくなり空腹で泣いているところに、日本のお坊さんが通りかかり、ついてゆきました。しかし彼は日本の特務だったのです。彼は三歳の弟を知らない人に売りとばしました。＞

姜さんの泣き声が大きくなり、長くつづく。陳さんもしゃくりあげるようになる。僕たちのあいだからも鼻をすすりあげる音が聞こえる。姜さんは次の言葉をだすのに呼吸を整えている。話はなかなか進まない。

＜姉もだれかに連れてゆかれました。特務は私と弟をむりやりついて来させ、古い祠に住まわせ、物乞いをさせました。物乞をしているところを日本軍につかまり、監禁されました。そこでは三、四十人の中国人といっしょでした。十六日目に私たちだけが急に放りだされました。近くの家の水道の水を飲んでいるところを見つかり、弟は逃げましたが、私は金槌で頭を殴られ、路上に夜遅くまで倒れたままでした。

人力車夫が私を助けてくれました。私はぼろ服一枚で全身できものだらけでした。その痕がまだ残っています。人力車夫が、養子を世話しているというひとを見つけてくれて、私は姜家に、弟は□（聞きのがした）家にひきとられました。

養父は港湾労務者でした。私をひきとってすぐに事故にあい怪我をしましたが二年ほどでよくなりました。当時はどこに就職するのにも賄賂が必要で、私も借金した金を父の職場のボスにわたして仕事にありつくことができました。一九四五年、十五歳のときです。一九四九年の解放までなんとか生活することができました。解放は毛主席と中国共産党のおかげです。もし解放がなかったら、牛馬のような生活が続いていたでしょう。生活苦、病気、殺人、餓死の危険に脅かされ、すでに死んでいたことでしょう。

政治面での解放としては、四九年に港にできた組合に参加し、五三年にはその法務局員になりました。五四年からは船の技術を身につけることに努力し、ボイラー労働者として三級・二級・一級の試験にもとおりました。五十五年には中国共産党に入党しました。

文化面では、夜間学校で文字を習うことができましたし、毎日の生活においては、家族の収入が百元あまりにもなり（奥さんも労働者）、いまは六人家族が夕食後新聞を読んで語りあっています。おまけに長男は人民解放軍に入ることができました。

昔の苦しみは三日三晩かけても語りつくせません。しかし今日の幸福は十日かかってもまだまだ語りつくせません。

私はいま南京大学で闘争を指導しております。私は、日本帝国主義・日本軍国主義・日本反動派と日本人民は全く別だと思っております。日本人民も私たち同様戦争の被害者です。皆さん方日本人民は私たちのよき友人です。私たちは皆さんに学びます。どうかこの度の訪中を有意義なものにして下さい。＞

陳さんの最後の声が高らかに僕の頭をかすめていった。涙が乾いてしみになっている眼鏡をとおして姜さんの笑顔が見えた。ものすごい拍手。女子団員のひとりは、また泣きだしそうな顔。姜さんも胸のところで小さく拍手している。僕たちの拍手はやがて大きな一拍子になっていった。

部屋に戻って考えた。姜さんの話は確かに僕たちを圧倒したが、きれいごとに終わりすぎたのではないか。戦争は人間に正気を失わせるものだということはよくわかった。正気を失って別の人民を虐げる。これも被害者だ。三十何年か前の南京に僕がいたとしたら、僕の同胞の蛮行を阻止できるかどうかは疑問だ。そして僕が南京市民であったとしたら、家族を殺されたことを許せるかどうかはもっと疑問だ。

もうひとつ、姜さんの体験による毛主席観なり中国共産党観は、一応平和な社会で育った僕たちには起こり得ない。人間の裸にされた惨しさを知らない僕たちには革命を起こす必要がなくなるのではないか。いや、これはひねくれた考え方だ。中国には中国の現実があったのだ。これこそ、中国をそのまま日本に持ってくる発想だ。どのように理解すればいいのかわからなくなってきた。

七時三十分、ホテルで江蘇省革命委員会主催のレセプション。蔣科副主任の挨拶。軍人出身だ。徐景賢さん型ではなく馬奇さん型。姜さんと同じテーブルだった。温厚な顔の姜さんが地獄を見てきた人とは思えない。

茅台酒もでたがブドウ酒だけにする。それでもたてつづけの乾杯で酔いがまわる。覚えているだけで十二回。「乾杯」の意味を教えてくれた林さんも隣にいたことだし。

満腹で部屋に戻る。すぐ寝ようと思っていたところに一冊のアルバムがまわってきた。大虐殺のときの写真が貼ってある。裸にされた泣き顔の二人の女性と肩を組んでいるひげ面の兵士たち。写真の女性の局部には黒い四角が施されてある。掲げられた生首が涎をたらしている。それを持った、僕の町内にも住んでいそうなおっさんのバカ笑い。裂かれた腹から内臓がとびだしている。パン食い競争のパンのようにいくつもさげられた首――。最後まで頁をめくることができずトイレにかけ込む。便器を抱きながら水を流して寝室に戻ると、日中正統系の団員がカメラを固定して、アルバムを一頁ずつ丹念に写していた。

三月七日　うす曇

七時三十分、起床。八時、長江大橋見学。十二時、昼食。二時、南京工学院・江蘇省新医学院の教師・学生と座談会。七時三十分、ホテル広間で南京市〇〇区紅少兵のだしもの観賞。九時十五分、班会。

このごろは、いらいらするのもだいぶましになってきた。慣れてきたのか、緊張が弛んできたのか。それよりも、オレはオレでしかないんだと、僕以外の団員とのあいだに気兼なく線が引けるようになったからかもしれない。今になって考えてみると日本人と中国人、という緊張関係はこの旅行では最初からなかったようだ。むしろ、旅行前から団内に漂っていた、全員一致でなければならないという雰囲気に押されていた。訪中旅行の性格も「連れてきてもらった」感じが強く、「連れてきた」人たちに対して言いたいことも言えないところがあった。「連れてきた」側に立ちたがる何人かの団員の生き生きした顔の奥から、なんやら不自由な画一性を見つけてゆくにしたがって「僕ら」のいらいらも薄らいできたように思える。

ホテルからバスに乗る。崩れた城壁が横手に見える。旧市街はいまと比べるとかなり狭かったようだ。家並みはまだ続いている。

しばらく行くと畑のなかの道になった。小一時間してバスは大きなビルの前に止まった。長江大橋に行くと言ってたのに、予備知識を仕入れるために博物館にでも寄り道したのか。林さんたちは「到了《タオラ》（着きました）」などと言っている。長江（揚子江）も大橋もどこにもないではないか。ビルに入ると一階はホールになっていて、大橋の模型が置いてある。

模型の橋は二重になっていて、上段が車道・歩道、下段が鉄道、橋の両岸には巨大な建物があって橋を支えている。どうもいま僕たちのいるビルがこれらしい。ビルの屋上には大きなたいまつの形をしたイルミネーションがふたつずつそびえていて、夜になるとまっ赤な照明が入るとのこと。

橋を管理している人たち（鉄道関係になるのか）の責任者がでてきて簡単な挨拶と説明。〈毛主席の指示のもと労・農・兵が協力して驚くべき速さでつくりあげた（工事に要した日数・総重量など聞きもらす）。これまでは、対岸から南京に通うのに小舟を使っていたが、この橋ができたおかげで、速く安全に大量の労働力を南京に送りこむことができるようになった。長江大橋は川幅の部分が一・七五キロメートル、両岸に伸びた地上部分を加えると全長六キロメートルにもなる。〉

模型によると、鉄道の地上部分はほぼ直線、車道・歩道のそれは途中から曲線を描いて地上に達している。

「さあ、ご案内しましょう」と促されてエレベーターに乗る。「二階」で降りる。四本のレールが目の前にある。「いまは汽車が通らない時間だから線路にでてもよろしい」。責任者がつけ加えた。「写真撮影も許可します」。見えなくなるくらい遠くまでまっすぐ伸びているレールにまたがったポーズで「新聞部」に撮ってもらう。再びエレベーターに乗って「四階」へ。広い車道にまばらに自転車が通る。両側の歩道には人民服姿のおじさんが三、四人ずつおしゃべりしながら歩いている。自転車をおしているひともいる。「慢慢的」という言葉はこういうのをさすのか。またひとつの中国らしさを見る。六キロの橋を渡るのにどのくらいの時間がかかるだろう。これで通勤時間が大幅に短縮されたというのだから、むかしは通うだけで半日仕事だったのかもしれない。子供のとき、絵本かなにかで読んだ橋のようだ。中国の昔話で、渡るのに一日もかかる橋があって、そのまん中に鬼が住んでおり、運悪く真夜中にそこを通りかかると喰い殺されてしまうという話だった。

「四階」の上は屋上。ここから車道を見ると二階くらいの高さなのに、反対側から地上を見おろすと十階建てほどもある。揚子江は流れているという感じがしない。天気が悪いせいもあるだろうが、濃い灰色の水が重々しくあるだけだ。河岸からゆるやかな傾斜で堤防がつくられている（人がつくったのか、自然にこうなったのかはわからない）。堤防の内側の広い河原にも野菜畑がある。水かさがふえたらひとたまりもないだろう。あれは自留地なのだろうか。

ホテルへの帰り道に、今度は遠くから橋を見る。バスが小高い見晴らしのいい場所にとまり、僕たちは道路わきまでいってカメラをとりだした。あんなに大きかった橋が全部見える。四つのたいまつがもっこりと可愛いらしい。通訳のだれかが、汽車が通る時刻だと教えてくれた。二分も待たないうちに、右手の方から煙を吐きながらやってきた。遊園地の汽車みたいだ。車道が天井になっているので、機関車が通過したあとの橋の下段はだんだんと煙におおわれてゆく。

十二時、ホテルで昼食。食後少し休憩。

二時、南京工学院、江蘇省新医学院の教師学生十数名と座談会。一九五九年に工学院の土木科を卒業した金さんという女性の話。

〈私は卒業後、教育の仕事に携わりました。上海工作機械工場の労働者を養成するため、二十六名の生徒を募集しました。毛主席の著作を活学活用し、教材を編さんして、インテリは実践のなかから長期にわたる苦しみを経ねばならないと教えました。その成果を労働者にも見せ、労働者とインテリが協力して革命を推し進めてゆくことを確認しました。〉

工学院の学生（男子）の話。

〈学生の政治思想が労・農・兵といかに結びついているか、これは重要な問題です。都市ではほぼ百パーセントのひとが文字が読める。つまり学校教育の影響が浸透している。しかし、農村では少なくとも十パーセントのひとが文盲です。その十パーセントは主に老人たちで、彼らの水準をあげるために学生が活動します。毛沢東思想の学習には、文章ばかりでなく絵も使います。思想改造前は修正主義の害毒に冒されていました。学校さえ出れば役人になれるという考えが充満していました。だから外面的に一応のことをやっておれば思想改造などしなくてもよいというひとがたくさんいたわけです。〉

別の学生の話。

〈ブルジョア思想の三自由（自留地・自由市場・損益の自由）や四大自由（土地売買・高

利貸・雇用・経営の自由）は生産の個別性を助長するもので、農村においては貧農・下層中農による激烈なる闘争としてあらわれました。また、修正主義学生の三離（労働・政治・生産からの離脱）も社会主義建設に不適当なものです。私たちは、プロレタリア文化大革命を勝利に導き、これらのブルジョア思想や修正主義を徹底的に打ち砕きました。〉

話はまだまだ続くが、メモをとる気がしなくなる。話の内容にけちをつける気はないけれど、その話され方にはうんざりする。長江大橋をぶらぶら歩いていたおじさんたちもこんな話をするのだろうか。いまの中国ではインテリは肩身の狭い思いをしているのだろうか。知識や技術があることは素晴らしいことではないか。それなのに労・農・兵との関係をこれほどまでにこじつけなければならないのか。中国は広い国土を統一し（台湾が残っているが）、立派に独立を保ち、さらに発展しようとしている。そこでは、労・農・兵とともにインテリも充分役目を果たしているではないか。インテリはインテリとしての立場を堂々と主張すればよい。インテリが反動的だなんてことが言えるだろうか。

貧しい家に生まれたのにインテリになれた。このような社会は素晴らしい。と、ここまでしか考えないのならそれこそプチブル思想ではないだろうか。そんなものはインテリではなくインチキだ。あるいは、こんな風には考えたくはないのだが、文化大革命は〈知識〉を貶めて考えさせるはたらきをしているのだろうか。インテリは卑下してはじめてインテリと認められるのだとすれば、愚民政策以外なにものでもない。偉大な（と僕は思っている）中国革命を勝利に導いた毛主席をはじめとする幹部たちがもう一度革命を起こしたのだ。何百万という犠牲のうえに、さらに犠牲をだして。そして革命は永遠に続けてゆくという。もしかすると、少しでも意識的なひとにとっては住みにくくなっているのだろうか。そのあたりの実態など僕にはわかるわけもない。

夕食後、ホテルの敷地内にある別棟の広間で、南京市〇〇区紅少兵のだしもの。例によって間違いひとつない歌と踊り。「アジア、アフリカ、ラテンアメリカ人民は団結してアメリカ帝国主義とその手先を打倒しよう」という踊りがあった。褐色のコンビネーションを着た子供が恐ろしい形相でステップを踏む。黒人をあらわしているのか。黒人＝裸というのは短絡的すぎはしないか。しかし、その密林の奥から聞こえてきそうな単調なメロディーが気に入る。こちらも短絡思考か。精いっぱい怖い顔をした男の子の可愛いらしいこと。「ひげ」と僕が歌をまねると隣にいた林さんが訂正してくれた。歌を歌う林さんの顔も怖い顔だった。

ギター演奏もあった。中国ではじめて聞く。小学生の子供たちが小さい手をけんめいに動かしている。僕もギターなら少しはわかるが、たいしたテクニックだ。足もとにも及ばない。

九時、だしものが終わり本館に戻る。紅少兵たちが僕たちの帰り道の両側に並んでいる。僕たちは彼らのひとりひとりと握手しながら進む。「再見《ツアイチエン》」という僕に背丈が僕の半分くらいしかないチビさんたちは、半歩歩みより、小さい両手で僕の右手を包むように握りかえして、甲高いはっきりした声で「叔叔好《ススハオ》（おじさんごきげんよう）」と答えてくれる。目はまっすぐ僕をみつめ、涙ぐんでいるようにさえ見える。次々と握手して挨拶する。子供たちみんながそうなのだ。中国人と勝負をしてもほとんど勝ち目はないだろう。小学生の子供でこうなんだから。この子たちのどこまでがほんとうなのか、考えると恐ろしくなる。

九時十五分、ホテルで班会。いままでの感想を述べあう。僕は何も言わず、皆の発言をぼんやり聞いていた。

三月八日　うす曇

七時二十分、起床。八時三十分、ホテルの会議室で日本の大学現状報告会。一時、中山陵・霊谷塔見学。四時、南京発。

ホテルの会議室で日本の大学の現状報告会をやる。江蘇省新医学院の革命委員・教師・学生が出席。京大・立命館大・大阪外大の三校が報告を行うことになった。外大からは僕のほかに二回生の日中正統の活動家が団に参加しているので彼にまかせようとしたが、おまえも何かしゃべれという雰囲気。直前にあわただしく打合わせをする。そもそも「現状報告」とは何か。僕は学校の成り立ち、学生数、教師数、学部、日本における大学の地位、大学の較差、学生の就職、授業の内容から、入試勉強、大学生の日常、アルバイトまで正直に「現状」を報告するものと思っていた。「外大の毛主席」といわれる（バッジなどに描かれた若き日の痩せた毛主席の肖像画に少し似ていた）相棒に、いったいどこから手をつければよいかともちかけた。彼は、整理する時間もないことだから、概要だけを説明し、あとは活動の報告をすることにしようと言う。活動ということになれば、全共闘運動について述べなければならず、それは僕が入学する以前に最高潮に達していたことなのでこの項は先輩にまかせ、僕は外大の概要を説明することになる。

京大の「報告」ははじまっていた。団長を含め京大生は五人。団内では最も多い。ただし主義主張はさまざま。「報告」は全共闘運動の原点から入り、学内のセクトの様子を説明したあと、どこどこで機動隊を殲滅したとか、民青を撃破したとか、勇しい話ばかり。それらは事実に反していないだろうけれど、それをそのまま「日本の現状」と受けとってもらっても困まる。新聞や放送だけが客観性を持っているわけではないが、いくら彼らにとっての真実であってもこれが「現状報告」と言えるだろうか。百万遍で殲滅したはずの機動隊に結局は負けてしまったではないか。なぜ負けてしまったのか。これからどうすればいいのかということを問題にし、それを中国人に提起するというのならまだ話はわかる。僕が、運動を闘ってきた先輩たちを批判するのは無責任なのかもしれない。しかし彼らの「報告」もある意味で無責任だと思う。聞き手の方はメモをとりつづけている。話を聞いた中国人たちは大学に帰ってさらに多くの人たちに報告するだろう。多くの中国の学生たちは「日本人は何と革命的なのか」と思うかもしれない。周囲の「客観的」状況を説明することなしの報告が報告と呼べるだろうか。互いに啓発しあうのも日中友好の大きな目的であるのかもしれないが、僕にはしらじらしく感じられる。中国に来て、各地で聞かされてきた説明は、まず歴史的な因果関係から入っていった。具体的な数字をあげながらだんだんと掘りさげられた。毛主席、中国共産党、文化大革命を絶賛し、時にはこじつけと思われる説明であっても、この「報告」とは比べものにならないくらい納得のいくものだった。

外大の番になった。僕が最初にしゃべる。大学の成り立ちから、学生数、十六の語科、日本の大学のなかでは少々特異であること、主な就職先などを説明してバトンタッチした。

「外大の毛主席」はやはり闘争の華々しさを説明しただけであった。

「報告」が終わると質疑応答。いつもと逆である。中国側からは次のような質問がでた。

――○新左翼の目的。○最近の闘争について。○民青の捕虜をどうしたか。○大学封鎖に不満の分子に対する宣伝。○東大闘争の目的。○授業再開後の闘争。○闘争における女性の役割。○武装闘争への過程。○学生運動と労・農との結びつき。○今後の方針について。

僕たちは多くの質問に対してテキパキ答えられなかった。セクトの機関紙やビラに載っている言葉をかき集めて四苦八苦している。質問者たちがどれだけ納得してくれたかはなはだ疑問だ。「報告」が「現状」でないことを見抜いている学生も何人かはいただろう。付け焼刃の報告はかっこうの悪いものだ。このような会があるのなら団としての資料を持って来るべきであった。資料をふまえて個人的見解を述べることもできる。中国の学生に日本の学生の生の声を聞かせることができたかもしれない。いやまてよ、この報告こそ案外生の声を伝えていたりして……。

一時、昼食後すぐにバスに乗り中山陵（孫文の墓地）へ。市街地を走り抜け、郊外の広いアスファルト道を半時間ほど行く。途中、交通事故の現場を見た。バスはスピードを緩めることなく通り過ぎたので、あっというまだったが、トラックのうしろに七、八歳の男の子が血だらけで仰向きに倒れており、十人あまりの男たちがあわただしく動いていた。隣に座っている林さんに尋ねる。

「中国では交通事故はよく起こるのですか」

「たまにあります」

林さんはあまり話したくないようだ。僕は知らんふりしてさらに聞いた。

「事故を起こしたひとは罰せられますか」

「私たちは、事故を起こしたひとをどうこうすることより、どうして起こったのか、新たに起こさないためにはどうすればよいのか、を考えます。職場の同僚や家庭のひとたちみんなで、毛主席の著作を読みながら討論します」

「ひとに怪我を負わせたり、死なせたりしたときは」

「本人が深く反省し、さらに毛主席の教えを守ってゆこうとしていることが周囲のひとたちに理解してもらえれば罰せられることはありません。しかし何度も同じあやまちをくりかえすときは、事故の危険のある仕事をやめさせたり、車の運転をさせないようにしたり、周囲から制限を加えます」

林さんは鋭い視線を前方に向けたまましゃべった。こんなことはもういいじゃないかという感じ。王さんなら困ったような顔でいくらでもつきあってくれるだろう。剛の林さん、柔の王さん。かえって林さんとしゃべっているときのほうが、その話題の持つ意味合いがよくわかる。林さんも王さんも陳さんも呉さんも瞳の奥では決して笑わない。ただ王さんの口もとはいつもほほえんでいるので僕たちが錯覚するだけなのか。知らないうちに別の話になっていたりする。

中山陵に到着。三日前に見た魯迅の墓の印象が濃く、公園のようなものを想像していたが、さすが「中国革命の父」だけあってスケールがちがう。幅三十メートルほどのまっ白の石段が丘の斜面に整然とつくられている。昇りきったところには鮮やかに輝く青い瓦の門、門の廂はピンとそりかえっている。門をくぐると広い平地があり、そのむこうに緑の山をバックにした青い屋根・白い壁の大きな建物がある。中国人の「参拝者」も多いが、遠足という感じ。孫文の遺体が安置してあるというその建物に入る。壁際の階段をあがる。円型の、大きなすり鉢を思わせる館内はやわらかい乳色をしていて、天井まで吹きぬけになっており、周囲にめぐらされた廊下からすり鉢の底に置かれた棺を見おろすことになる。棺は石製らしく白く重々しく、中山先生が横たわる姿が蓋部に浮き彫りにされている。厳かなことこのうえない。しかし年がら年じゅう、死後おそらく永遠にたくさんの人々から見おろされては死者も落ち着かないことだろう。まだ、公園の奥深く、緑のなかの石台に、天候をじかに感じながら座っているほうが人間らしい。

陵の裏山には明代に建てられた寺院（無量寺？）がある。松林のなかの石畳をゆくと林がひらけ、木造の楼門があらわれる。門の両側には建物がつづいていて、全体が巨大な塀のようだ。門前の広場には記念写真屋が店をだしている。写真屋は五、六人いて、黒い布に三脚つきの大きなカメラの傍に、これまで撮った写真を貼りつけた板を置いている。みな初老の男たちだ。彼らも国家の職員なのだろうか。誰も注文をとりにこようともせずに僕たちを見ている。門脇には茶店があり、絵はがきや土産物を売っている。

巨大な塀のなかにも石畳があって、その行きどまりに九層の石塔がある。霊谷塔だ。廂のそりかえった幅の狭い屋根が各層についている。らせん階段を昇る。各階、上りきったところの床にタイルで壱・弐・参・四・伍・陸・七・八・九」と階数が埋めこんである。小さな窓から地上を確かめながら九階までゆく。豆粒のように見える地上の人間。あとからやってきた団員に大声で手をふる。中国人たちも見上げている。「ひげ」が上海で買ったフェルト

（？）の防寒帽をふった。下にいる団員が投げろ投げろと合図する。通常は三つに折り込んで平らな円柱型でかぶり、下にひっぱると顔全体を覆う頭巾になる（目のところだけはあけてある）その帽子は、中国では老人がかぶるもので、若者には耳あてのついた戦闘帽のようなのに人気がある。そのことを聞いてから僕は「老人帽」をかぶるのはやめていたが、「ひげ」はそれがすごく気にいったようで頭から離さなかった。

帽子は風に流されることもなく、意外に速く落下していった。松の枝にあたったので、合図した団員はうまく受けとることができなかった。彼とは塔を降りる途中ですれちがった。「ひげ」は彼の頭から帽子をすばやくとりかえし、二人で訳のわからない冷やかし合いをしていた。これは照れかくしだ。日本ではよくやることでも中国では慎んだほうがよい。日本人の馬鹿馬鹿しさを宣伝しているみたいだ。帰りに楼内の茶店でお茶を飲む。熱いジャスミン茶がうまい。一分（百分の一元）だった。

四時、南京駅発。いつもの寝台車。明日の朝は北京だ。この旅行も総仕上げにむかっている。北へ北へ、黄河を渡るのは夢のなか。

北京

三月九日　うす曇

六時四十分、起床。九時三十分、北京着。十二時、昼食。一時、収租院見学。天安門広場散歩。買い物。六時四十分、中国国際旅行社総社・中日友好協会主催のレセプション。

目を覚まして窓の外を見る。まだ夜が明けきってはいない。景色に遠近感がない。霧がたちこめているようだ。下段のベッドに腰をおろし煙草を燻らせながら目を凝らす。すこし明るくなってきた。空と地面が同じ色に見える。霧ではない。一面に雪が積っているのだ。白一色のまっ平らの野原（畑かもしれない）を、汽車は朝にむかって走る。窓の明るさに、広州以来二週間ぶりに晴れてくれるのかと期待したが、空は今日もどんよりしている。

いつもの食堂車で朝食。ボリュームにもすっかり慣れた。ぼっちゃん刈りのような髪形でがっしりした体格のボーイに「おはよう」の目礼。彼は僕たちの団の係らしくずっとこの食堂車と行動を共にしている。食事以外にも部屋の掃除や例のジャスミン茶のサービスなどいろいろ世話を焼いてくれる。別に愛想がいいというわけではないが、いつも黙々と正確に仕事をしている。言葉は通じないけれど僕たちはもう充分彼とは顔馴染だ。南京を出た直後、長江大橋を車内から撮ろうとカメラを持って廊下で待ちかまえていると、彼がとんできて撮影禁止だという。中国語でまくしたてる。有無を言わせない迫力、ひとがかわったようだった。彼の厳しい表情をこのときはじめて見た。

食後、部屋に戻って「ひげ」たちと雑談。七時過ぎ、天津駅に到着。しばらく停車するらしい。窓をひきあげる。冷たい空気が快い。すぐ前でマントウを売っている。ガラスケースから湯気があがっていてうまそうだ。買いに行こか、と言っているうちに広いホームには行列ができてしまった。男ばかりだ。行列がなくなったら買いに降りることにする。一般の旅行者にはこれが朝食なのだろう。ほとんどのひとが胸にかかえるくらい買ってゆく。どんどん売れる。ケースのなかのマントウと行列の客の数とを比べると、どうも客の方が多いみたいだ。僕たちは窓から身をのりだして全員にゆきわたるかどうか見ていた。いちばんうしろに並んでいた若い男をひとり残して売り切れてしまった。何と不運な。彼（と彼の連れ）は朝食抜きになるのか。男はちらりとこちらを見、僕たちに「残念やったなあ」と声かけられたのに照れ笑いで答えて戻っていった。朝から豪華な食事をとることのできる自分に気がつく。

九時三十分、北京着。街には雪が一センチほど積っている。団の旗をおしたてて駅の地下道を通り改札口へ。国際旅行社の本拠地だけあって歓迎陣もそれらしいひとが多い。すぐバスに乗ってホテルにむかう。北京の街は上海よりも南京に似ている。建物は低く空が広い。ただし南京よりも街の拡がりは感じる。天安門広場を通る。道幅がおそろしく広い。新僑飯店は古い西洋風で、ガラス張りの一階のレストランにはいろんな国のお客がいる。これまでのホテルのなかではいちばん開放的な感じ。さすが首都といったところか。日本の商社の駐在員も何人か泊まっているらしい。

一時、収租院見学。故宮のなかにある博物館。椅子に座っていた門番の老人は粋にパイプを咥えて、バスの運転手のところまで歩みより、二言三言。パイプ片手に入場オーケーの合図。地主の屋敷に年貢を納めにくる農民の様子を等身大の泥人形を使って紹介してある。解放前の悲惨な生活をいまの子供達に伝えるためだと説明される。農夫たちはみな痩せて、疲れきった表情をしている。彼らの背負う重そうな袋と対象的だ。筋骨逞しい用心棒が笞を手に憎々しげな顔で所々に立っている。強欲な顔つきの太った地主。軽薄そうな役人の骨ばったにたにた笑い。これまで何回となく説明されてきた「解放前」の典型なのだろう。部屋を巡るにつれて地主の悪辣さは具体的になってくる。地主の使用人が穀物をわざと升からこぼして少しでもたくさん取ろうとするのを叫び声をあげそうな顔で見つめる農民。その前に立ちはだかる用心棒。反抗的な農民が閉じこめられたという水牢では、幼い子供までがもがきながら助けを呼んでいる。地主の贅沢で無慈悲な飲物である「人乳」を得るために、出産直後の農婦をひっぱってきてベッドにくくりつけようとしている男ども。それを見まもる地主の涎をながしそうないやらしい口もと。使用人に抱かれて泣き叫ぶわが子を、叫びながら見やる薄着の女性の豊かな胸にエロティックなものを感じる。どの風景も陰湿きわまりないが、僕たちにとっては、いくら中国革命について多少の知識があるとはいえ、見学の態度に切実さはない。極端かもしれないが菊人形見物の延長線でしかない。奇異なパノラマでしかありようがない。こうも見せつけられるといやでも旧体制に対する嫌悪感はかきたてられるものの、実感がわいてこないのはたしかだ。

収租院をでて表通りにまわると天安門広場にでる。日本のマスコミはこの広場に百万人が集まった、などというニュースを流していたが、その数はすこし大袈裟すぎると思っていた。しかし、実際に来てみて納得。横断歩道のまん中に「安全島」がある。白線の両側に十数センチの高さの弧状のコンクリートの塊りが置かれた部分だ。大通りは若い僕たちでさえいっきに渡れない広さだ。門からこの大通りを隔てて広場がある。ちょっとしたグラウンドなら何十と入る広さ。門にむかって広場の左側に人民大会堂、右側に中国革命博物館がある。門の正面には大きな毛主席の肖像画が掲げてあり、それと相対するところに人民英雄記念碑がたっている。高さ三七・九四メートル。台座の四方には中国革命を描いた浮き彫りがほどこしてある。毛主席の「人民英雄永垂不朽」の文字が大きく書かれ、その裏側に周総理の字で阿片戦争以来の歴史が簡潔に示されている。広場にはたくさんのひとがいた。ものすごい人数なのだろうが空間は充分ある。記念写真屋は手もちぶさた。アイスキャンデー屋も店をだしている。人民服姿の老人の売るキャンデーは一本五銭、冬なのに商売になるのだろうか。ひとびとは「あれっ」という感じで僕たちを見るくらいで上海や南昌のようにぞろぞろついて来たり、とり囲んだりはしない。

空は曇ったままなのにいつもより明るく感じるのは街じゅうに積ったさらさらの雪のせい。上海の突き刺すような冷たさは感じられない。日本から着てきた白っぽいコートでちょうどいいかげんだ。

バスに乗って繁華街へ。北京の街路名は文革後「革命路」や「反帝路」といったぐあいに改名されている。王さんの話では、それでも旧い呼称はなかなかすたれないらしい。いちばんにぎやかだという王府井大街《ワンフーチン》を通る。大きな市場が見える。繁華街といっても高層建築はなく、空も道路も広いのでゆったりしている。見た目には混雑していないもののかなりの人出はある。

王府井大街近くにある友誼商店に入る。間口三間程度の店構えだが中庭もあってウナギの寝床のような建物。表には翡翠の細工ものから硯・墨・象牙細工など小物が、裏の建物には、壺・置物・絵などが並べてある。僕は桜の木でつくった安物のパイプと牛の骨のネックレスを数本ずつ友人たちへの土産に買う。富士（正晴）さんには硯をと思ったが高すぎて手がでない。花の描かれた墨にする。

買い物が終わると筋向かいにある中華書店に案内される。毛主席の著作や「馬克思《マルクス》」「恩格斯《エンゲルス》」のコーナーよりも物理や生物などの専門書に人気があるようだ。毛主席著作を立読みしているひとはひとりもいない。専門書の値段は厚さによってもちがうが全般に高かった。中国語や中国文学に興味を持っている団員は楽しそうに買いこんでいるが、僕には退屈なところだ。ひとり店を抜けだす。さいわい林さんにも王さんにも見つからなかった。四、五軒隣にある食料品店にはいる。乾物屋と菓子屋がひとつになったような店で、カウンターのむこうにいる店員がちらっと見たが、客たちは僕に注目もせず買い物に夢中。おばさんたちに混って品物を見てまわる。無難に買えそうなのはカウンターに置かれたチョコレートくらいで、「一個《イーガ》」といって指さした。「多少銭《トウオシャオチエン》（いくらですか）？」。「厠所在那児《ツァースオツァイナアール》（便所はどこですか）？」とともにプロ文研のメンバーから習ってきた言葉のうちのひとつを口にした。三角五分。中国ではチョコレートは贅沢品なのがわかる。外国人はめずらしくないようだ。気楽に買える。とり囲まれたりしないので助かった。チョコレートかじりながら本屋の前でみんなが出てくるのを待つ。

　六時四十分。中国国際旅行社総社と中日友好協会主催のレセプションが北京ダックの店である。北京大学の学生も何人か来ている。十人ずつ丸テーブルに着く。挨拶につづいて乾杯。ボーイが家鴨の丸焼きを持ってきてテーブルの中央に置く。焦げたところがなく、全体が濃い狐色に焼かれていてうまそうだ。これをどのようにして食べるのだろう、と思っていると、小型の青竜刀のようなナイフを両手にしたボーイがやって来て、二本のナイフで丸焼きをなでつけるようにして戻っていった。箸でつまむとちょうど一口分がとれるように切れ目がはいっている。あざやかなナイフさばきだ。林さんから家鴨料理の食べ方を習う。ひと切れに味噌をつけ、長くきざんだ生ネギといっしょに小麦粉でつくった餃子の生皮のようなものにくるんで食べる。いくらでも食べられそうだ。

僕の隣に座っている北京大学の女子学生は英語を専攻していると林さんが紹介してくれる。僕は中学校の英語の教科書の一節を口ずさんだ。南京の中学校（小学校と同じところにあった）で授業参観をしたとき、ある教室で英語をやっていた。先生のあとについて全員で一文節ずつ読んでゆくのだが、必ず最初にアクセントがついていて、これがチャイニーズ・イングリッシュの特徴かと思った。うしろの方にひとつ空席があったので、あたりまえのような顔をして座りこみ（机も椅子も僕には小さすぎたが）、隣の男の子が開けている頁を「僕にも見せてね」と言って書き写した。男の子は僕が写しているあいだ、心持ち教科書をこちらにむけてくれた。表紙には二年生用と書いてあった。すぐ別の教室に行くというので全部写すことはできなかったが、それは次のような内容であった。

Chairman Mao, Chairman Mao.
You are the greatest Marxist-Leninist of our era.

You point out the direction of the revolution.
You lead us from victory to victory.
We, Chinese people, love you.
The people of the world love you
……………………

北京大学の学生はきょとんとした顔、日本人たちは僕の言う意味はすべてわかるのでうなずいている。中国語のできる団員が通訳してくれた。英語専攻の学生は中国語で、「Chairman Mao のところだけわかった」と言う。僕のイングリッシュはジャパニーズ訛りがひどいのか。自信をなくす。

だしものの時間になる。まず僕たちが岡林信康の『友よ』を歌う。いつのころからか日本の歌というとこれが歌われるようになったのだが、訪中団のレパートリーとしてはちょっとおかしいような気もする。日本にいれば、すくなくともここにいる団員たちがこの歌で合唱することはないはずだ。旅行社側のおかえしに林さんの独唱をリクエスト。林さんは顔をまっ赤にしながら、すねたような態度で歌えないと言う。そのうち助け舟がでて、通訳のひとたち全員で歌うことになる。うつむきかげんの林さんをまん中に一列に並んで「大海航行靠舵手」。芸がない。彼らの根拠地に戻ってきたので恥はかけないのだろうか。そういえば北京に着いた直後、陳さんの姿がしばらく見えなくなった。僕たちはご主人に会いに行ったんでしょうと、夜になって再び姿を現した彼女に冗談を言った。陳さんは嬉しそうな顔で懸命に否定していた。

三月十日　うす曇

七時三十分、起床。十時五十分、楊村人民解放軍訪問。八時、ホテルに戻る。

楊村人民解放軍の所在地は北京よりも天津に近いらしい。八時半にホテルを出て二時間半近くもバスに揺られる。見わたすかぎり平らな土地を進む。景色も単調。すこし居眠りをする。

ドラと太鼓に迎えられて兵舎のなかに入ってゆく。学校の校舎のような外見。応接間に通され師団長から挨拶、つづいてこの解放軍についての説明を受ける。

＜楊村人民解放軍は正式名を陸軍第一九六師団といいます。一九三七年、林副主席の率いる第一一五師団からわかれて成立、華北・東北で抗日戦争、解放戦争を戦い、とくに京津戦役で目を見張る活躍をしました。朝鮮戦争ではわが師団から多くの志願兵を送り、ソウルまで進軍しました。このとき三万八千の敵を殲滅し、八千八百丁の武器を鹵獲《ろかく》しています。

人民戦争における政治工作の三大原則は、官・兵が一致し、軍・民が一致し、これらが敵を破壊する、というものです。人民解放軍は戦闘隊であり、工作隊であり、生産隊でもあるのです。

生産については、第一九六師団は八〇パーセント以上の食糧を自給しています。野菜は完全に自給できます。そのほかに機械修理工場・副食品加工工場・縫製工場を持ち、養豚や製薬も手がけています。

林副主席は、政治で軍隊を運営しなければならない、と言っています。これはプロレタリア独裁の思想です。私たちは毛主席の思想と林副主席の政治で軍を建設してゆきます。＞

文化大革命以後、人民解放軍には階級がなくなった。師団長といっても、ふつうの兵士と同じウグイス色の軍服を着ており、赤い襟章にも特徴はない。異なるところといえば、軍服がくたびれていないことくらいか。

応接間を出て、兵舎のなかを見学。舞台つきの広間、ぶん取った敵の武器の展示室など。展示されているのはほとんどが日本の銃だが、さびたり、木の部分が腐っていたりして原型をとどめていない。

兵舎の外の景色は、人民公社とかわらない。醤油・豆腐の工場見学。醤油工場は粗けずりな石造りの建物で、ひとつが小学校の教室ふたつ分くらいの広さ。豆腐工場は豆腐屋さんの店を大きくしたような感じ。製薬・縫製工場の労働者はほとんどが女性だ。畑・家畜・工場・小学校がある。もちろん家族で暮らしている。軍隊というより武装した村と言ったほうがいいようだ。中国にはこのような集団がいたるところにあるのだろう。北京と上海が核にやられても絶対負けない、というのはあたりまえのことなのか。すくなくとも他国の軍隊が占領することは無理だろう。国中ゲリラだらけになる。

実弾射撃演習をお見せしましょう、と案内の兵士が野原に連れゆく。白い布をかけた長テーブルが一列に並べられて僕たちの席がこしらえてある。テーブルには人数分の双眼鏡まで用意してある。前方二百メートルくらいのところに高さ三、四十メートル・幅百メートルくらいの築山(としか思えないくらい整った台形をしている)があって、その部分だけは視野

が妨げられる。そこ以外は地平線まで見とおせる。野原にも築山にもうっすら雪が積ってい
る。築山には毛・主・席・万・歳と一文字ずつ書かれた大きな看板が並んでいる。全員が席
につくと演習が始まった。

十人の兵士が、鉄砲を背負い五十センチ四方くらいの板を持って駆け足でやって来て、僕
たちの前に整列。板には同心円が描かれていて、新品の的であることを確認させてから築山
に向かって畔道のようなところを走ってゆく。かなり行って（百メートル先だそうだ）左右
にわかれ各自持っている的を杭にセットして戻ってくる。手前側には伏射用の高さ二十セン
チメートルほどの盛り土が三メートル間隔に並んでいて、兵士たちはそれぞれ位置につく。
銃声が響く。五連発銃だと説明がある。弾は一度に五発まで入れることができ、あとは引き
金を引くだけ。撃つたびに薬莢がとびだす。現在使用している武器のなかでいちばん簡単な
ものだとのこと。

最初の五発をほぼ同時に撃ち終えると、すばやく次の五発をセット。今度はひとりおきに
立ち射ちと座り射ち。それを撃ち終えると整列して駆け足で自分の的を取りに行く。僕たち
の長テーブルの前で横一列に並び、はしの兵士から順番に的の穴をチョークで印をつけなが
ら数える。はずれた弾はひとつもない。全員が十発十中。兵士たちは全員がまだ子供っぽい

顔をしている。ここには十八歳から二十二歳までの志願兵が多いとのことだから、彼らは僕たちと同世代ということになるのだが、頰のまっ赤な顔だけを見ていると中学生くらいにしか見えない。僕たちのほうがすれているのか。

団員の誰かが、やってみたいと言った。責任者はあっさりオーケーしてくれ、若い兵士に準備を命令。盛り土のところに分散する。「クリスチャン」と女子団員ふたりが拒否、憮然とした顔で席についたまま僕たちを見ている。二班にわかれる。僕は先に撃つ。若い兵士は分厚い外套を脱いで盛り土の前に広げてくれた。ここに腹這いになれという。通訳のひとたちが、銃を手渡されたら立ちあがってはいけないと大声で叫んでいる。

兵士が銃の上部から五発一セットになった弾を入れる。ガシャッという音。レバーや突起を三、四カ所ひっぱったり押えたり、操作も説明するつもりなのか、見やすい位置でやってくれるのだが手の動きが早すぎてわけがわからない。ガシャガシャという音だけ聞いている。引き金を引けば弾が出る状態にして、銃口を的の方に向けたまま慎重に渡してくれた。

何か言っているが中国語はわからない。肘を引いたり頭をすこしおさえつけたりして正しい姿勢になおしてくれる。足首をつかんで横にひっぱる。もっと脚を開けというわけだ。なるほど安定感が増す。手とり足とりだ。銃の先端のI字型突起を手前にあるM字型突起にあわせて撃つのだと言っている。これは僕にでもわかる。

いざ構えてみると緊張する。ひとに向ければ殺すこともできるのだ。的はさっきよりだいぶ近い。距離は五十メートル。じっと狙っていると的の地色の白とうしろの築山の雪の白とが区別つかなくなる。同心円がいくつも見える。近視の狙撃兵が成立しないのがよくわかる。誰かが一発撃つとみんなが撃ちだした。一発ごとに薬莢が勢いよくとびだす。思っていたより反動は少ない。右の頬と肩に力が入る。五発はあっけなく終わった。兵士は撃った数を数えていて、五発目が終わると、「好《ハオ》」と言って銃を取りあげ、整列・駆足で僕たちの的を持ってきてくれた。僕の的にはひとつも穴があいていない。隣の「ひげ」は五発とも命中している。責任者が「ひげ」に何か言うのを林さんが通訳。「あなたはすぐにでも解放軍に入れます」。

的とはおよそ関係のない方向に撃っている者もいる。築山の「毛主席万歳」の板のすぐ近くの雪がパッーとはねあがったりしている。案外、あれを狙ってたりして、「ひげ」が笑って言った。二班も済んで、一発も命中しないひとはもう一度撃たせてもらえることになる。今度は的のすこし下を狙ったらいいと「ひげ」に言われてそのようにする。的を見ると三発命中していた。

このあと、バズーカ砲・迫撃砲の演習を見学。築山の手前に敷かれたレールを走る戦車の形をした鉄板を、二人一組で構えたバズーカ砲が一撃。間の抜けた音をたてて「戦車」はうしろに倒れる。迫撃砲は二キロ先の目標を狙う。鈍い音をたてて発射される。責任者が指さした方を注目していると、遠くで白い煙があがる。しばらく間をおいてものすごい地響。兵器の威力より土地の広さに驚く。二キロ先が見える野原など日本では知らない。

兵舎に戻って広間でだしものを見る。言うまでもなく完璧な演技。踊りのなかに、「アジア・アフリカ・ラテンアメリカ人民は団結してアメリカ帝国主義とその手先を打倒しよう」がある。小学校のものとは比較にならない迫力。単調なリズムで舞台を踏みならす音にすごみを感じる。兵士たちのこわい顔。この曲はこわい顔をして踊らねばならないようだ。帰りのバスでこの曲を気に入っていると林さんに話した。林さんはやはりこわい顔をして出だしの部分を歌った。第三世界人民の怒りを具現すればこうなるのか。それにしても、鉄砲を撃ち、歌・踊りをやり、政治・思想を学習し、豚を養って畑を耕す生活など信じられなかった。彼らはなにが来ても大丈夫なのだろう。楽に生きることばかり考えている僕とは大違いだ。何でも自分でやってしまう。そんな人間が何億といる。中国はものすごい国だ。

夕方、暗くなってから楊村を出る。ホテルに着いたら八時過ぎだった。空腹。夕食はたくさん食べられた。僕たちからすこし離れたテーブルで朝鮮人民軍の制服を着た女性のグループが食事している。何かのスポーツ団の選手か。みんな大柄だ。制服はスカート、髪もパーマをかけている。日本の感覚だと昭和三十年代という感じなのだが、中国では新鮮に見えてくる。「ひげ」たちは僕が朝鮮語専攻なのでしゃべってこいと言う。いくら朝鮮語科だと言ってもやっと一年生が終わったところだ。それにあまり優等生でもないし語彙不足は明らか。食事中に話しかけたりするのは失礼だ、などとごまかしながら食堂を出る。今夜はいつもより早く床につく。

三月十一日　うす曇

七時十五分、起床。八時五十分、北京大学訪問。十二時過ぎ、昼食。三時、座談会。

ホテルからバスで十数分、家の建てこんだ市街地からすこし離れたところに北京大学がある。方角はよくわからないが、天安門の前を西にむかって走っていたから市の北西になるのだろう。古い、瓦屋根の門があり「北京大学」と墨で横書きされた額のような木の表札がかけてある。日本の大学のキャンパスとはだいぶ趣が異なる。塀にとりかこまれた感じが全くない。実際にはかなり広いのであろうが、見とおしがいいわけでもない。うっそうとした森のなかにいるようだ。木造の校舎も学校というよりお寺のように見える。

会議室のような部屋に案内される。テーブルクロスを敷いた大きな机がたてに並んでいる。席に着くと手短かな挨拶があり、さっそく「講義」を受けることになった。テーマは、基本情況と歴史・プロレタリア文化大革命と北京大学・教育革命の三点。大学の革命委のメンバーのひとりが情況と歴史について話しはじめた。

＜北京大学は文化系を主とする総合大学で十七の学部と四十二の専科があります。文化系学部が十、理科系が七学部です。革命委員会が大学を運営しており、三十九名の委員のなかから十五名の常務委員が選ばれ、そのなかから主任・副主任が選ばれます。委員会は、党幹部六、学生七、教師九、労働者三、革命的家族一と十三名の工作宣伝隊小組から成り立ち、宣伝隊は解放軍七、労働者六で構成されています。

全学で教師二、一三四名、教授二一〇名、講師五〇四名、新入学生は二、六六七名（文化系一、九二七名、理科系七四〇名）。三年以上の実験をへて、中学卒業から二十二歳くらいまでで学生を募集します。そのうちわけは労働者出身四〇パーセント、農民出身四〇パーセント、解放軍出身二〇パーセントになっています。

北京大学は一八九八年に創立されました。解放前の五十一年間は帝国主義の手先としての役割が大きかったのですが、十月革命や、マルクス・レーニン主義を中国に伝えるという重要な力にもなりました。一九一八年、毛主席は二度北京を訪れてマルクス・レーニン主義を研究し、北京大学にも革命の火種をまいています。一九一九年五月四日、反帝・反軍閥をスローガンに五・四運動が起こりましたが、北京大学の学生が中心になって闘っています。それが六月三日の、労働者のゼネストをひき起こし、「反帝愛国」の意識が確立されました。労・学が実際の運動ではじめて結びついたわけですが、それからはだんだんと労働者が主力軍となってゆきます。新民主主義運動のはじまりです。

一九四九年、中国は解放されました。五〇年三月、毛主席が自ら筆をとって「北京大学」の文字を書きました。門に掲げてあるのがそれです。しかし、劉少奇は毛主席の路線に反対し、修正主義の本部をつくるため陸平（前北京大学総長）を派遣してきました。五八年、毛主席は「大胆に行動しよう」と呼びかけ、学生は大学から出て工場・農村に入り、労・農との結びつきを強めました。さらに革命的学生・教師は校内に工場をつくり労働者としての意識を高めました。

六一年から劉少奇のまきかえしがはじまります。陸平もそれに呼応し、学内に黒い風を吹き起こしました。つまり、学生を反革命分子に仕立てあげようとしたのです。ソ連に学び、英米のものを参考にしようというスローガンを叫んで、公然と毛主席の革命路線に反対しました。この修正主義の教育路線は大学を資本主義復活のための前哨陣地にするための陰謀だったのです。広範な学生・教師は、二つの路線が同時に存在するのに耐えられない思いをいだいていました。＞

——文化大革命と北京大学。

＜一九六六年五月に毛主席の五・一六指示があり、革命的学生・教師は大字報を貼りだしました。六月一日、毛主席は我々の要求を支持、我々は大きな力を得た思いでひとにぎりの走資派に対し造反しました。紅衛兵は筆を武器とし、大字報で陸平に反対しましたが、劉少奇は工作組を使って鎮圧にのりだしました。そのやり口は、革命的行動に反革命のレッテルを貼り、自分に反対する人々を党や共産主義青年団から除外し、学内での闘争・批判運動を禁止し、学内では白色テロを横行させるというものでした。このような情況のもとでできた言葉が「造反有理」です。陸平に対する反逆は革命路線を守るための道理あるものという考え方です。我々の「死んでも毛沢東思想を守る」というスローガンに、毛主席は手紙を書いて激励して下さいました。そして、毛主席から、北京大学の実情を調査するために派遣された○○（ノートに記録もれ）によって、八月四日、工作組は大学から追いだされました。（この事件の発端となった六月一日を文革の起こった日とする説もある。）

八月十六日、毛主席が天安門で紅衛兵を謁見しました。毛主席は、ブルジョアを批判し、すべての反動的なものは倒さなければ倒れはしない、と演説。封建主義・資本主義・修正主義の影響を受けている道路や看板（の名称）の大掃除がはじまりました。四旧をうちやぶり四新（新しい思想・文化・風俗・習慣）をうちたてようという闘争の方向を全国に示しました。そして、毛主席の「私の大字報——司令部を砲撃しよう」によってブルジョアの隠れみのを暴露しました。

十七日、毛主席は自ら筆をとって「新北京大学」と書き、「権力を失えばすべてを失い、権力があればすべてがある」と説きました。

九月十二日、北京大学革命委が成立し、学内の修正主義者・走資派を完全に追いだしました。しかし、権力をとるとすぐ命令主義に陥るというブルジョア知識人の影響を受けた欠点があらわれました。「新北京大公社」と「新北京大井崗山兵団」が対立、互いに反動だとののしりあったのです。毛主席は毛沢東思想青年隊を大学に派遣して武闘を停止させ、彼らの闘争を批判しました。青年隊はたくさんの学習班をつくり、セクト主義が革命に何の役にも立たないことを宣伝しましたが、二派の学生たちはわりきれない表情でした。毛主席は、大きな共通点を見つけ、小さな相違点は保留して、互いの欠点の指摘を少なくするよう自己批判させました。二派は、それまでの闘争のなかで毛沢東思想にあうものとあわないものを見分け、政治的階級闘争路線の自覚を高めました。

九全大会で毛主席が言っています。「プロレタリア階級の勝利のために、われらは団結しよう」この間の北京大学の造反派は、団結→批判→自己批判という道をたどり、さらに大きな団結に達することができたのです。〉

テンポはそれほど速くはないが、次々と確実に言葉がでてくる。メモする手がおかしくなる。言葉のひと区切りを中国語から日本語になおす時間がなかったなら、とうていメモなどとれないだろう。若い、女性の報告者は下書きを見ることもなく、甲高い声で機械のように話しつづける。陳さんも翻訳機になっている。が、かえって楽そう。こうなったら意地でも一言半句残らずメモしてやろう。

——教育革命。

＜募集は労・農から抜擢します。卒業後はもとの職場に帰ることが原則です。抜擢の条件は、（一）政治思想がよく・活発で・プロレタリア政治を率先し・大衆と密接な関係にあること。（二）実践経験が三年以上あること。十年以上の古参労働者も歓迎される。（三）身体が丈夫であること。待遇は、卒業後もとの職場に戻ることを条件に、月々十九・五元と宿舎・医薬・授業費が国家から保証されています。入学志願者は、自分の職場で入学希望を発表し、職場大衆の推薦を受け、さらにそれらのなかから大学が選抜します。文革前までは点数第一主義で入学の合否が決まりましたが、これは階級意識のない方法です。

古い教育制度の改革は文化大革命の重要任務のひとつでもあります。実践のなかで毛沢東思想を完成しなければなりません。大批判（修正主義路線を批判）・大弁論（社会主義大学はどうあるべきかを考える）・大論争（大学習）をへて、「大実践」をしなければなりません。現在、教学実験班で養成目標をたてています。目標の内容は社会主義的自覚・労働者・知徳・体育・政治方向などで、ここから毛沢東思想宣伝員・戦闘員・勤務員を生みだします。これには労働者階級の指導が必要であることは言うまでもありません。

ふるい教育体制はうちこわす必要があります。革命実践・生産・労働人民からかけはなれ、精神的貴族をつくりあげてしまうからです。単なる知識だけではだめです。これは、特に文系にあてはまります。歴史・経済・文学の工場などつくれはしないのですから。文系の学生は社会全体を工場として、生産労働を通じて理論と実践を結合させなければなりません。働きながら勉強することは工業・農業・軍事を学ぶことにつながります。そうでなかったら、卒業後使いものにはなりません。

最も重要な課題は思想の向上と分析です。中文の学生は、いかに巧みに文章を綴るかを学習します。哲学科の場合は「矛盾論」を学習します。農村にでて、一日の仕事が半日で仕上がるよう努力します。生産の向上を実践するわけです。

教材は毛主席の著作が中心です。哲学・文学・歴史・芸術・経済など根本的なところをくりかえし学習し、応用して、マルクス主義の真髄を追究し自覚を高めます。〉

大学にあがるということは大々的に毛主席の著作を学習することなのか。これで、客観性を養うことなどできるのだろうか。超階級教育は反動的なのだから毛主席から学ぶのか。毛主席を現代最高のマルクス・レーニン主義者と規定して、そこからしか学ぼうとしないことこそ反動的なのではないか。すべての事柄を疑いの目で見つめることがインテリの役目だと思う。疑って疑ってそれでもケチのつけようがないのなら、「これは正しい」とも言える。「最初から正しい」ものなどどうっかり信じられるものか。

話の内容が一貫しているようで支離滅裂だ。通訳のせいではないと思う。この報告も予め決められたところへ無理矢理結論を導いていくようだ。この手のご都合主義を感じたのは何も今日がはじめてではないけれど、「北京大学」でさえもという気がしないでもない。

報告はつづく。

〈毛主席の著作以外の教材としては、マルクス主義を守り、受けつぎ、発展させたものを選んでいます。「共産党宣言」「フランス内戦」・唯物弁証法・フォイエルバッハ・「国家と革命」などです。反面教材として、「譲歩政策」や楊献珍「ふたつがひとつになる」があり、矛盾論の立場から批判しています。歴史資料の編纂として、哲学科では孔子の反動哲学批判文をつくっています。

つめこみ式の教育方法はガリ勉をつくるので、いまはやっていません。毛主席語録にあるように、啓蒙式・近くから遠くへ・浅から深に・話はわかりやすく・興味を感じさせて話す・ゼスチュアをまじえてわかりやすく・復習しながら進む・計画性をもって・討論方式などをとっています。労・農・兵を招いて講義をすることもあります。〉

十二時過ぎ、食堂で昼食。別の校舎にゆくのに森のなかを歩く。細長い池がある。「この池は『名前のない池』と言います」と林さん。古巣に戻ってきて、今日はやさしい顔になっている。何年ぶりかで母校に来たらしい。林さんはどんな思いで日本語を勉強していたのだろう。つめこみ式だったからこそ、国際旅行社の林さんがいまあるのではないのか。つめこみ式を非難するのはおかしい。語学ばかりではないだろうが、学問というのはつめこまないとなかなか覚えられないものではないだろうか。

食後、学内の工場を見学。その後、学生寮で雑談。日本の大学のような「自由さ」がない。この「自由さ」というのはだらしなさにもつながるわけだが、僕からみる北京大学の学生たちはきちっとしすぎていてとっつきにくい。結婚のことを尋ねると、顔を赤らめて、いまは革命一筋だと言った湖南大学の学生よりは洗練されているようだが、日本の大学生と比べると信じられないくらい「真面目」である。それとも僕たちに会わせる人間は優等生ばかりを選んで、日本人との話し方くらい教えているのかもしれない。

三時、「会議室」に戻って文学についての座談会。出席者は人民公社から張さん（女性）、宣伝隊から華さん、教師の邵さん、解放軍から馬さんの四人。これもまた一方的な講義となった。

＜教学内容・方法は毛主席の指示によります。修業年数も五年であったのが二、三年に短縮されています。毛主席の哲学思想（史的唯物論・弁証法的唯物論）やマルクス・エンゲルス・レーニンの著作を抜粋で学習します。その他、毛主席の文学歴史思想・党史・革命的模範劇・古典文学・魯迅の文学・文学芸術における二つの路線闘争などの科目があり、一年生から卒業するまで作文を実習します。文章を書くと思想が向上するからです。作文は、小論文・通信・報道・社会調査・文芸批判・ルポ・脚本と広い分野にまたがります。古典・外国作品も学習します。必要に応じて文化常識講座（京劇や言語の授業）も行います。

学習の第一歩は自習です。討論をへて講義にうつりますが、この場合、学生が教師に対して行う講義を先にやります。教師の講義のあと全体をしめくくり、毛沢東思想に従って革命的大批判を行います。反面教材を使うこともあります。要するに私たちの授業は延安の文芸路線にのっとっているわけです。「文芸は工・農・兵に奉仕するもの」という一節を講義するときは、全民的文芸を批判してからその階級性を確認させます……〉

腹いっぱいの昼食のあと適度に頭を休めたせいか、強烈な睡魔に襲われだした。意地でもメモしてやろうという気持などひとたまりもない。例の正確なテンポの中国語と日本語が頭のなかの遠いところでポワンポワンと響いている。僕はテーブルのうえを睨みつけた。居眠りしないためには話を聞かないのがいちばんだ。ノートのつづきにテーブルのスケッチをやりはじめた。カップ・灰皿・煙草のパッケージ・隣の団員が置いたカメラ・テープレコーダーのマイク・カップの蓋・ボールペン……。できるだけ丁寧に描く。林さんが気づいたようだ。何と思っているだろう。かまうものか。寝てしまうよりはいい。林さん、わかって下さいよ。五分くらいで「ポワンポワン」が小さくなってきた。

〈……真善美の存在は嘘悪醜と対応して存在し、超階級的文芸などありえない、と毛主席は文芸講話で述べています。将校と兵士が討論のあと大批判を行う、その様子を兵士同士が教えあう、このようにして各自に階級意識が育ってゆきます。

芸術における反面教材としては反動的映画があります。「不夜城」や「五更寒」です。これらは解放後に製作されたものにもかかわらず、全く階級性がありません。〉

長い長い「講義」が終わった。上海革命委のときも長時間に

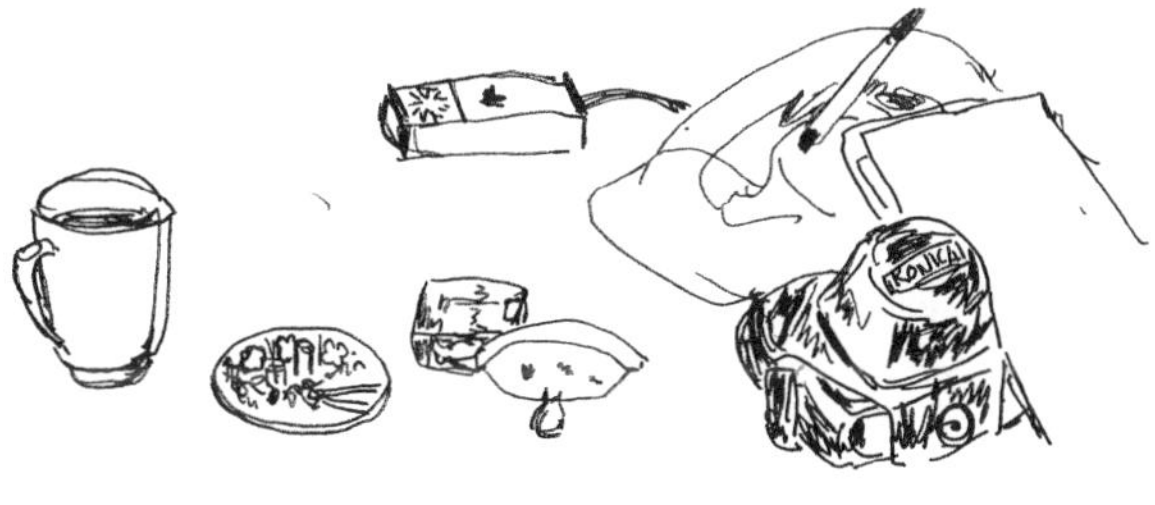

わたったが、内容が具体的だったし、内容そのものに興味があったので物語でも聞くような気分でいられた。北京大学のひとたちには申し訳ないが、今日のは苦痛であった。

例によって質疑応答。

——「社会全体を工場にする」具体例。

〈(張さん)私は機関車工場で三カ月の労働をしました。いかなるひとに奉仕するかという方向・立場・態度・批判について考え、ふたつの階級の闘争を実践しました。労働者とともに働き、学習し、話しあうことによって文芸・作文の能力が向上しました。それまで四種類の文体しか知らなかったのに数百の文体をこなせるようになりました。〉

文体の「種類」とはどのようなものだろう。それにしても四から数百になるくらいなら大学などいらないのではないか。

——古典・外国作品は何を扱っているのか。

〈まだ定った教材はありません。教材決定は今後の課題ですが、「三国志」「水滸伝」「紅楼夢」「儒林外史」が有力です。「詩経」や六朝から唐にかけての散文・韻文もとりあげるつもりです。外国作品についても種々の論議があります。ゴーリキー「母」、「フランスの内戦(パリコミューンの詩集)」が候補にあがっています。外国文学の反面教材は現在検

討中です。＞
僕はこの旅行に一冊の本を持ってきていた。僕が小学生の頃に父が翻訳したゾラの『居酒屋』だ。陰気な感じでずっと読む気になれなかったのだが、旅行中暇をもてあますようだったらこれで時間つぶしをしようと思っていた。ところが時間つぶしどころか信じ難い強行軍。何かの記念になると思い、上海のホテルで通訳のリーダー格の呉さんに進呈した。彼は「ゾラ」を知らなかった。読書嫌いの僕が、「現実をありのまま描く自然主義の作家です。フランス人で軍国主義に反対したひとでもあります」と説明した。「自然主義？　中国にはないです」と呉さん。あまり興味ない風を装っているようだった。「私の父が翻訳したものです。よろしかったら皆さんでお読み下さい」。有難迷惑の顔をした呉さんにおしつけて彼らの部屋をでた。
翌日の汽車のなか、僕たちの部屋に呉さんがあらわれ、「本をどうもありがとう。昨晩みんなで読みましたからお返ししにきました」という。いくら勤勉な彼らでも全員が一晩で読みきれるものか。規格外のものはそれほどまでに拒まねばならないのか。日本人を相手にする通訳が日本語で書かれた未知の文学にどうして興味を示さないのか。毛主席の教えはこんなに心の狭いものであるはずがない。僕はどうしてもおしつけてやる、という気になった。

「私たちの旅行は皆さんのおかげで成り立っているようなものです。皆さんのご親切を受けいれるばかりでは申し訳ありません。同じ本が、家にはまだ何冊もあります。私たちの友情の記念としてさしあげたいのですが」。呉さんは困った目をして、口もとは微笑みながら「ありがとう。それならいただくことにします」と引きさがった。

外国作品といっても、中国には限られたものしか入ってないようだ。それも品行方正な作品ばかりであろう。これでは外国作品の反面教材を決めるのは無理だ。

――大衆はバレエを理解するか。

〈脚色により労・農によろこばれます。文芸は政治に奉仕します。封建時代なら必ず地主に奉仕するものがつくられるはずです。非常に完備した文芸は労・農によろこばれます。だから正確な政治内容を含んだものを発表しなければなりません。〉

――教材の決定。

〈すべて大衆路線によります。教育改革小組に提案されたものが大衆討論によって決定されます。〉

――古典の判断のしかた。

〈政治・芸術の基準から言えば政治が優先しますから、技術面にすぐれているだけではだめです。古典の作者は必ず支配階級に属していますが、私たちは、彼らの人民に対する態度・いかに進歩的役割をはたしたかという点を重視します。〉

――なぜ古典を捨てないのか。

〈政治的に人民に有利なものがあるからです。愛国心を高め、言葉使いをよくすることにも役立ちます。言葉は注釈をつけて説明します。文学作品の言葉は観念的で、客観的には書くことができません。しかし作者は何を恨むのか、何を愛するのかを鮮明にするため崇高な気持で言葉を選びます。そこに言葉の普遍性がでてくるのだと、私たちは考えます。〉

自分の大学では味わったこともない疲れを感じながら北京大学をでる。街はうす暗くなっていた。少年宮が見える。バスはかなりのスピード。今日のように眠くなるのは、精神がたるんでいるからか、あるいは旅の疲れが休養を訴えているからなのか。

工場見学をしたときに紹介された教授の月給をこっそり聞いてみた。三百元とのこと。ものすごい高給だと思う。王さんは党の要人なみと言っていた。しかしよく考えてみると平均的労働者のたったの五倍ではないか。中国はやはり社会主義国なのだ。

三月十二日　うす曇

七時二十分、起床。九時二十五分、東方紅五・七幹部学校見学。五時三十分、ホテルに戻り夕食。六時三十分～九時三十分、ホテルで映画観賞。

北京の市街を出て、バスで一時間くらい走った野原のまっただなかに五・七幹部学校がある。正しくは「北京市崇文区東方紅五・七幹部学校」という。西部劇にでてくるような粗っぽい建て方で、バスケットボールのコート一面をとった広場がすぐ前にある集会所の棟を中心に同じような平屋が集まっている。土地はゆるやかではあるがかなりの起伏があり、低いところは砂地のようにみえる。草もない白っぽい野原で一輪の手押し車を使って土を運んでいる人々がゴマ粒のように見える。そこから先はまた高くなっているが、空と地面の境界はさらにむこうにある高地だ。広場から見るかぎり、近くには畑はないようだ。この集落から歩いて行ける範囲で蟻になって働いているであろうたくさんの人々に「幹部」という言葉は似合わない。何か悪いことをして流されてきたような感じがする。劉少奇も鄧小平もこういう場所で「思想改造」をさせられているのか。

集会所の粗末な大きなテーブルに、四十代半ばの劉さん（女性）、三十代後半の劉さん（男性）、秋さん（女性）の三人の責任者を中心に着席。挨拶のあと学校の説明を受ける。

＜五・七幹部学校は一九六八年十月に創設されました。毛主席の「五・七指示」（一九六六年五月七日付、林彪副主席宛の手紙の一部を抜粋したもの）の「広範な幹部は下放して労働に参加しよう」という呼びかけによってつくられたのです。

一年後の一九六九年十月には、一、四〇〇名もの幹部が在学していました。そのうちの一割が各級指導幹部で、抗日解放戦争に参加した者が百名もいました。残りは解放後に幹部になった者、とくに一九六〇年以降の幹部がほとんどです。彼らの多くは三門幹部と呼ばれています。つまり、家・学校の門を出て機関の門に入り、工場も農村も知らずに幹部になっている人たちです。＞

幹部学校というので年寄りばかりだと思っていたら若いひともけっこういる。役所の下級官吏や学校の先生も含めて、肉体労働に従事しないひとたちのことを「幹部」と呼んでいるようだ。日本語読みにたよりすぎると変な先入感を持ってしまう。

＜一九六九年十一月、六百名の幹部が革命委員会の呼びかけに応じて人民公社に行きました。農村にはいって再教育を受けるためです。そこで毛沢東思想を大いに宣伝しました。

この年は百名の幹部が区の機関の仕事につきました。一九七〇年には三百名の幹部が入学してきました。現在、ここには九百名の幹部がいます。最も数が多かったのは一、四〇〇名いた六九年です。＞

幹部の再教育の場所というので「島流し」のイメージをいだいていたが、一〜三年で元の職場に復帰していくという。たとえ短期間といえども安穏とした暮らしから離れ、自己鍛錬するなどやはり毛思想の影響か。しかし、二年なり三年なり農業に従事しただけで農民の気持がわかり、革命的な思想を持つことができるのだろうか。「三年間のご奉公」を済ませただけで「わかった」というのなら、一生土地から離れることのない農民たち（勿論肉体労働である）は憮然とするのではないだろうか。いままでの座談会でも、「知識人は革命的でない」というように言われてきた。それも知識人自身がそう言っている。誠実そうに聞こえるが、それは口先だけの自己批判ではないだろうか。口先だけでないとしてもせいぜい二、三年で「作業終了」のめどはつくし、おそらく彼らの考える生活基盤はあくまでも「知識人」なり「幹部」なりの肉体労働を伴わないものであろう。もし、彼らが口先だけだとするなら、それこそ「形式は『左』で内容は『右』」の反革命分子となるだろう。そもそも何億という人たちが全員肉体労働をしなければならないのだろうか。知識人・幹部の専門職はどんな社会にも不可欠だと思う。毛主席や周総理をひきあいにだすのは失礼かもしれないけれど、彼らは肉体労働もなしに素晴らしい路線を示しているではないか。要は指導者の路線の問題だ。社会主義社会であればこそ、分業システムが整っていなくてはならない。悪平等であってはいわけがない。一方的に肉体労働者を持ちあげるのは、逆差別の臭いがしないでもない。すべての人に均等に機会が与えられていればよいのだと思う。文化大革命の意義は機会不均等を打破するためのもの、と理解すれば納得がいく。しかし、指導者個人に「万歳」でこたえるところに限界があるのかもしれない。毛主席は封建的伝統をうまく利用しているのだろうか。

〈我が校は、政治組・弁事組（総務）・生産組から成る革命指導小組が運営しています。七級に分かれ、それぞれに党支部があります。その基本的任務は、毛沢東思想によって幹部を教育し、各人の思想を革命化させて、事務・農業・工業・文武のすべてをかねそなえたひと、人民のために服務するひとを養成することです。

学習は自習が主で、互いに討論して認識を高めています。定期的に交流会を開いて『五編』の哲学論文・『共産党宣言』、それに新党規約も学習します。劉少奇の反革命路線・修正主義・ブルジョア路線に対する大批判をくりひろげることもあります。学習時間は一日一時間、農繁期になると週二日に減らし、農閑期には、労働と学習を半々くらいにします。付近の貧農・下層中農にも学びます。農村に直接入ってゆくか、人民公社の貧農・下層中農を学校に迎えいれて家史・村史を聞きます。つまり階級教育を受けるわけです。旧社会への憎しみを起こし新社会をよろこぶ、毛主席を熱愛する、刻苦奮闘の精神を高める。これらが学習の目的となります。農村未経験の一部幹部は学校で農民とつながりを持てます。幹部は、今後さらに農村のために服務しなくてはなりません。人民解放軍に学び、政治を先行させていかなくてはなりません。＞

女性の劉さんは、熱っぽくしゃべりつづける。

＜軍事訓練をし、荒地を開拓し、自力更生の思想を備えた人材を養成します。全くの荒地を開拓したのが六〇〇畝《ムー》、川の土手につくった畑が七〇〇畝あります。昨年の米の生産高は三七万斤（一斤は二キログラム）、一畝当たり七〇〇斤の出来です。落花生は四万斤、丘を平らにしてひらいた畑で収穫した野菜が五〇万斤もあり、ブドウ五〜六〇〇〇株、その他の果樹も六〇〇〇株あります。

学員は、農具・脱穀機・半自動田植機（これらは学校内の工場でつくられる）を用い、農業に関する一切の仕事ができるようになります。家も我々が建てます。これまで、宿舎一七〇間、倉庫二〇〇間（間は柱の間を数える単位）をつくってきました。工場は、農機具工場のほかに染料工場（一日一トンを生産）、化学工場（硫酸ナトリウムを製造）、拡声器工場があります。副業として、豚とアヒルを飼っています。昨年は、豚二〇〇頭、アヒル三〇〇〇羽を国家に売りました。今年は三〇〇頭、五〇〇〇羽を目標にしています。

その他の施設としては、医務室・売店・託児所があります。

幹部は、教育によって思想的精神的に生まれかわりました。都市やそれぞれの機関に戻って、革命的作風を発揮しています。年齢的には四十歳代が多いのですが、若い幹部も生き甲斐を持って学校をでてゆきます。

毛主席は、幹部はいつでも労働者になれるように、と言っています。しかし、学員のなかに差別がまだ残っています。これは毛主席著作の学習が足らない証拠です。我々はさらに学習してさらに革命的に、さらに人民のために服務する幹部になってゆこうと思っています。〉

二時間あまりのあいだ、劉さんはほとんどひとりでしゃべった。話が終わるのを待ちかまえていたように、男の劉さんが「お昼にしましょう」と言った。集会所の棟のすぐ隣は厨房棟らしく、バッと扉が開いておおぜいの女性が二人一組になって湯気のたっている大きな盆を運び込んできた。甲高い声でなにか言いながら、テーブルの上にどんどん置いてゆく。急に騒がしくなる。一息つく間もない。劉さんも、ずっと通訳していた林さんも、メシだメシだ、という感じ。その切換えのはやさに驚く。

テーブルに置かれたのは大きな皿に山盛りの蒸し餃子、小皿の醤油をつけて食べる。辣油も辛子もない、と思っていると生のニンニクがでてきた。小皿のニンニクを指して、どういうふうに食べるのか林さんに尋ねた。こういうふうにと、林さんはひとかけを指でつまみ、少しかじっては餃子と交互に口にいれた。なるほど口のなかがピリピリしてくる。

中国に来てはじめて食べる餃子は日本を思い出させた。中国語のできる団員が焼き餃子と蒸し餃子のちがいを王さんに聞いていた。日本で「コーテル」というのは焼き餃子のことらしい。三、四人に一皿の餃子の山が三分の一くらいになると女性たちはすばやくさげてゆく。別の女性がすぐに山盛りの新しい皿をだしてくれる。林さんが、「みなさんはお客様ですから出来たての熱いのを食べて下さい」と大声で言っている。僕たちはアツアツの皿を数回だしてもらい、餃子だけで満腹になった。ニンニクも二個分くらいは食べたと思う。みんな臭くなってるだろうから、気にすることはない。

客にご馳走するのがもてなし方の一般的なかたちだとするなら、五・七幹部学校では餃子がご馳走ということになる。うまければ何を食べさせられても文句はないし、格式をとやかくいう気はないが、餃子がご馳走のこの学校の日頃の食事が想像できる。僕たちは毎日、ほんとうに分不相応な食事をしているのだ。

食後、一時間ほど休憩時間になった。誰かがバスケットボールを借りてきたので二チームに分かれて試合をする。林さんや王さんは、やれやれという顔で見ていた。先頭に大きな赤旗をおしたてた二十人くらいの一団が歩いてきた。近くの作業場から昼食をとるために戻ってきたのか。僕たちの試合を不思議そうに眺めている。それにしても、赤旗に二列縦隊の行進など絵になりすぎて現実のものとは思えない。

一時過ぎから座談会。二十歳代の女性二人と老幹部ひとりがレポーターとなり、思想がいかにかわったかを話してくれる。

李栄奉さん――。

〈崇文区の共産主義青年団の委員をしています。五・七幹部学校に来て、私がいかにかわったかを説明します。私は都会生まれの都会育ち、都会っ子的発想をしていました。馬糞はきたないもの、まして拾ったりするのは恥ずかしいことと思っていました。これが見事に打ち破られたのです。劉少奇の影響を受け、労働人民を軽蔑する三門幹部だった私が、いまは人民のために服務するにはどうすればよいのかを懸命に学習しています。大事なのは表面ではなく思想なのです。〉

カンさん（文字聞きもらす）――。

〈元崇文区交通局長、解放戦争中から幹部でした。幹部学校に来て二年、指導幹部も直接労働に参加しなければならないことがわかりました。劉少奇の影響で「三離」幹部になっていた私は多くの誤りに気がつきました。思想においては主観主義に陥り、工作においては官僚的でした。

ここは一般の人民公社よりも悪条件にあります。すでにある畑を耕すのではなく、荒地を畑にかえて耕すのです。荒地を開拓しないと人民公社の土地を奪うことになります。苦しければ苦しいほど我々は鍛えられます。〉

張懇芳さん――。

〈私は小学校の教師をしています。ここに来て十一カ月たちます。

なぜ、知識分子が貧農・下層中農から再教育を受ける必要があるのか。私は搾取階級の出身で修正主義の学校で学びました。労働人民を軽視し、自分は聡明だと思っていました。

幹部学校に来るまでは全くの「三離」で、たまに労働に参加してもほかのひととかみあわず失敗ばかりしていました。（草刈りのときの農具の使い方などの例）これは修正主義の害毒をまともにかぶったからです。私は愚かな本の虫にすぎませんでした。「闘私批修」を行うためには貧農・下層中農との接触が必要なのです。

自分自身の希望によってここに来ました。なぜ希望したか。小学校の教師は革命の跡継ぎを養成するものです。労働を軽視することは許されません。幹部は断固として革命をやりぬかねばなりません。家族の考え方はそれぞれ違いました。母は私が入学するのに反対でした。幹部である姉は支持してくれました。いまだにプチブル思想を持っており、労・農と接触できない部分もあります。しかし、かつての私と比べると大いに革命的になったのは確かです。＞

午前中の劉さんの「論理的」な話と異なり、三人の話はぎくしゃくした感じがする。三段論法にもなっていない。ただただ劉少奇を非難するのみ。前提として劉少奇＝悪人という公式のうえにしか成り立たない論法だ。特に最後にしゃべった張さんの態度には、露骨に、僕たちのためにつくられたお話という感じがした。しかし僕はお嬢さん然とした張さんが好きになった。ほんとうのお嬢さんだ。切れ長の目、いたずらっぽい口元。勇しいことを言ったあとペロリと舌がでそうになる。「搾取階級出身」と言ったときの誇らし気な表情。しめくくりにおける開き直り。自信にあふれた都会的センス。彼女にならば馬鹿馬鹿しい冗談もとばせそうだ。きっと冷やかに笑って受け答えしてくれるだろう。

四時過ぎ、バスに乗ってホテルにむかう。映画鑑賞があるというので五時半に早めの夕食をとる。

食後、指定されたロビーに集合。すこし離れたソファに、例の朝鮮人民軍のひとたちが座っている。陽気な京都の団員たちに、何かしゃべってこいと責任者らしい男性のまえにつきだされた。彼はびっくりして僕を見た。視線がぶつかる。数十センチの距離で話しかけた。

――「コンニチハ」

「コンニチハ」

ソファを指して、

――「スワッテモイイデスカ」

「ドウゾ」

落ち着きをとりもどすため、ゆっくりと腰かける。

――「ボクタチハ、ニホンジンガクセイデス。ダイイチジカンサイホウチュウガクセイサンカンダンデス。二ガツ二十カニ　チュウゴクニニュウコクシマシタ」

「ワタシタチハ　チョソンジンミングンノバレーボールト　バスケットボールノ　センシュダンデス」

――「ソウデスカ。イツ　チュウゴクニキマシタカ？」

「○ガツ○ニチデス　(聞きとれない)。…………？（これも聞きとれない）」

――「ナンデスカ？」

「イツ　キコクシマスカ？」

――「三ガツ十五ニチゴロデス」

両者沈黙。選手団の女性たちは興味深げに僕たちを見て、耳打ちしあっている。僕がしゃべっている相手はチームの監督のようだ。二十五、六歳か。僕の団員たちはもっとしゃべれとはやしたてる。何をしゃべっていいのか思いつかない。汗びっしょり。「監督」も鼻の頭に汗をかいている。遠くで彼らを呼ぶ声が聞こえ、女子選手はこちらを気にしながら席をたってゆく。「監督」も立ちあがる。僕も立つ。背は僕より高い。一九〇センチはあるだろう。

――「ソレデハ　ゴキゲンヨウ」

握手する。手の厚さは僕の倍くらいもある。

「ゴキゲンヨウ」

と、口元をかたく結んだまま歩いていった。僕の顔もこわばっていたにちがいない。僕はため息をついてソファに座りなおした。団員たちは「おまえたいしてでけへんやないか」と言いながら僕をとり囲む。あたりまえだ。大学の先生以外の朝鮮人と話すのはこれがはじめてなのだから。それも「共和国」のひとと話しするなんて。それでも、案外通じるものだと自分では感心しているのだ。

みんなでワイワイやっているところに、金髪青い眼の六、七歳の坊やがわりこんできた。ひとなつっこい顔で、相手になってくれという感じだ。どこの国の子供なのだろう。陽気な連中が下手な英語でしゃべりかける。英語は通じないようだ。よく顔を会わすボーイが駆けこんできた。彼は男の子の耳をつまむと廊下のほうへ引っぱってゆく。かなり力をいれているらしく、坊やは顔をしかめている。廊下にでると、手を離したボーイに悪態をつきながらどこかへ走っていった。どこかの国の外交官の息子なのか。このホテルには長期滞在している様子。友好国のアルバニアだろうか。ボーイはばつ悪そうに唇をゆがめて笑いながら、映写室に案内した。

映画は二本立て。『地道戦』と『地雷戦』という題名。両方とも抗日戦争時の農村ゲリラを描いたアクション映画で、主人公が共産党員の若い男であるのも同じだ。日本軍の攻略を目前にした農村の話であることも共通している。『地道戦』は、日本軍を殲滅するために、村中にトンネルを掘る話。蟻の巣のように穴を掘って、老人や子供は穴部屋に避難し、かまどや井戸に通じるトンネルやおとりの穴を利用して竹槍で日本兵を串刺しにしてゆく。トンネル網を完成させる日数を強調するところが中国的というべきか。

『地雷戦』は、主人公が火薬のスペシャリストという設定で、村に近づく日本軍を派手な爆発でやっつける。こちらの方は主人公と村の娘（たいへんな美人）とのロマンスも織りこまれている。文革前の映画だそうだ。

二本とも、日本兵は気が弱く、のろまな役どころ。丸い黒縁メガネをかけた下士官が、「コラ、コラ」と言いながら兵隊にビンタを喰わし、兵隊は「ハイ、ハイ」とこたえて無意味に殴られつづけている。日本軍はほんとうにそうであったのか。それにしても、同胞である「軍国主義」の手先が殺されてゆくのに、いっこうに腹がたたない。ゲリラの作戦の成功に拍手を送りたいくらいだ。宣伝の恐ろしいところか。どちらもストーリー展開の興味は皆無だが、『地道戦』のほうが伏線やトリックの面白さはあった。火薬の爆発が売りものの映画は、アメリカ映画に勝るものはないだろう。

映画を見ながら、ふと気がついた。いままで僕たちは「政治」をこれほどまでに前面に押しだした映画は見たことがなかったと。これは、江青女史が推進したといわれる革命的京劇でも同じことだ。一面では非常にわかりやすいのだが、すぐ飽きてくる薄っぺらさは隠しきれない。僕たちは善悪を図式的に押しつけられると拒否反応を催す。むしろ、善悪の間を自由に行き来する、強くて弱いヒーロー（ヒロイン）に共感を持ってしまう。日本と中国の違いだと言えばそれまでだが、『智取威虎山』は正真正銘のロングランを続けることができるだろうか。

三月十三日　うす曇

七時四十五分、起床。八時三十分、日本映画『日本海大海戦』『軍閥』鑑賞。二時、昼食。五時過ぎ、人民大会堂で周恩来総理・郭沫若中国科学院長と会見。十一時、ホテルに戻り周総理を交えて夕食。

朝食の直後に、秘書長が「これから日本軍国主義映画を観にいきます」と連絡。

日本の商業映画のフィルムが中国に来ているのだろうか、昨夜観たようなものではないか、日本製であってもかなり古い映画だろう、などと玄関に集合した僕たちはさまざまな想像をした。八時三十分、バスで市内の劇場へ。看板もなく、銀行のような立派な石造りの建物のまえでバスを降りる。すくなくとも一般用の劇場でないのは確かだ。天井が高く明るいロビーを通って場内にはいる。観客は僕たちと通訳四人のほかは旅行社のひとが十人ほどいるだけで、がらんとしている。広い場内のまん中あたりにかたまって座る。座席もゆったりしていて申し分ないのだが落ち着かない。王さんが「いまから皆さんに軍国主義映画『日本海大海戦』と『軍閥』をご覧にいれます。私たちが軍国主義に反対することに理解を深めていただくための教材としてご覧下さい」と、いつもよりすこし緊張した感じの大声で言った。日中正統の団員から小さな拍手が起こる。王さんは、憎むべき軍国主義映画にある種の決意を表しているのか、日本でつくったものを日本人に見せることに気恥ずかしさを感じているのか。それにしてもつい最近封切られたばかりの映画を国交のない日本からどうして持ちこんだのだろう。もっとも封切りと同時に、新聞や放送で非難していたのだから、しかるべきひとたちはそのときすでに手に入れたフィルムで観ているのだろうけれど。お金をだして観にいかなくて得したような気分。

場内が暗くなったと同時に、スクリーンに「東宝」の文字が映り、おなじみの七色の光が文字のまわりで輝いている。『日本海大海戦』のタイトル。僕はすぐに「映画」にはいっていった。この劇場に来たとき感じた違和感もうどこかに飛んでいってしまっている。

一本目が終わると場内が明るくなることもなく、すぐに二本目がはじまった。『大海戦』にしても『軍閥』にしても、僕から見ると嫌悪感は催さない。特に後者は終始ドキュメンタリータッチで、小林桂樹演ずる東条英機には迫力があったし、なによりも（すくなくとも僕が学んだ）史実に反するところはなかった。『軍閥』の、原爆のキノコ雲らしきものが映しだされるラストは、決定的な敗戦とその後の彼らに対する裁判・刑の執行などの諸々の事柄を見事に象徴的に表していたと思う。その直前のシーンまで、東条は苦悩の色を濃くしながらも、まだ威厳を保っている。これは別に軍国主義者たちを美化したものだと僕は思わない。いかにも、そうであった、という感じがするだけだ。『地雷戦』にでてきたようなまぬけな日本兵を描かなければ軍国主義映画になるというのだとすれば、それはあまりにも子供じみている。

『軍閥』に比べて、『大海戦』は幾分漫画的であった。ヤマ場にくると皆がかっこうをつけすぎる。黒沢年男の兵卒に、天皇陛下のために死にます、と司令官が言わせるところなどがひっかかるのだろうが、僕にしてみればそれを本気にするほうがおかしい。兵卒が意志表示する場面の（実際はこんな光景があったとは信じ難い）決まりきった台詞であって、僕はそれを映画として「つまらない」と解釈するだけだ。目くじらたてて「軍国主義」という気にはなれない。たかが商業映画ではないか。三船敏郎扮する東郷平八郎の台詞などまさに歌舞伎であった。

出国前、伊丹から羽田までの飛行機で、四人の女性のなかでただひとりの日中正統系の女子団員の隣に座った。彼女は僕よりひとつ年上で、活動のかの字も知らない僕に日本における運動のあり方や毛沢東思想の考え方などを話してくれた。話が軍国主義批判になり、「軍国主義的映画」をいくつかあげてけしからんという。そのなかで僕は『戦争と人間』第一部を見ていた。中国侵略政策のお先棒をかつぐ新興財閥の盛衰を描いた作品だが、史実を踏えているし、様々の階層のひとを登場させ発言もさせている。スター総出演につきまとう薄っぺらさもなくまとまりもまずまずであった。彼女にこの映画のどこが軍国主義なのか尋ねると、すべてだという。僕が場面場面をあげて、それほどの不自然さはないというと、全部おかしいじゃない、と少々声高にいう。話にならないのでこのときは話題をかえたのだが、こういう団のなかでは無批判にでも調子を合わせておいたほうがいいのだろうか。

二本も見せてくれたのだから鑑賞後には討論会があるのだろう。思いやられる。史実には、現在の僕たちから見て、いいことも悪いことも存在する。悪いことを憎む心は大切だが、悪をテーマにした映画や芝居や小説を非難する気は全くない。作品に必要なのは徹底した客観性で、それが観客や読者に対する説得力となり、例えば史実に対する憎悪や嫌悪も身につけることができるようになる。「それらしさ」のない作品は面白くなく、説得力もない。客が入らなければ商売として成り立たず、そのなかで主張しようとする思想の宣伝効果も著しく低下するはずだ。

それに映画にしても小説にしても、いまの日本と中国とでは、社会に対する影響力は雲泥の差がある。僕たちの選択の範囲は中国人には想像もつかないくらい広すぎるのだ。

四時間近くも「東宝映画」を見ていると、ここは中国だ、などとは感じなくなる。劇場を出て、自動車の音とネオンの光がないのに、改めて北京を実感する。たよりないものだ。白っぽい広い通りをゆっくりと自転車がゆく。バスに乗る僕たちを不思議そうに見ている数人の子供がいる。

二時、昼食。食欲なし。前回の休養日から十日以上たっている。日本映画を観て緊張が解けたのか風邪をひく直前のだるさを感じる。午後からの予定はまだ知らされていなかったが、僕は夕方まで寝ることに決めた。無理して腹に詰めこんだこともあってよけい苦しい。「ひげ」とふたりで部屋に戻り、風邪薬を飲む。彼もこの旅行で初めての休養をやっととることにしたらしい。毛布を頭からかぶると眠気はすぐにやってきた。

話し声に目が覚めた。「ひげ」と関西国際旅行社の随員のひとりが何か言いあっている。眠りこんでから三、四分しかたっていなかった。随員氏は、会見があるからすぐに準備しろと言っている。このホテルの会議室に中日友好協会の徐明理事が来ているらしい。訪中団の「恩人」である友好協会の訪問に寝ているとは何事か、と激しく言いたてている。いつもの無口な印象からはちょっと想像できないことだ。最初は謙虚だった団員たちも我儘になってくるし、スケジュールの半分くらいにしか参加しない者もでてきている。それになによりも彼が腹にすえかねているのは、団員の毛沢東思想に対する理解のなさと畏れの少なさ（これは日中正統本部に対する感謝のなさにもつながってくるのだろうが）ではなかろうか。少なくとも彼の機嫌が悪くなる情況は理解できる。何度か中国に来たことのある彼が、旅のはじめに言った言葉——今回はいつもと雰囲気がちがう——が姿を見せはじめていたのだ。ノンポリが多くなると当然そうなる。しかし今日は会見の相手が相手だ。ここはちょっと無理をしてとも思ったが、頭がガンガンする。出席すれば居眠りは必至、やっぱり欠席しよう。

「本当に疲れているのです。夕方まで寝ていればよくなりますから」。毛布から顔をだして言うと、彼は恐い目で僕を睨みつけ「勝手にしろ」と捨て台詞を残してドアを開けたまま部屋を出ていった。ドアを閉めて戻ってきた「ひげ」は着替えはじめた。

「しゃないからいってくるわ。おまえは寝てたらええ。夕方に起こしにくるさかい」

「無理せんほうがええぞ」

「話の内容はいつもとおんなじやろ。むこうで寝てくる」

「ひげ」がでていったあと頭痛はさらにひどくなってくる。なかなか寝つけない。毛布をすっぽりかぶって目のまえをまっ暗にする。

――「第三班」のウィスキー飲みながらの班会は冗談のかたまりであるけれど、次の冗談をとばす（あるいは誰かがとばすのを待つ）までの一瞬に、各自あたまのなかを整理し、事実関係を確認し、後日の質問や意見の素を見つけだす。もちろん四人が同じ結論に達するとは限らない。が、このような時間を持つことは、特に今回の旅行のような場合はきわめて重要なこととなる。しかし「班会」が睡眠不足につながり、何日かたつと疲れがたまって今日のようなことになってしまう。

「ひげ」が入ってきたのと僕が目を覚したのは同時だった。部屋まで走ってきたのか息が荒い。「これから要人と会見するそうや。すぐ出かける。はよ着替えせえ」という彼の言葉に反射的にベッドからとびだしズボンをはいた。もう大丈夫か、と言われて頭痛がしないのに気がつく。バッグをとりだし筆記用具を整えている「ひげ」に午後の会見の様子を聞く。張香山氏もきていたらしい。あっというまに出発の準備ができてバスルームにとびこみ冷たい水で顔を洗う。指で髪を落ち着けながらでてくると、ドアのところで待っていた「ひげ」が、カメラを持ってきてはいけないという指示を思い出して僕に告げた。

ふたりともノート一冊だけを脇にはさんで玄関に急ぐ。

「いったい誰と会うのや」

「要人とだけしか言わなかった。場所もわからん」

「カメラ禁止というのは、かなりの要人やな。周さんやったりして」

「周さんやったら人民大会堂やな」

玄関先に横づけされたバスに僕たちが乗りこんだときにはまだ半分くらいしかいなかったが、すぐに全員が揃う。最近ではめずらしいことだ。秘書長が、カメラを持ってきてはいけないことを何回も注意している。いつもとちがって雑談の声も聞こえない。「要人」を意識して皆が緊張しているのか。五時、シーンとしたバスは暗くなりはじめた街路を走りだした。北京に来て六日目、夜でもどのあたりを走っているかはわかる。バスは天安門前の大通りにさしかかった。誰もが無言だが心のなかでは思っているだろう。天安門広場で停まったら僕たちの会見場所は人民大会堂であると。

間隔のせまい並木の暗い影がとぎれる。バスはのろのろと左折。大会堂前に横づけされるまではスローモーションのようだが、その動きはきわめて自然であった。バスを降りる。照明が明るかったか暗かったか思いだせない。ごつい木枠にガラスのはまった細長い扉が一枚だけ開かれていて、そこから一歩外にでたところに、写真でしかないがいままで数えられないくらい目にしてきた顔が立っている。僕たちのあいだから音にならないため息が漏れるのがわかる。

周恩来総理は僕たちひとりひとりと握手し、僕たちはロボットのようにひとりひとり大会堂のなかに消えてゆく。身長は一七〇センチあまりか。グレーの仕立てのよい人民服。「你《ニィ》好《ハオ》」というと、無言のまま不自由な右腕（抗日戦争時に落馬して痛めたというのを何かで読んだことがある）をおっつけるように握手をしてくれた。握力はすさまじかった。口もとは微笑んでいるが、十センチほど下から睨みつける目は心のなかまで見透かされているように鋭く、背すじが寒くなる。総理の目の下の方に白目があらわれるのを見る。

　玄関を入ったところのロビーに記念写真用の段が組んである。すぐに撮影。段は三段で横に長い。日本人を中心に、通訳のひとたちや友好協会のひとたちが左右に並ぶ。周総理は団長と秘書長にはさまれて最前列の中央に、僕は二段目やや右よりに立った。三脚にのった大きなカメラ。フラッシュがたかれる。カメラマンがもう一枚撮りますと言う。またフラッシュ。三枚目も。さらにもう一枚と言う。念の入ったことだと思いながら、自分の右腕にはっと気づいた。僕は何気なく右の親指をズボンのベルトの金具にひっかけていたのだ。右腕の曲がり具合は周総理と同じようになっているはずだ。僕は、四枚目のシャッターがきられるまえにすばやく腕を体の側にもどした。目の奥でフラッシュの青白いシミが小さくなってゆく。やっと終わった。カメラマンが僕の右腕を気にしたかどうかはわからない。何の注文もつけず四回撮ったわけだが、僕が右腕を曲げたままでいるとまだ撮りつづけただろうか。周総理がはいる記念撮影は四回撮るしきたりになっているだけのことかもしれないが……。

　僕たちは撮影だけで「会見」は終わるものと思っていた。なにしろ相手は周恩来。名前は小学生のときから知っていて、いまでも三国志や水滸伝の英雄たちと同列に（革命が成功した分それ以上に）見なしているひとだ。梁山泊といえば井崗山、諸葛孔明といえば周恩来を連想し、彼らは僕の頭のなかで時代を自由にとびこえて活躍しているのである。その周総理がたとえ写真を撮る時間だけでもさいてくれたことは僕たちとしては身にあまる光栄である。

ところが、総理はついたてを隔てた広い応接室に僕たちを案内してくれた。ひとり掛け、あるいはふたり掛けの大きなソファが長方形にならび、それぞれの前に置かれた小さなテーブルには、例の蓋つきの白いカップ・煙草・灰皿・メモ用紙・鉛筆が用意してある。総理は団長と秘書長を自分の両隣に座らせた。彼らのあいだには小さなサイドテーブルが置いてある。そのうしろに女性の通訳が座っている。僕と「ひげ」は、周総理から見て右側の席に座った。ほんの五メートルくらいのところだ。林さんたちや北京大学の数人の学生たちは総理からいちばん遠いところに何列かに並んで座る。総理が張りのある声で話しはじめた。通訳は同時通訳に近い。

〈皆さん、ようこそおいで下さいました。皆さん男の方も長い髪をしてますね。二週間ほど前にイギリスの若者と会見しましたが、やはり彼らも長髪でした。そのうえひげをはやしていました。(「ひげ」のほうを見て) あなたも立派なひげをおもちですね。長髪とひげはいまや世界の若者のあいだではあたりまえのことなのでしょうか。その点で中国はまだ遅れているのかもしれない。〉

僕たちは大笑いした。全く堅苦しい感じがしない。徐景賢さん以上だ。偉そうにしなくても周総理が偉いのは全世界が知っている。

＜日本人民が革命的であることを私はよく知っています。あなたたちの先輩は六〇年安保反対闘争を闘いました。樺美智子さんが殺されるといういたましい事件も起きました。私は、樺さんはじめあのとき闘ったひとたちは真に革命的であったと思っています。多くの日本人民がそれを支持していたことも知っています。ただ日本共産党はあの闘いに反対しました。彼らは彼らの指導のもとに運動をつづけようとしたのでしょうが、人民はとっくに日本共産党をのりこえていたのです。＞

総理は簡単に話題をつくってゆく。僕たちもあたりまえのような顔をしてメモを取る。

＜浅沼稲次郎先生が中国に来られたとき、「米日帝国主義は中日両国人民の共同の敵」と言われたのは全く正しい見解だと思っています。先生は正しく分析されていたし、その革命的先進性も群を抜いていました。だからこそ右翼につけ狙われていたのです。先生が右翼に殺された事は、中日人民にとって大きな損害となっています。事実、米日の反動派はますますその帝国主義的性格を露骨にしています。彼らはいまベトナムであがいていますが、最後にはベトナム人民が勝利することは目に見えています。＞

——日共は我々革命的学生をトロツキストとして排除しようとしています、と秘書長が総理に中国語で耳うちし、すぐに日本語で何を言ったのかを説明した。彼は十一歳まで東北地方にいただけあって中国語を流暢にしゃべる。これまでも、団のナンバーツーとして各地の要人たちと直接言葉を交わしていたが、そのことは僕たちを歓待してくれる中国人たちの印象を大いに深めさせたにちがいない。かつて「反米愛国の闘士」となった僕は彼のおかげで「トロツキスト」にもなりえたわけだ。

〈トロツキスト云々は問題ではなく、革命をまえにして敵と闘うことが重要なのです。私たちは修正主義を相手にしません。皆さんが革命の道を進まれることを歓迎します。共産党はセクト主義に陥ってはいけないということです。

さて、日本のことについて私の意見を述べさせていただきます。私は、日本の農業は英国の道をたどっていると思います。英国は農業を軽視したおかげで衰退の兆しを見せている。日本はこの道を進むべきではありません。国の経済は農業を基本に考えなければ成り立ちません。都市に近ければ近郊農業を、山間部に至ってはまだまだ改革の余地があると思います。農業は国家を独立国家たらしめる基本なのです。日本は昔から独立国でした。元の侵略も撃退しました。しかし、明治維新からは二面的性格を持つようになりました。

一方で進歩的であり、国家統一に役立ちましたが、一方で西欧文明を無批判にとりいれました。ここに資本主義発達の芽があったわけですが、それが軍国主義にまで進んでしまったのです。

「週刊読売」は「ああ満州」を特集して軍国主義を懐かしんでいます。そのなかでレーニンをこのうえもなく中傷しています。しかしソ連はちっとも抗議しない。こちらがかわりにしたいくらいです。また「日本海大海戦」を特集したり、映画までつくったり、日本の反動派の本質はなにひとつ変わってはいません。

私たちもあやまちには厳しい態度で臨みます。しかし過去にあやまちを犯したからといって、そのひとを葬り去るようなことはしません。悔い改め、革命のために働こうという人々は歓迎します。清朝と満州国の皇帝であった溥儀氏は解放後、政治協商会議委員にまでなっています。私たちは日帝の中国侵略を反面教師として受けとっています。日本帝国主義はこの間の大きな失敗に懲りることもなく、再び彼らの野望を実現しようとしています。その企ては以前よりもさらに大きなものになっています。朝鮮の同志による「日本軍国主義の復活」という指摘は全く正しいものです。〉

総理は表情豊かに、両手両腕を動かしながらしゃべりまくる。途中、スタイルのいい女性が水の入ったコップと薬を盆にのせて総理にさしだす。総理は話を中断して薬を飲む。総理から左側に二、三人隔てた椅子に、いつのまにか補聴器をつけたよぼよぼのおじいさんが座っているのに気がつく。やはり口もとを微笑ませている。見た顔だ。「ひげ」に小声で「あれ、郭沫若さんやろか」と言うと、「そうみたいやけど、ものすご年いってるなあ」とやはり小声。周総理より五、六歳年上のはずだが、総理と比べると全く元気がない。

〈中日国交回復について、平和五原則と革命は矛盾しないと考えています。私たちは日本軍国主義には反対しますが、それは日本人民に反対するものではありません。ひと握りの反動派に反対しているわけです。国交がないままだと、思想的影響も少しの範囲にしか及ぼすことはできません。日本人民が日本軍国主義やアメリカ帝国主義に反対する闘争を支援することもできません。中日の国交回復は、私たちが日本軍国主義と仲よくするということではなく、中国人民と日本人民の交流のパイプを太くすることなのです。私たちもまた日本人民に多くのことを学ぶことができます。軍国主義者たちはそれを妨害しようとするでしょう。しかし国交回復さえしていればおおっぴらにはできなくなります。私たちはいつも掛け値なしの条件を示しています。平和五原則がそうです。たとえ政治体制が違っていてもこの原則に反対などできないはずです。〉

この説明にはすこし疑問を持つ。しかし社会主義国の立場から考えるとよくわかる。ただ、総理の言うように日本人民が革命的であるのかどうか。入国以来聞きつづけてきた解放の妥当性とその要素は、解放前の中国においては生きていたにちがいない。しかしいまの日本にはそれをそのまま生かせないのではないか。継続革命論はさておき、日本の状況は、解放前の中国の状況をとっくに乗り越えているように思える。革命のための革命では意味がない。それなら少なくとも現在の日本において日本人民の解放などナンセンスになりはしないだろうか。僕たちは、彼等の言う「牛や馬の暮らし」よりも数段ましな生活をしているのだから。

秘書長が総理に話しかけている。総理も微笑みながらそれに答えている。秘書長がその内容を日本語になおして僕たちに説明してくれた。

「『総理の日本に関する見解は日本にいるときから素晴らしいと思っていました。総理の日本観は日本に留学しておられたときのものですか』『日本語もかなりお出来になるんでしょう』と質問しました。『短期間でしたが、日本にいたことがあります。日本の風景はたいへん美しかった。』と答えられました。」

総理は秘書長の説明を、通訳から小さくうなずきながら聞いていて、秘書長の言葉が終わったとたん、日本語で、

「ボクノ　ニホンゴ　ダメデスネ」

と、多少照れ臭そうに言った。それはたしかにしゃべりなれた発音ではなかったが、タイミングがあまりにもよすぎる。ジュネーブ会議で米・仏を相手にわたりあい、その政治的手腕と流暢なフランス語の大演説で世界を驚かせたひとだ。語学的センスがいいのはあたりまえか。

「日本語なら私よりも郭沫若先生です。先生の日本語は皆さんと変わりありません」

と、よぼよぼのおじいさんのほうへ顔を向ける。郭沫若さんは視線を落とし、ずっと正面を向いたままだったが、少し顔をあげてゆっくりと僕たちを見わたし、小さな声で、

「私は日本には長くおりましたから、日本語ができるのはあたりまえです」

と中国語で言う。

「郭先生は解放闘争の戦士ですが、中日友好のためにもたいへんな努力をはらっておられます」

と、総理はまさに年寄りを労るような態度で僕たちに説明。八十近い老人なら労られて何の不思議もないが、七十三歳の総理が「年寄り」に見えないのはどうしてだろう。秘書長のほうにいたずらっぽい顔を向けて、

「あなたの中国語は非常に上手ですが、中国にいたことがあるのですか」
「十一歳まで東北地方にいました。小学校にも中国の子供といっしょに通っていました」
「どうりで、訛りがあると思っていました。あなたはまさにその地方の言葉でしゃべっています」

秘書長は頭をかき、僕らは大笑いした。中国では、日本ほど訛りによる差別はないようだ。毛主席からしてものすごい湖南方言をしゃべるという。ただ、故郷を相手に知られることである程度自分というものをさらしてしまうのではないか、という気がした。総理は、一本とってこれで引き分けだぞ、という顔で笑っている。僕たちは知らぬまに総理の話術のなかにどんどんひきこまれてゆく。

総理は、中国の近現代史をアヘン戦争から講義しはじめる。簡潔明瞭な言いまわしで、諸勢力の複雑な動きと、敵味方いりまじったうえでの全体が指し示す大きな流れをわかりやすく解説する。一級の歴史講座だ。人民英雄記念碑にまとめきるだけのことはある。時代は「記念碑」以後となり文革に突入してゆく。

〈皆さんは、文化大革命をものすごく混乱した状況だと思っておられるかもしれません。しかし、その間に党を除名された幹部は党員の一パーセントにも満たないのです（党員は二千万人、一パーセントで二十万人になる)。農村においては、解放時に二千八百万の地主・富農階級がいましたが、私たちは彼らを一カ所にまとめてしまおうとは考えませんでした。ソ連のように旧支配階級を何千キロも離れたところに集めておくよりも、四億の農民のなかに分散させておいたほうがよいのを知っていたからです。多数の農民の監視のなかで彼らは孤立し、あるいは周囲に同化した結果、農村において組織だった反革命集団が生まれることはありませんでした。〉

話の最中、一時間に一度くらいの割で薬が持ってこられる。総理はそれを何気なく飲んで、空のコップを盆に返す。世話役の女性はふたりいて、ベージュ色の上下(下はズボン)で、解放軍の軍服のように上着の上からベルトをしている。ゆとりのある服のウエストだけがしぼられるので、いっそうスタイルよく見えるのかもしれない。ふたりは重そうな魔法瓶を持って僕たちのお茶のおかわりもしてくれる。僕のテーブルを担当している背の高い方の女の子に「謝謝」と小声で言うと、無言のまま微笑んだ。知的な美人だ。二十歳くらいか。中国で最も権威ある場所で働く女性は、やはり見栄えのする人のなかから選ばれるのだろうか。パンダ印の煙草はダンヒルのような香り。くせがなく軽い。「中華」とは別の趣がある。ときおり、総理のところにメモがまわってくる。やはり彼女らのひとりが静かに手渡す。

総理は話を中断することなく、腕を伸ばし紙片をちょっと遠ざけて恐い顔をしてそれを睨みつけ、すぐに堅い表情を解いたかと思うと、しゃべりつづけながらメモ用紙をこれ以上小さくできないくらいにひき裂いて灰皿に捨てる。

〈一方、都市においては反動分子による攪乱がありました。しばらくは思うようにやらせておいて反革命分子を見つけました。解放軍はそのときおおいに頼りになりました。解放軍兵士には「五つのやってはならないこと」があります。——腹を立てる・罵る・殴る・発砲する・（もうひとつは聞きのがした）の五つです。それに丸腰でなければなりません。彼らは走資派を孤立させ、大衆の意見を聞いたうえで逮捕にふみきりました。〉

本来、保守的であるはずの農村では文革初期は平穏だったようだ。しかし都市での闘争に解放軍が介入してゆくという図式は、かえって文革の性格を変えてしまったのではないだろうか。「大衆」の意見を聞くこの方法でいくと、反動派はしかたないにしても急進派までもが逮捕されてしまう。純粋思想より現実的対応を重視するのが官僚だとすれば、その官僚の長である周総理は毛主席と矛盾してくるように思えてくるのだが……。

〈解放当初、国家は外国資本の所有資産を接収しましたが、中国人資本家の、工場、土地その他の生産設備には手をつけませんでした。そしてそれを国家が借りて資本家と共同経営するという方法をとりました。これは、革命は自分自身と自国国民に頼るべきである、という考えに基づいています。国家は、金に換算すると二四億元にものぼる設備を借りたことになり、毎年五パーセントの利子を十年間資本家に払いつづけました。文化大革命以後この制度は廃止され、資本家に対する利子の支払いはなくなりました。〉

解放後にこのような制度があったのを知らなかった。月に一千万元もの利子配当をいったい何人の旧資本家で分けあっていたのか。平均的労働者の月給が五十元である。日本における貧富の差のほうがまだ小さいかもしれない。こうなってくると出身階級をうるさく言うのも理解できる。

「日本には、出入国管理法という悪法があります。この法律によって、多くの中国人、朝鮮人は日本で差別されています。在日中国人で中国に帰りたがっているひとがいますか」

総理は鋭い視線を団長にむけて尋ねた。団長はボート部で鍛えたという巨大な上半身をくねらせて、ごまかし笑いしたまま答えない。威厳のないことこのうえない。正直な彼は、知らないことを適当に言うわけにもいかず、総理のせっかくの質問に「わかりません」と不愛想に言うわけにもいかず、といったところなのだろう。しばらくして総理は質問をかえた。

「そういうひとは香港まで来ることができますか」

「本当に帰りたがっている中国人なら難しいことだと思います」

と、秘書長がかわりに答えた。総理は顔を秘書長のほうにむけ、それから僕たちを見わたしながら、

「それなら日本にある覚書事務所に助けを求めればよろしい」

と、ゆっくりと話した。これは、ひょっとすると非常に政治的な「雑談」ではないだろうか。総理は、たくさんの在日中国人が祖国に帰りたがっていると思っているようだ。が、実際はどうだろう。

総理の厳しい視線はすこしやわらいで、次の話題に移る。

〈革命には長い時間が必要です。中国でも二十二年ものあいだ武闘が続きました。多くの犠牲もでました。しかし、人民のための闘争は意義あるものです。もし私たちの世代でなしえなかったとしても、次の若い世代が受け継いでゆきます。〉

ロシア革命の倍以上時間をかけたことを言いたいのやろか、と「ひげ」がいたずらそうな顔で耳うちした。まあ、それは意識的にではないとしても、「二十二年間の武闘」に終始かかわってきたひとの肉声として発言は重味を増す。革命のひとこまひとこまをつくりだし、それを自らの目で見てきたひと、現時点においても重要な演出家のひとりであるひとの言葉

であることを強く感じる。

八時半になっていた。

「皆さん、夕食はまだでしょう。私もまだです。私も皆さんと同じく腹ぺこになっています。これからいっしょに食事しましょう」

総理は左腕を顔のまえでまわすようにして明るい笑顔をつくった。

「ところで女性の団員は何人ですか」

突然の質問に秘書長は、四人ですと答える。

「やはりそうですね。皆さんの名簿（写真入りのもの）をもらっていたのですが、男性も髪が長いので誰が女性なのかわかりません」

僕たちのあいだから笑い。四人のうちひとりは肩まで髪を伸ばしていたが、三人はショートカットだった。

「あの長い髪の方が女性だというのはわかります。Sさんですね」

総理に名前を呼ばれて彼女はぎこちなくお辞儀。男の団員のあいだから拍手。

「Mさんは」

Sさんから二、三人離れたところでMさんが起立する。

「さっきから女の子じゃないかと思っていました」

大爆笑。周さんの真面目くさった顔した冗談が続く。目の輝きが増して、笑いをこらえているような口元。そして四人の女性団員が改めて秘書長から紹介された。

それから、総理はアルバイトのことを秘書長に尋ねた。通訳のひとたちから聞いたのだろうか。これまで何回か僕たちの「アルバイト」が話題になった。日本の大学生の多くはアルバイトをしているが、「苦学生」という感じはあまりない。とりたてて豊かではないにしても学資と生活費の大部分を親に頼っているのが普通だろう。特に、いまここにいる僕たちは現金で二十万円を揃えることができたわけだ。「苦学生」とは言えないはずだ。ところが、通訳のひとたちにはアルバイトをしているとしか言わない。さらに質問されても、職種の説明ばかりで、肉体労働であることをことさら強調する団員もいる。通訳のひとたちの日本社会に対する理解の低さからか、僕たちの説明不足からか、アルバイトに対する中国人たちの印象は実体からはだいぶかけ離れたものになったようだ。アルバイトをしている人、といって手をあげさせ、ほとんど全員が挙手したのを見て、総理はすまなそうな顔になり、

「あなた方は本当に革命的です」

と、言わせるに及んで、このうえないうしろめたさが僕たちをおおった。秘書長もうつむ

きかげんで何も言わなかった。

僕たちは周総理とたっぷり接することができた。総理が話の最中に破ったメモは五枚くらいになっている。忙しいひとがこれだけ時間をさいてくれたことは本当にありがたいと思わねばならない。ところが総理は立ちあがる気配も見せず、

「食事のまえに、皆さんから質問があればお答えしたいと思います。何か質問はありませんか」

と、言いだした。

京都の団員が思わず手を挙げて、忙しい総理にこれ以上つきあってもらっては迷惑がかかると言う。彼は長髪をホテルで散髪してもらい中国の女の子のおかっぱ頭みたいになっているひとりである。総理は、ちらりと彼の方を向いて、

「国が招いたお客の質問に、人民の代表である私がお答えできないのなら、私は総理をやめなければなりません。私はまだやめるわけにはいかない。皆さん、どうか私をやめさせるようなことはしないで下さい」

と、いたずらっぽく言うだけだ。総理は今夜は徹底的にしゃべるつもりらしい。ただいくら長い時間しゃべってもらっても、中国政府の公式発言以上のものは期待できないだろう。

それでも、僕たちが何時間かのあいだ総理と会っていたという事実が残る。当然、中国の新聞には載るだろうし、日本にも伝わるだろう。やはり国交回復は近いのだろうか。中国は日本のどの部分と「国交回復」する気なのだろう。あれだけ軍国主義批判をし、自民党政府を非難しても、条約を結ぶとすれば「反動的」な政府しか相手にならないはずだ。

食事があとになったからか、ふたりの女性服務員が、コーヒーとケーキをだしてくれる。中国のコーヒーはどのホテルでもまずく、小学校の給食で飲まされた脱脂粉乳のようだったが、さすがは人民大会堂喫茶室、香りのよい本物のコーヒーがでてきた。

さて質問は、となってまっ先に手を挙げたのがさっきのおかっぱ頭。彼は常々「もし周さんと会うたら、どうして『不倒翁』（起き上がり小法師。文革中も失脚しなかったからついた異名）でいつづけられるのか、その秘訣を聞きたい」と言って、秘書長たちの顰蹙をかっていた。秘書長は一瞬しまったという顔になった。しかし彼の質問は全く「真面目」なもので、「スターリン憲法についての総理の見解は」というものであった。総理の、

「皆さんはよく学習されていて難しい質問がたくさんでてきそうです。私も整理してお答えしますから、先に質問項目をあげておいて下さい」

という言葉によって、いつもの方法をとることになる。いくつかでてきた質問は次の五項

目にまとまった。

――スターリン評価、社会主義社会における人間の個性、国連、インドネシア共産党、都市と農村。

周総理は、いちいち起立して発言する質問者のほうにきちっと顔をむけている。通訳はやや身をのりだして総理の耳もと近くに口をもっていって小声でしゃべりつづける。総理から「人民を代表して」質問に答えてもらうことになった。

――スターリン評価。

〈史的唯物論の立場から見る必要がある。現在的位置からのみ見てはいけない。トロツキーは、形は左、実質は右の人間。当時は革命の条件がそろっていなかった。資本主義が発展しておらず、農民の方が広範であったにもかかわらず、労農同盟を軽視し、労働者だけに頼った。もしスターリンの指導がなかったら混乱は避けられなかっただろう。

農業の集団化、共同化によってレーニンの政策を具体化していったのはスターリンだ。政治を先行させた計画経済政策は毛主席よりもはやく実施している。当初、外国資本も導入したが、それによる政治的攪乱（工業党）を発見、導入した国々と断交し、独自で工業の近代化を推進した。これらの農業、工業政策で国家を成り立たせたのは大功績である。

第二次世界大戦への対応のしかたについて。英、仏とともに独ファシズムに対抗しようとしたが、ミュンヘン会談で英、仏に拒否され、チェコを売りわたす結果となった。一九四一年六月から四四年のノルマンディー上陸まで二年半のあいだ、ソ連だけでドイツに対抗した。イギリスはこのときまで反ファシズム戦を放棄（ダンケルク撤退のときイーデンが「イギリスは素手で撤退した」と言ったと総理の注釈）、フランスにはペタン傀儡政権ができていた。ノルマンディー上陸作戦はスターリングラード攻防のうらで成功したと言える。これはソ連の功績であり、スターリンの功績である。レーニンの死後、断固社会主義建設を進めたおかげでソ連には大きな力がついた。もしソ連の社会主義化が不徹底であったら、ヒトラーは亡びなかっただろう。日本軍国主義が勝利していただろう。中国革命はもっと遅れただろう。ヒトラー・ムッソリーニ・東条英機を喜ばせなかったのだから、スターリンは功績者だったと言わねばならない。世界に対する二十年以上の功績を抹殺してしまうことはできない。しかし過失もあった。彼がレーニンと同じであったら路線闘争は起こっていなかっただろうし、フルシチョフもでてこなかっただろう。それは哲学思想に欠点があったからでときどき物事を絶対化しようとした。彼は弁証法にレーニンほど通じていなかった。

毛主席はレーニンの弁証法の真髄をつかんでいた。それは『矛盾論』によくあらわれている。主席は、資本主義社会ばかりでなく社会主義社会にも階級矛盾があるといっている。つまり、階級闘争は社会の前進を促すということだ。それは、例えば進歩したものと遅れたものの矛盾として共産主義社会になっても起こりうるものだ。主席はさらに、人数社会であるかぎり右、中、左派が存在するとも言う。そのなかで正しい思想だけが前進することができるということになる。矛盾は社会前進の推進力となりうる。

スターリンについて、初期の活動は評価できるが、五カ年計画後にのぼせあがった。ソ連においては階級矛盾はなくなったとするスターリン憲法の絶対化は後の世代に大きな影響を与えた。彼の反革命粛正は正しいと思う。しかし毛主席はそのやり方に条件をつけている。——粛正を拡大してはいけない、悪人であっても制度の区別をつけよ、殺人による支配であってはいけない。そうでなければ封建主義やファシズムのやり方になってしまう。我々は地主・富農、ブルジョア・反革命分子に対して独裁する。独裁の主体はあくまで労働者、農民、革命的インテリでなければならない。

一方、独裁される人たちにも活路を与えてやらなければならない。対資本家政策も操業・利息について六年間は寛容だった。もちろん家族にも機会は与えていた。中国はソ連のようになってはいけない。スターリンは反革命粛正を逮捕と殺人で拡大していったが、毛主席は「逮捕は少なめに、多くは殺さない」という方針を貫いた。このことは幹部たちにも受け継がれている。

また、工場長の責任制や物的刺激などブルジョアの生産管理法を導入した結果、指導者層は大きな特権を持つことになった。スターリン在命中はその権威によって間違いを正すことができたが、没後にフルシチョフが現れる要因となった。それはまさに宮廷クーデターで、ブレジネフもこのやり方にならった。

毛主席は十月革命の正誤を、社会主義社会にも矛盾がある・継続革命は必要である、と総括し、その学説を実践にうつした。そしてマルクス・レーニン思想を実践をとおして糾し、正しい路線を形成して理論にまで高めることに成功した。〉

質問に答える総理の表情は厳しくなっている。さきほどまでの雑談とは明確に区別するのだぞ、と言われてるみたいでこちらも身がひきしまる。それほど早口でもないのに、メモを取る手を休める間がない。不思議な話術だ。

——スターリン憲法について。

〈正しい面があるということは疑いない。だが過去の事柄ばかり肯定し、今後の課題が少なすぎた。ソ連にとって祖国防衛戦争であった第二次大戦当時、階級はまだ存在していたのに、スターリンはそれを否定した。革命に成功したこと、階級があるとしても思想面のみだということがその理由であった。国家の形成において、プロレタリア独裁国家はブルジョア国家とは異なるはずである。しかしソ連にはブルジョア的な面が多かった。三権分立がそうである。孫文の場合は五権といったが、三権であろうと五権であろうと実際は分立などはしない。ブルジョア国家でもプロレタリア国家でも一権でしかない。権力とは一元化されるものだから。

アメリカのケネディ暗殺において、司法は何の役割も果たせなかったではないか。そもそも多数を取った党が政権を担当するのはナンセンスではないか。真理は（プロレタリアでもブルジョアでも）ひとつなのだから、たとえ少数であっても正しい路線を貫かねばならない。

ケネディはジョンソンに殺された（周総理の断定的な口調に驚く）。ブルジョアの権力だから、副大統領が大統領を殺すのだ。イギリスでも同様だが政党政治は流動的だ。流動的な政治が正しい路線を指し示しているとは言い難い。スターリン憲法にある三権分立は

ブルジョア的である。本当の三権分立などありえない。〉

総理は、時々笑ったような口元になり、両腕を交互に顔のまえでまわしてしゃべりつづける。声もかなり大きい。通訳の声も総理の声にあわせて大きくなっている。

〈正しい路線は一党でしか指し示せない。党が正しければ人民を導くことができる。一九三六年にスターリン憲法が発布された。当時、プロレタリア国家は世界にソ連一カ国しかなかった。だから、その形をブルジョアに譲歩しなかったら世界的な反対を受けたであろうことは我々も了解している。一九五四年、我々は階級のあることを肯定している。だから中国の憲法でもブルジョアの形式を一部とりいれている。しかし我々の憲法は過渡的なもので、過去の実りは積極的に肯定し未来に目を向けるようにしている。いま新憲法を起草している。これはスターリン憲法とはちがう。林彪副主席を後継者に定めるというものだ。新憲法ができたら、おそらく修正主義やブルジョアが反対するだろう。彼らが反対するならば我々はそれが正しいということを実証できることになる。〉

「敵の敵は味方」ということでもないだろうが、少々子供っぽい。周総理が本気でこんなことを言うのか。もっと緻密な考え方をするひとだと思うのだが。時代がこういう時代なのかもしれない。周総理が「子供っぽく」我を張ったら、毛主席と本当にケンカになるかもしれない。そうなったらおしまいだ。

——社会主義社会における人間の個性について。

〈共通性があるからには個性もあって当然だ。対立面の統一は、共通性が個性を包含してゆくかたちですすめるべきである。中国においては共通性＝社会主義、個性＝百家争鳴など個人内部の問題、というふうに図式化できる。

現在、世界全域で社会主義がうちたてられてはおらず、まだ資本主義が優勢である。社会主義の一部は修正主義にはしり、我が国も修正主義に攪乱された。旧社会の勢力を直ちに一掃することはできない。いまの個性は旧社会の範疇に属するものだ。我々自身の頭のなかにもブルジョア的要素がまだある。〉

総理はこれまでの口調よりやや穏やかな感じで「解放後二十年しかたってないのだから当然かもしれません」ともいった。

〈旧習慣は社会にたえず影響をもたらす。本来の個性という言葉はブルジョア的退廃主義を指すのではない。抽象画や「腰ふりダンス」（ゴーゴーのことか）を指すのではない。ブルジョアがよく言う「好み」でもない。「好み」はまさに古い意識のなかにあるのだから。〉

それならさっき周総理が「進んでいる」と言った長髪とひげはブルジョア的でないのだろうか。

＜社会主義社会における個性は、古い社会の個性よりもっと広々としたものだと、私は考えている。人々は衣、食、住のために身をすりへらすことはない。それらは社会がやってくれるから、人々は思う存分能力を発揮することができる。非社会主義の国では、人々は個人生活のためにエネルギーを費している。つまり社会から拘束をうけているわけだ。全世界が社会主義社会になれば、医学は向上発展し、地球学も向上発展し、人工衛星の打ち上げもたやすくなり、発展は無限に拡がってゆく。だから現在より自由になることは確かだ。そこで受身的になってはいけない。主体的、能動的に可能性を追究しなければならない。そうすることによって必然的に「自由」への道を歩むことになるからだ。いま肯定的に言えることは社会主義社会で個性を伸ばせないことはない、ということだ。個性に普遍性を見いだし対立面を統一してゆく。それは、社会、自然の発展の法則を解明すればそんなに困難なことではないはずだ。＞

こういう抽象的な論義は周総理にふさわしくない。総理の発言のなかにはちょっと筋のとおらないところもある。貫禄負けしてみんなおとなしく聞いてはいるが。

——国連問題。

〈現在の国連について我々はふたつの見解を持っている。⑴米・ソに握られてはいるが、⑵中小国の闘争の場となる可能性も充分ある、というものだ。

米・ソは国連の外で取引きしており、重要な問題に中小国の入りこむ余地はなくなっている。それでみんな興味をなくしている。二十五周年記念式典に各国首脳は出席せず、ウ・タントの思いどおりにいかなかった。これでは破綻するほかない。国際連盟と同じ道を歩もうとする国連に中国は参加したくはない。アメリカは、中国を第三、日本を第四の大国呼ばわりしている。中国は超大国になりたくない。超大国という言葉には、強権政治と小国をいじめるという悪いイメージがついてまわる。

一方で、中小の独立国家がふえている。ラテンアメリカ二十二カ国は領海十二海里に反対し、二百海里を主張した。中小国の発言がふえ、情勢を変えることができるようになってきている。国の大小を問わず一律に平等、という国連になれば、中国の参加は有益になる。我々は中小国の立場に立って発言したい。超大国とは立場を異にし、超大国だけの話し合いは無視するつもりだ。

アメリカ二億、ソ連二億二千、超大国といってもその人口はせいぜい五億、そのうえそれらの政府はほんのひと握りによって構成されており、それらの政府が五億を正当に代表しているわけでもない。全世界三十億の人民がなぜ少数の反動派の声に耳をかさねばならないのか。〉

総理は顔を上に向け、左右の腕のジェスチャーをより激しくしながら言いはなった。「五億」の次に「八億中国人民」が出てくると思っていたら「三十億」ときた。スケールがちがいすぎて僕たちは驚くのみ。

〈国連のめざす方向を変えていかなければならない。世界の絶対多数の国々と肩をならべて闘えばそれも可能だ。アルバニアの主張に我々は賛成している。中国が常任理事国になるのは国連規約に基づいている。アルバニア案は当然のもので蔣介石一派が国連に存在すること自体馬鹿げている。国連は従来の規約をすみやかに回復すべきだ。佐藤の言うことはますます馬鹿げている。中国の参加を重要事項に指定するなど違法行為でしかない。国家の制度がかわったからといって再承認が必要とされたことなど前例がない。エジプトは王制から共和制になり、またシリアとアラブ連合を結成したが、国連での地位は不変で問題にあがったことさえない。〉

——インドネシア共産党について。

〈一九六五年九月三十日以後のことはあまり知らない。中国内にインドネシア共産党のひとが何人かいるが、本国と連絡できない状態にある。インドネシア共産党の闘争は一貫してスカルノとの共闘であった。共産党はスカルノの基盤の一翼を担っていた。共産党が現在のようになった原因として、広範な人民に頼らずスカルノ個人を信頼しすぎたこと。路線上の誤りとして、統一戦線にすべて服従し党の独自性を失ったことがあげられる。中国共産党がもし王明路線をとっていれば今日のようにはならなかったと思う。大隊長（ウントン中佐）が右派の将軍連中に対してクーデターを起こそうとしたが逆に鎮圧され、スカルノ自身も失脚することになった。〉

周総理は北京―ジャカルタの蜜月時代を演出した一方の担当者である。かつての相棒を懐かしむように、「スカルノもわかっていただろうに、どうしてあんなことをしたのか理解できない」とつけ加えた。

――都市と農村の問題。

〈中国は半植民地時代が長くつづいたので工業は奇形化している。今後は内陸地域にむけて発展させる。工場も大・中・小規模のものを適度に分散させたうえで同時に発展させる。これによって建設の周期がはやめられる。労働者は、発展させようとする地域の農村から集める。

　一方で、都市への人口集中も防止しなければならない。大学生の募集を例にとると、以前はソ連のやり方をまねてほとんど都市から募集していた。卒業後彼らの大多数は都市に残り、農村からきた少数の学生さえそのまま都市に住むようになっていた。大学だけで毎年二十万人が卒業する。解放時からの総計では三百万人。中等・専門学校の卒業生も含めると一千万人以上になっている。

　文革中五年間（六六年〜七〇年）は募集をしない、という毛主席の決意は正しかった。募集しないために知識分子が減ることもなかった。九百もあった大学が文革後は四百に整理できた。知識分子の数はいまのままで充分だ。先進技術について中国は実験段階にあるが、知識分子が少なくて困ることはない。その証拠に人工衛星の打ち上げにも成功した。

　大学生は卒業後はもとの土地に帰り、その土地の職場で大学時代に学んだ知識を発揮する、というのが現在の方針である。

　また晩婚の奨励も行っている。子供をつくりすぎないためで、都市人口の増加を根本的に防止しようという考え方に立っている。＞

時計を見ると十時五十分。六時間近く周総理はほとんどしやべりづめだ。こちらもこれほど神経を集中してメモを取りつづけたのははじめてだ。ケンカしてでも今日は午睡しておいてよかった。

僕たちのあいだに、やっと終わったという空気が流れた。誰も何もしゃべらないし、ため息をつく者もいないが、緊張から解放されたときにでてくるどことなくざわついた空気。総理はすかさず、「まだ何か質問がありますか」といくらでもしゃべってやるぞという、ちょっといたずらっぽい顔で話しかけた。秘書長が（おそらく中国語で）もう充分です、というようなことを言ってるのだろう。通訳がからだをのりだしているのを無視して直接総理に何かしゃべっている。

ともかく、これで周恩来氏は総理をやめなくてすむはずだ。「もしかしたら周さんは三人くらいいるのとちがうか」と「ひげ」が耳うちした。どうして僕たちのような学生にこんなに時間をさいてくれるのだろう。六時間のあいだにたくさんのメモを破り、かなりの量の薬を飲んでいる。中国が日本政府に対してなにかしようとしているのだろうか。案外仲よくなったりして。

総理は立ちあがると大声で話しだした。

「私はもうおなかがペコペコです。よろしかったら皆さんもごいっしょにいかがですか」

通訳の言葉は丁寧だが総理の態度は「腹減った。いっしょに飯食いに行こうや」という感じだ。玄関の方にすたすた歩いてゆく。僕たちも通訳のひとたちに促されてついてゆく。玄関前には僕たちのバスと、その前に黒い大きな乗用車が待っていて、総理は乗用車にさっと乗った。

帰りのバスのなかでも話し声は聞こえない。寒さも感じない。頭がカッカしている。バスは僕たちのホテル――北京新僑飯店前に停まった。案内された部屋は二階にある宴会場で、はじめての部屋。すでにレセプションの用意がしてある。十一時三十分。総理は、団長と秘書長とともに正面のテーブルにつく。テーブルは十人掛けで例によって名札が置いてあり、僕は「ひげ」や「神戸のぼん」らと同じだ。僕の左隣りは林さん。今日はいつになく穏やかな顔だ。

茅台酒もあるが、僕はワインにする。ナマコのスープがでてきた。林さんが僕たちの器にとってくれる。まるのままのナマコで、ネズミが浮いているようにも見えるスープ。いやがる団員が多かったが、中華料理にしてはめずらしくあっさりした味つけで、そもそもナマコに味はなく、コリコリした歯ざわりがよい。僕がおかわりしようとすると、林さんは嬉しそうに二杯目も給仕してくれた。

軍国主義映画について林さんと話す。僕は、「軍閥」については史実をふまえていること、「日本海大海戦」にでてくる天皇に対する讃辞は、それを真にうける若者など日本にはいないことをしゃべる。それが林さんには不満らしく、日本の現状がどうであれ軍国主義映画はいけない、と言う。それならどうしたらいいのかと聞くと、真面目な顔で、「制作に反対する同志を集めて撮影しているところにデモをかければよい」と言う。僕は林さんの言葉がしばらく理解できなかった。

何回目かの乾杯から、周総理が各テーブルをまわりだす。通訳をひとりひきつれワイングラス片手に、一言二言言葉を交わして乾杯。僕たちは杯を飲み乾しているのに総理は口をつけるだけだ。夕方握手したときより目の下のたるみ具合いがひどくなっている。しわだらけの顔、精悍なピンと張った眉の横の老人斑、遠目で見たり写真で見たりして若々しい顔は、こうして間近に見るとやっぱり七十三歳の老人の顔だ。総理、僕らなんかにつきおうてんと、ええかげんにお休み下さい、と言いたくなる。

最後に、全員で「大海航行靠舵手」を歌う。総理の不自由な右手をおっつけるような拍手を見ていると本当に申し訳ない気持になってくる。総理は出口のところでひとりずつと握手し、総理の書を軸にしたものが記念品として全員に配られた。

僕はおそらく呆けたような顔で部屋に戻ったと思う。ベッドに横になって「ひげ」に聞いてみた。

「いったい今日のは何や」

「レセプションの用意がしてあったということは全部予定の行動やったということになるなあ」

「もっとなにか質問したらよかったなあ」

「何でもわかりきってるオッサンに質問する気なんか起こらへんわい。今日の質問ならうちの団にしては上出来や」

「ひげ」は不機嫌そうに答えたが、たしかにそうだ。今夜の「ひげ」はいつになく冴えている。

三月十四日　うす曇

八時、起床。八時三十分、人民公園へ。十一時三十分、昼食。一時、映画「紅灯記」鑑賞。三時三十分〜五時、王府井で買い物。六時、夕食。七時二十分、「人民中国」記者と懇談会。十時三十分、北京発。

たとえ十分か二十分でも起床時間が遅くなると、よく寝たという気分になれる。午前中の予定は公園行き、頑張ってメモを取らなくてもよさそうだ。今朝はいつになくゆったりしている。

天安門前を西へ、もう何回かその前を通って説明をうけている民族文化宮を右に見ながらバスはスピードをゆるめることなく走りつづける。数台が横にひろがったままゆっくりと走る自転車もこの道幅では邪魔にならない。しばらく進んで右折、北京大学へ行くのと同じ道だ。首都体育館にさしかかる。二つの大通りの角に建っている体育館前には見上げるほど大きい看板があって、「見出し」と「説明」の、文字の大きさをかえた政治スローガンが掲げてあるのだが、それは三日前に見たものではなかった。「米帝国主義とその走狗を打倒しよう」というのが「我々は必ず台湾を解放する」というのになっている。こんなに大きな看板をどのようにして取りかえるのか。作業を見てみたかった。

まもなく人民公園に到着。方角、所要時間から北京大学のすぐそばのようだ。かつては頤和園と呼ばれていたが、文化大革命のときに改名されたらしい。通訳のひとたちから簡単な説明を受ける。公園は、昆明湖と万寿山からなる。清朝末期に西太后が軍事予算を横取りして造ったものとのこと。灌漑用の池を拡げて湖にし、掘りかえした土砂を積みあげて山を築いた。人々が積みあげたという山の中腹から頂上にかけて西太后が別荘にしていた寺院のような建物が幾棟も並んでいる。それらの柱やそり返った屋根は金や赤や緑のけばけばしい色をしており、渡り廊下が斜面を這って棟と棟をつないでいる。

汗びっしょりになりながらやっと頂上にたどり着く。湖のむこう岸はかすんでいて、これが人工湖なのかと改めて驚く。日本庭園とはスケールがちがう。湖の中央に一本の不規則な線と細かい点が見える。線は氷と水の境で、黒い点はよく見ると氷の部分の端に羽を休めているたくさんの鳥だった。

「ここは、夏は水泳、冬はスケートで街からたくさんのひとが遊びにきます。三月になると氷が弱くなるのでスケートはできなくなります」

と、林さんの説明。うす曇りではあるが、今日は北京に来てからいちばん暖い。人出が多いのは日曜日だからか。三交代制がほとんどだという中国では日曜日など関係ないか。

山頂で「ひげ」たちと写真を撮ってから湖におりる。岸辺には擬宝珠のかたちに彫りあげた飾りが一メートルおきについている白い石の手摺があって湖をとりまいている。桟橋のようなところには、二階建ての船を模した大きな石造りの建物が湖に突きだしている。「石舫」という名前がついている。西太后が園遊のために造らせた大理石の東屋で細部にいたるまで美しい彫刻がほどこしてある。林さんや王さんは、西太后が軍艦を購入するべき莫大な金でこんな石船を造らせ、国防を怠って遊びほうけていたので、中国は帝国主義に侵略されることになったのだと、いまいましげに言っていた。公園内を通訳のひとたちを中心に数人ずつかたまってぞろぞろと歩いている僕たちはものすごく目立つ存在なのに、人々は街中と同じで、おやっとふり向く程度。自意識過剰にならなくてすむ。

ホテルに戻り、十一時半に早めの昼食をとる。食後、ホテル内で一時間たらずの自由時間。僕は部屋に戻って荷物をまとめなおす。ひと月近くも旅行していると何かと荷物がふえてくる。南昌で買った景徳鎮のティーセットなど細心の注意をはらって梱包しなければならない。ただでもらってきた書籍もたくさんになっている。バッグがもうひとつ必要になってきた。

一時、ホテルからバスにすこし乗って映画館へゆく。ここは一般のひとたちの利用する劇場で「軍国主義映画」を見たときのような特別なところではない。上映作品は『紅灯記』。江青女史の指導によって作られた革命的京劇のひとつで、『智取威虎山』などとともに人気のあるものらしい。紺色の制服制帽、太い眉の主人公が右手に赤い光を放つカンテラを掲げている写真は『白毛女』や『威虎山』とともにカレンダーなどで日本にいるときからなじみ深かった。劇場の看板も同じものだ。

玄関のすぐ横にある階段を上って二階に案内された。場内にはいっぱいひとがいる様子。僕たちには二階正面の最前列と二列目があてがわれる。座席は窮屈だが、場所として特等席だ。一階は満員で、何やら大声で（ここに空席があるから来い、とでも言っているのだろうか）叫びあっている。子供の泣くような声もあちこちで聞こえる。日本の映画館のようにボソボソ声で何となく騒がしいのではない。まさに騒然としている。上映の合図のブザーもなく、照明がばらばらと消え、まっ暗になったとたんにスクリーンに毛主席語録の一節が写しだされた。張りのある男声でそれが朗読されているのに、場内のものすごいざわめきは毛主席を無視するかのように静まろうともしない。僕の方がはらはらするくらいだ。

「語録」が済み、タイトルがでて（映画はカラー作品）、キャストが順々に写しだされるようになってやっと静かになる。子供も泣きやむ。これまで、毛主席や毛語録のありがたさをこれでもかこれでもかと主張してきたわりには北京の市民にはその態度が表れていない。語録のナレーションに威儀を正し、ひょっとすると皆が唱和するのではないかと思っていた僕は完全に肩透かしをくった。ここでは僕たちの紹介もなかったし、当然歓迎の拍手もなかった。特等席は確保してもらってはいたが、普通の北京市民と、少なくとも、いい席を取ろうと早めに劇場に来た市民と同じ条件で観ているわけだ。そして彼らの語録に対する無関心は僕をほっとさせた。これであたりまえなのだと。

主人公は革命運動のリーダーで鉄道労働者、仲間の裏切りのために日本軍に捕まり最後には処刑されてしまうという悲劇だ。題名は赤い光のカンテラからきているのだろう。ひとりが死んでも、革命の火をともす人間は次々にあらわれる、ということなのか。『威虎山』のような派手な立回りはないかわり、主人公と日本軍の司令官（鳩山という名前で、丸刈り丸眼鏡口ひげは東条英機風）の息もつかせぬ大激論の場面がある。この作品最大の見せ場で、転向すれば命を助けてやろうという鳩山の偽善の矛盾をつき、日本軍の横暴を非難して、すぐに中国から出てゆけ、と叫ぶ主人公の怒りの表情にはものすごい迫力があった。そして、「インターナショナル」をたからかに歌いながら刑場に散るラストシーンでしめくくられる。

映画といっても京劇がフィルムに収められたもので、カメラアングルとアップ・ロングの変化だけで編集されている。革命的京劇では善玉（革命派）が赤、悪玉（反革命派）が青黒い顔に化粧するというきまりがあるようだが、主人公を裏切る役者は最初の場面と途中からとで顔の色がちがっていた。「鳩山」も青黒いメーキャップであったが、彼はこれまで見てきたような、醜い表情でわめきちらすだけの無能な悪玉ではなく、大物の風格を持った手強い敵役であったのが印象に残る。

僕のうしろの席に王さんがいて、映画がはじまるまえに京都の団員たちと話していた。

——どんなところでデートするの、王さん。

「デート？　それなんですか」

通訳のひとたちは日本語学習の意欲に燃えており、知らない言葉を聞くと、「それどういう意味ですか、どんな字書きますか」と尋ねてくる。そしてすぐに自分の日本語のなかに取り入れる。使い方がおかしいときには僕たちが直すので彼らは日々生きた日本語学習ができるわけである。もちろんその逆もあって、中国語を勉強している団員には丁寧に教えている。ただし、その話題は「真面目」なものばかりで俗っぽい話はいままでにあまりなかった。

——恋人たちがふたりの時間を過ごすことです。

王さんは、ちょっとあわてたような口調で答える。

「中国では、そういうことあまりしません。もちろんみんなの憩の場所はあります。公園もそのひとつです。若いひとも行きます」

——日本でも公園は重要な場所です。それではつれこみ旅館は。

ります。

「つれこみ……。それはなんですか」

王さんは警戒の色を濃くして尋ねる。

――恋人どうしで寝にゆくためのホテルです。日本には繁華街の裏通りや郊外にたくさんあります。

「中国にはそういうところはありません」

王さんは吐き捨てるように答えたが、それは怒っている風ではなく、恥ずかしさの極限に達した、という感じだった。僕がふりむくと、陽気な京都の学生はいたずらっぽく笑いながら、「あっ、はじまりそう」と、スクリーンに目をやり話を切った。

いくら公式の参観団だといっても、非公式には俗っぽい話はするべきだと思う。ことさら話題を下品にする必要はないが、僕たちは「ある程度」の日本の現実を伝えるべきではないだろうか。機動隊殲滅闘争や苦学生生活の報告だけでは不確かだ。

中味が薄っぺらなものかどうかは別問題としても、日本のほうが物質的に豊かであるということは認識してもらわねばならないと思う。

三時三十分、街に買い物にでる。王府井にある市場は、売場は一階だけだが上海の百貨店と感じが似ている。日用品売場は混雑しているのに書籍売場はまばらだ。毛主席の著作コーナーにはやはりひとりもいない。立読みしているひとがいるのは両側にある数学、物理、化学、土木など科学系の本のあるところ。高校の教科書くらいの本が一元、中辞典ほどのが二元あまり、英語などの洋書（どこで発行されたものかは未確認）は六元。専門書は中国でも高いようだ。

鞄売場で布のボストンバッグを買う。緑色の厚い木綿製で、白い塗料で「北京」と書いてあり、ビルディングとバスの絵が両側に描かれている。このてのものは上海でも見た。やはり「上海」とあって、絵柄はちがっていた。主要都市にはそれぞれボストンバッグがあるのだろうか。五元五角。店員は僕が外国人と見ると、紙に値段を書いてくれた。思っていたよりも高かった。

市場をでて薬局へゆく。すたすたゆく林さんと王さんを追っかけるように歩く。商店の看板にはやはり革命標語が書かれてあり、それを見ただけではそこが何屋さんなのかわからない。薬局はかなり大きく、入ったところは広い土間になっていてその隅にカウンターがあり、そこで支払いをする。店内に列をつくって並んでいた四十人くらいのひとがいっせいに僕たちを見つめた。林さんが列の先頭に割込んでゆく。先頭のひとは当然のように一歩下がり、薬局のひとも林さんの注文を聞こうとする。林さんの態度は邪魔くさそうな感じでとてもえらそうに見える。そして僕たちをふりかえり手招きする。僕が、突然薬を買えと言われても困るなあと思っていると、日中正統の女子団員と男子団員ふたりがこそこそとカウンターまで行き財布からお金をだしている。彼らは大量のコンドームを購入した。映画館でつれこみ旅館の話をしていた団員や「ひげ」はあっけにとられているようだ。僕が「ひげ」のほうを見ると「ひげ」も無言で僕の顔を見かえした。僕は、できてしまった子供に「英雄」とでも名づけるのやろか、と言いかけてやめた。どうやら、大事なところで本音を吐き、どうでもいいところで日本の代表みたいな気になってしまう「僕たち」は今回のような旅行には不適格なようだ。彼らのようなある種の図々しさもなく、日本の現実を伝えるには言葉が足りなさすぎるし、行動をもって知らしめることもできないのだから。

寒いのに通りではアイスキャンディを売っている。一本五銭。買ってほしそうもない顔のおじいさんを横目で見ながら通りすぎる。北京に着いた日に一度行ったことのある友誼商店へ。堆朱の灰皿（十元）、七宝焼きの灰皿（六・九元）、柱のうえに唐獅子がのっているかたちの石製の判子（高さ七センチほどのものが二・一元）などを買う。

ここまで来て万里の長城やパンダを見ることができなかったのは残念だ。北京二日目の夜に全体会議があって、見学したい場所をみんなで出しあったが、万里の長城は軍事的な理由でだめ、動物園・十三陵・博物館など「名所」については団幹部はとりあってもくれなかった。

夕食後、ホテルで「人民中国」の記者と懇談会。二十人あまりきていて日本語のできるひともいる。数人ずつわかれてすわる。僕と「ひげ」とおかっぱ頭、連さん、ふたりの李さんの六人でテーブルに着く。これまでに会ってきたひとたちとは何となく感じがちがう。偉そうなところも構えたところもなく、左手のメモ用紙の持ちかたも自然で、それらしい雰囲気がある。僕たちは三人とも中国語ができないし、連さんがすこし日本語がしゃべれるもののまだたどたどしくて話はあまりはずまない。六人とも無言のままにこにこしているだけの時間が長かったが、かえってほんとうらしく思える。これまでのてきぱきして立て板に水のような対応は作りもののようだ。

映画の話題になる。日本のヤクザ映画を彼らはいけないと言う。僕たちは、ヤクザ映画にもある種の普遍性があり、民衆の願望を満たしてくれ、美しささえ感じる、とかわるがわる説明したが、ヤクザが社会的に悪であるという点にのみこだわる彼らには理解してもらいようがなかった。日本のことはかなり知っているはずの彼らですらこうなのだ。僕から見ると、中国人はすれていないし、ものの見方が一面的だ、ということになる。革命を成功させたからといって、すべてをみならう必要はないが、現代の中国の功績は偉大なものだと、僕は思っている。大事なことは、日本と中国は全く異質であるということを認識することだ。中国人の「日本は日本のやり方で」という表現は謙遜でもなんでもなかったのだ。

連さんは別れしなに切り絵をくれた。趣味でたくさん作っているという。法螺貝を持った女兵士が赤い紙に刻まれている。何枚かを重ねて小刀で切るのでその枚数だけ同じものができるらしい。十センチ角の小さなものだが丹念に仕上げてある。僕の家の机のガラスの下に飾ることにしよう。部屋に帰ってから折れないようにメモ用紙を重ねてから、『毛沢東選集』に大事にはさみこむ。

懇談会が終わって部屋に帰るとき、全員に「人民日報」が配られた。三面のまん中に写真入りで昨日の周総理との会見の記事が載っている。その写真と同じものをA5判くらいに引伸ばしたものもまわってきた。すぐに僕の右腕を確認したが、ちゃんと体の横におろしていた。記事はきわめて簡単なもので、三月十三日に周総理が日本の訪中学生団と会見した、とあるだけだ。ただしそのあとに団員全員の氏名が並んでいる。照れくさい気分になる。僕の「徹」は「彻」になっている。「辻」という字は中国にないので「十」と同じ発音の「詩」の字。「すみれ」という名の女子団員には見たこともない字が当ててあった。

とうとう今夜で北京を去る。「北京バッグ」に旅行中たまった書籍類をつめる。手荷物用のルフトハンザのショルダーバッグを含めて四つになる。全部持つとかなり重い。

十時前に北京駅に到着。徐明氏、夕方に話をした記者たちが見送りにきてくれている。北京大学の学生もいる。北京ダックの店、北京大学、人民大会堂でいっしょだった学生たちだ。北京駅の応接室に入る。大学で同じテーブルにすわった日本語科の女子学生と握手。タイ語科の女の子とも目で合図、握手する。この人可愛い。最後に日中双方から挨拶がある。駅員の知らせでホームへ。いつもの寝台車に乗る。

十時三十分、北京発。二泊三日で広州までいっきに南下する。

広州・香港

三月十五日
（武漢経由で広州にむかう車中）

汽車での寝ざめはいつも気分がいい。スケジュールに追いまわされることのないゆったりした朝食を取れるということを、起きたての頭が理解しているからか。
北京から広州まで二千キロを二泊三日、三十数時間かけて一気に南下する。すでに十時間ほど経過しているが、別段退屈も苦痛も感じない。これが、狭い三段ベッドの寝台車や座ったままの旅であればこうはいかないだろう。一般のひとたちが利用している車輛をはじめて通ったときは、ゆったりしたコンパートメントにいることが申し訳ないように思えたが、この頃はそういう意識が薄れてきて、ホテルも食事も乗物も快適で当然だという気になっている。ひと月のあいだに、当初抱いていた中国に対するある種の幻想はかなりとりはらわれたようだ。

いくら平等だといっても何億という人々が全く同じであるわけがない。三千年以上つづいたものすごい上下の差が解放後二十年、文化大革命が起こって五年ですべて消えてしまったと思うほうが常識はずれなのだろう。結果を見たがる僕たちが性急すぎるのか。文化大革命に勝利したという言葉を聞いて、運動が完了し、スローガンどおりの社会になったと解釈するのは日本的だと言える。現状は、ひとつの方向が定まったという程度なのだ。もちろん、現状は重要であるし、僕たちもそれをひと月もかけて見にきたわけなのだが、その先がどうなっていくのかを考えないのなら、訪中団を組んだ意味も半減するだろう。日本と単純比較して(僕たちの見てきたところが都市とその周辺の、中国でも進んだ地域であることを思うとなおさら)、日本のほうが豊かで便利であると結論づけたり、逆になにがなんでもやはり中国が一番だと感心ばかりしているというのではしかたがない。日本と中国、日本人と中国人をはっきり区別して考えない限り、僕たちの頭には華やかな混乱だけが残るということになりかねない。

とは言うものの、僕の、このひと月間の感じ方の振幅の大きさを思うと、今日考えたことを明日まで持続する自信はなくなってくる。いまや三十二人全員が毛主席語録を振っているけれど、その内容は三十二通りあるだろうし、それはそれでいいと思いながらもやはり全員がひとつの目標を見つめて振るほうが素晴らしいのではないかという気持もすこしある。旅の終わりにさしかかって何ひとつ結論づけられない自分に苛立ちをおぼえる。ノンポリは感傷ばかりを増幅させ、「ここだ」という駅で降りることもできずに一生汽車に乗っていなければならないのだろうか。僕は無理に降りることもない、快い振動に乗ってこのまま日本に帰ればいいのだ、と自分に言いきかせる。

食堂車の連結箇所は、すぐ隣であったり何輛もとおりぬけていかねばならなかったり、さまざまだったが、今回は党幹部か外国人旅行者が乗っていると思われる、僕たちのと同じスタイルの軟座車一輛を隔てたところにある。ボッチャン刈りにがっしりした体格のいつものボーイがいる。僕たちが北京で過ごす六日間、ずっと待機していたのか。彼は通訳のひとたちに次いで僕たちにつきあってくれたことになる。

その食堂車で日本軍国主義映画の批評会をするという。昼食のときに秘書長から連絡があり、食後ひと休みしてから始めるらしい。北京で観たときからこういう会があるとは思っていたが、汽車のなかでやるとは。自由出席だというのでほっとした。周総理のレセプションのときに林さんが言っていたような次元で映画を論じられてはたまらない。文芸全般に言えることだが、日本と中国では作品の持つ社会性はおおいに異なる。中国人が彼らの意識で日本映画を理解することに文句をつけるつもりはないけれど、喜んで語り合おうという気分にはなれない。

そしてさらに不愉快なことは、中国人の理解のしかたに追従する日本人が必ずでてくるだろうということだ。日本の大学の現状報告でもアルバイトの話でも彼らは中国風に説明しすぎた。映画ということになればさらに中国的センスをまきちらすだろう。中国に対して誠実であろうとするなら、日本社会や日本人をもっと客観的に具体的に説明すべきだ。「あなたは革命的です」という言葉とひきかえに日本人のセンスを失う気は全くない。だいたい、軍国主義映画と呼ばれているもので日本人が最初にそう指摘した作品がひとつでもあるだろうか。僕は批評会を欠席することにした。

「ひげ」が食堂車の売店からワインを買ってきた。批評会のあいだこちらも「班会」を開こうというわけだ。食堂車では十四、五人集まってもう始っているらしい。僕のコンパートメントには創価学会の団員がおり、彼は汽車のなかではほとんどの時間、立派な皮のケースに入った彼らの聖書を読んでいる。そこで僕たちは気をきかせて、「神戸のぼん」と「京都の新聞部」を誘って、女子団員のところに遊びにいくことにした。

彼女たちの部屋は食堂車と反対側のいちばん端にある。日中正統のひとりだけが批評会に出席し、あとの三人は残っていた。彼女たちもなにかすっきりしない思いを持ちつづけているらしく、軽いおしゃべりをしにきたつもりの男四人は愚痴の聞き手にまわされた。ワインはあっという間になくなり、僕が二本目を買いにゆく。批評会は車輛のなかほどのテーブルで行われていたが、ある意味で「第三班」よりも不満分子と思われる「オカッパ頭」たちも参加している。さすがに文句屋だけのことはある。

「第三班」得意の馬鹿話が主導権を握れぬまま、ワインは三本目。彼女たちの不満はどちらかと言うと、言ってもしかたのないものが多かった。団長の態度、団員の人選、日中正統の幼稚さなどで、遊びの精神がはいりこむ余地などない。僕たちにしてもあれこれ文句を言いつづけてはきたが、いまになって思うと定期的な「ガス抜き」効果を期待してのものが多かった。おまけに、連夜の「第三班班会」が定着するようになってからは、小さな問題に本気で目くじらを立てることはしなくなった。全部笑いでふっとばしていた。しかし女性だからこその不利なところはある。男子は二十八人もいるので気の合う話し相手も見つけやすい。

一方、女子は四人。そのうちひとりははしゃぎまわっている日中正統の活動家。面とむかって小言は言いにくいだろうし、夜中に男子団員の部屋に出入りもしにくい。もちろん、見学先やバスのなかなどではいろいろとおしゃべりはするが、不平をもらすところにまではいかなかった。

彼女たちにとって、僕たちがワインを持って訪れたことは格好の「ガス抜き」の場となったわけだ。社会福祉専攻の髪の長い団員は最初から静かだったが、ショートカットのふたりはぐいぐいグラスをあける。僕たちも最初は、こういう集まりもノンポリ女性のために必要だといっしょになってしゃべっていた。ワインの調達は順番制、批評会に見つからないように同じ人間が買いにいかないことにした。やはり気にしている。他の団員よりも通訳のひとたちに気を使っている。すぐになくなるので四人目からは二本ずつ買ってきたが、六人目が行くと売り切れだった。

ショートカットのひとりが部屋をとびだした。気分が悪くなったようだ。もうひとりのショートカットもだいぶ酔っぱらっていてだんだんと大声になってくる。そして突然泣きだした。

「帰ってから彼に何を話せばいいの」

大学の三年生で、ふだんは落ち着いたアネゴという感じなのにこの変わりようには驚いた。彼女の恋人は同じ大学の活動家であることは聞いていた。真面目でこわいひとらしい。「ひげ」と「新聞部」が、見たまま感じたまま言うたらええやん、となだめても、彼から馬鹿にされるだけ、とますます激しく泣く。僕たちは顔を見合わせた。「そこまで面倒みられるかい」。長い髪の女子団員は眠そうに欠伸ばかりしている。

廊下が騒しくなってきた。批評会が終わったようだ。ドアをノックする音、「オカッパ頭」だ。

「酒飲んでんのやろ。俺も入れてくれ」

ドアにいちばん近い僕がロックをはずそうとすると、「ショートカット」が開けるなと叫ぶ。すぐ開ける、とドア越しに声をかけたとき、廊下がさらに騒しくなった。再び「オカッパ頭」の開けろの声。開けさせまいと僕の腕をつかんでいる「ショートカット」の手を無理矢理ふりはらうのも具合が悪く、「ひげ」たちがなだめるのを見てもたもたしていると、複数の人間のノックする猛烈な音。「開けなさい！　開けなさい！」の下手なアクセントを聞いて、いっぺんに酔いが醒めた。僕がロックをはずすときには、「開けなさい」が「開けろ！」に変わっていた。

僕の視界いっぱいに顔があり、そのまん中に王さんの怖い顔があった。廊下は急に静かになった。王さんの視線は僕の目からすばやく部屋のなかに移っている。悪いことでもしたかのように、「第三班」の四人はぞろぞろと廊下に出た。どんな顔をしたらいいのかわからず、へへっと笑うと（あとの三人もそうだと思う）これまた怖い顔の秘書長が落ち着いた声で言った。

「もうすぐ飯や。自分の部屋に戻ってたら」

五時前、汽車は漢口駅に停車。中国語のできる団員たちはホームの売店へ新聞を買いにゆく。地方紙は日本では手に入らないらしい。僕もホームに降りた。「武漢」という名前が重々しく響くのも、いく度となく中国革命の舞台となったからか。文化大革命のときもこのあたりで大規模な武闘があったらしい。ホームはがらんとしていて特にかわったところもない。二十時間ぶりに汽車から降りたせいかかえって足許があやしい。

六時過ぎ、夕食。食堂車の食事がホテルの食事と同じでなくてもいいと思う。狭いテーブルに置ききれない大皿小皿スープ皿。こぼされないかと気を使う。食べにくいことこのうえない。カレーライスが懐かしい。

批評会に出席したノンポリ団員は、さぼって酒でも飲んでたらよかったと言う。日本人と中国人の映画に対する考え方が全くちがうし、中国のペースで進められる話に水をさすようで、思ったことも言いにくかったらしい。

九時頃になって、秘書長が僕の部屋にやってきた。「ひげ」とは同室なのだが、あとの二人も連れてこいと言う。四人揃ったところで彼は穏やかな口調で話しはじめた。

「今日は大騒ぎしたけどたいしたことにならんでよかった。そやけどちょっとやりすぎやな。おまえらがついててあんなに飲ませることはないやろ。Mさんなんか廊下に吐いてそのまま寝てしもてたし（最初のノックがあってから彼女が倒れているのが発見されたんだ）、その後仕末をきれいにしてくれた服務員のひとにも迷惑かけてる。通訳のひとたちもものすごく心配してた。まあ、今夜はゆっくり休んで、あした朝一番に通訳のひとたちの部屋行って謝っといてくれ」

なんとなく僕たちは神妙にならざるをえなかった。何が起きたのか（何でもなかったということを）ちゃんと調べてきたという感じだ。秘書長はすぐ部屋をでていった。

「あんまり感じのええ奴やないけど、うまいこと言いよる」

「ひげ」はひとり言のように言ってベッドにもぐりこむ。秘書長は、僕たちの無責任なうるささも計算したうえで頭ごなしに言わなかったのだと思う。ほんとうはものすごく腹立しかったにちがいない。彼は、王さんがノックしにきたことを気にしているのだ。誰が王さんを呼んだのか知らないが、原因をつくったのは僕たちにちがいない。大人だなあと思うと同時に、こと中国に関してはどうしてあんなに無邪気でいられるのか。それが秘書長としての務めなのかもしれない。

三月十六日　晴

十時三十分、広州着。バスで広東迎賓館へ。二時、全体会議。六時三十分、広州市革命委員会主催のレセプション。

朝食の前に「第三班」の四人が集まり、女子団員の部屋に行く。彼女たちも昨晩秘書長から言われていたらしく、すぐに出られる態勢で待っていた。同じ車輌の食堂車にいちばん近いところが王さんたちの部屋で、「ひげ」がドアをノックする。「どうぞ」の声にドアを開けて、男子四人が前、女子三人がうしろと二列になってなかに入る。通訳のひとたちは、僕た

ちが来るのを待ちかまえていたように、五人ともベッドの、窓に近いところに腰をかけてにこやかにこちらを見ていた。僕が、

「昨日はお酒を飲みすぎ、皆さんにたいへんご心配をおかけしました。深く反省しております。どうも申し訳ありませんでした」

と言うと、リーダー格の呉さんがさらににこにこしながら、

「なあに、私たちは皆さんの健康のことが気になっただけです。中国でも若いひとは元気がありあまってますから、あなた方が少々お酒を飲みすぎることもよく理解できます。ただ皆さん方は旅行中であり、それも遠いところからわざわざ来ていただいたお客様です。健康にもしものことがあったら私たちは何とお詫びしてよいかわかりません。私たちはあなた方の健康をとても心配したのです」

と、なぐさめるような口調。「ひげ」たちや女子団員たちも同じように謝り、七人は最敬礼して部屋をでた。呉さんは鷹揚に「健康」をくりかえし、あとのひとたちはひと言も話さずににこにこうなずいているだけだった。

――健康、健康てあれは皮肉か。ああいうふうに言われると、何かとりかえしのつかん悪いことでもしたような気になってくるなあ。

部屋に戻って、自分の間の抜けたような顔に気がついた僕は、思わず「ひげ」にしゃべりかけた。

十時三十分、広州着。ドラと太鼓の音。汽車がホームにさしかかるころにかすかに聞こえだし、だんだん大きくなって、騒音に近いところまできたときに降車。出口には何人かの服務員といっしょに、僕たちがずっと世話になったボーイも立っている。彼には特に感謝の気持をこめて握手して降りる。

入国直後の広州ではまっすぐ歩くのが精いっぱいだったのが、いまではポケットからすばやく毛沢東語録を取りだし、右手にかざしてリズミカルに振ることが自然にできる。自分自身の表面的変化を思うと複雑な気持になる。

薄いカーディガンに着替え、コートは左腕にかかえたまま歩いてゆく。駅前の広場にでる。暖かい風、眩しい日差し。この旅行では広州以外で太陽を見ることがなかった。すぐバスに乗ってホテルにむかう。今回は広東迎賓館。街なかのこんもりした森に埋もれるように建っているL字型の三階建て。見た目にはせせこましい感じだが、部屋はゆったりしているし、古い頑丈そうな家具も室内に調和している。ベランダやバルコニーには鉢植えが並んでいて、赤い花が、濃い緑色をバックに酸素が多すぎて勢いよく燃えている、といった鮮やかさで咲いている。東方賓館の、街を見下ろす雄大さもいいが、このホテルのひかえめな落ち着きもなかなかのものだ。これがフランス風のセンスというものか。

昼食後、ひと休みしてから、庭を隔てた別棟の広い応接室で全体会議。お茶が、蓋つきの湯飲みではなく、普通の紅茶カップにポットから注がれたので久しぶりに紅茶が飲める、と思ったが中国茶だった。通訳のひとたちはすぐ部屋から出てゆき、日本人だけにしてくれる。

総括会議をはじめる前に秘書長から連絡。中国における滞在費、旅費がすべて免除になるという。金額にして五万円。これは周総理の好意によるものだと彼は強調した。皆はびっくりして、そして喜んだ。しかしそれ以上に貧しい中国人民にすまないという気持になった団員が何人いただろう。総理は僕たちのアルバイトを誤解しているに決まっている。僕たちの現状が、総理の東京やパリ留学時代と同じであるはずが

ない。

団長の司会で本題に入ってゆく。もはや誰がどういうことを言うのかは想像できる。今回の訪中が自分にとっていかに有意義であったか、また日本に帰ってこの経験をどう活用してゆくか、聞いていてあまり愉快になれない「感想」が次々とびだす。順番がまわってきて僕も「ひげ」もほかのノンポリたちも結局同じようなことを述べた。毎日毎日いろんなことが頭に入ってきて整理できず、すぐにはまとめられない、と。いまはこういうふうにしか言えないではないか。「感想」が本心であるひとをかえって疑いたくなる。この貴重な経験の総括がそんなに簡単にできるものか。

「ほかに何か」という団長の声に「オカッパ頭」が手を挙げた。彼は昼食のときから、昨日の汽車のなかでのことを糾弾すると僕たちに言っていた。ひどい冗談だ。この部屋に来るときも、にやにやしながら「どんな自己批判をしたい？」と話しかけてくる。

「どんなんしてほしい」

僕と「ひげ」が聞きかえすと、

「いくつか考えたんやけど、無難なやつでいこか」

「そしたらあとの連中にも言うとくわ」

「自己批判のことはもうオレが言うてある。おまえらが言うた線であとの奴らも適当にしゃべるやろ」

「しかしおまえもアホな遊び考えるなあ」

「せっかく中国に来たんやから誰か自己批判せな面白ないやん」

「そやけど酒飲むことがそんなに悪いことか」

「悪いことにしとくのや。悪なかったら批判でけへん」

「わかったわかった。できるだけ神妙にやったるから勝手に好きなこと言え」

つまりこれは、「過激派ノンポリ」による団長・秘書長・二人の随員・日中正統の連中たちへの面当てなのだ。何事にも自分たちが関与して（指導してやって）いるという態度が気にくわないのはよくわかる（僕は秘書長については、素直に彼の貢献を認めているが）。彼らの立入れないところで問題提起をし、全員をまきこんでから、彼らの影響外のところで解決する。まあ面白いと言えば面白いアイデアだが、少々子供じみてはいる。

「オカッパ頭」は立ちあがり、僕たちが団体行動を乱し、昼間から酒を飲み、汽車の服務員に迷惑をかけ、通訳のひとたちに心配をかけた（後の二点についてはたしかにそうだ）ことを非難して自己批判を求める。日中正統の団員のひとりが発言し、この意見を支持する。

団長・秘書長は彼の魂胆がわかっているのかしゃべろうともしない。「オカッパ頭」はにやりと笑ってこちらを見た。僕たちは、汽車で通訳のひとたちに言ったようなことを細切れに述べ、最後に「自己批判します」と付け加える。半数くらいの者がこの遊びに気がついたようだ。笑い声が起こる。それを無視するように秘書長は早々に閉会を宣言した。

四時、市内の友誼商店へ。中国での最後のショッピングだ。象牙の、耳かきと煙草の吸い口、テーブルクロスなど十元ほどの買い物をする。

六時三十分、ホテルで広州革命委員会主催のレセプション。控室でホストの林李明副主任の挨拶がある。軍服姿、背が低くがっしりした体つきは長沙の馬奇さんによく似ている。丸テーブルに七、八人ずつ分かれて座る。

いつものような乾杯が何度かあり、おしゃべりが活発になってきはじめたころ、林副主任が立ちあがって何か言った。それはすぐに通訳された。

〈わが国が三回目の人工衛星の打ち上げに成功したというニュースが、いま入ってきました。〉

大きな拍手。しばらく鳴りやまない。さらに副主任の声、通訳の声。

〈人工衛星は『東方紅』の曲を流しながら地球をまわっています。〉

「おめでとうございます」と思わず隣の王さんに言って、僕自身すごく興奮して拍手していたのに気がつく。

「宇宙開発においても中国と全世界人民はかならず勝利します」

王さんは一瞬鋭い表情になって答えた。

ついに中国最後の夜となる。今夜は僕たちの「班会」も早めにきりあげて部屋に戻る。同室の「創価学会」は先に風呂に入っており、僕が風呂を済ませたころはベッドにもぐりこんでいた。

「もうちょっと起きてたいのやけど、スタンド点けといてもええか」

「かまへんよ。オレは早起きするからもう寝るわ」

スタンドの光は開いたノートくらいの広さを照している。僕は、今思っていることを中国にいるうちに全部メモしておきたかった。

——あれこれ考えているうちにひと月がたってしまった。中国について僕自身の言葉ですぐに報告できないのは残念だ。どんな言葉を使ってもそれは受け売りでしかない。毛沢東思想を耳で聞き、わかったような気持になっているだけだ。ほんとうはわかろうとしていないのかもしれない。僕のなかには「日本」しかないからだ。何もしないで生きてゆくつもりの人間に革命をやっている国の思想など理解できないのは当然だ。なるようにしかならないと考えている。中国のひとたちとはここがちがうのだろうか。なるようにする国なのだ。何でもやってのける偉大な国、偉大な人民。しかし、彼らの暮らしがよくなったとき、解放戦争や文化大革命に参加した人間がいなくなったとき、中国はどんな国になるのだろう。指導者は第二第三の文化大革命を発動してゆくのか。物質主義をこれほどまでに否定してほんとうに豊かになるのだろうかと思う一方で、純粋思想を最優先できるのはたいしたものだとも思う。思想優先は僕が最も面喰ったところだが、ひと月いるあいだにそれにも慣れてしまった。ただし、日本という帰るあてがあってのことで、それ以外の自分など考えたこともなかった。中国はあまりに健康的すぎる。中国の底抜けの明るさの正体はいったい何だ。

日本に帰って、いろんなことを言えるようになるのか、あるいは記憶が薄れてゆくばかりになるのか。僕と中国との係りはあさって日本に帰ってからはじまるものだと思う。ひょっとしたら、この訪中旅行は僕の人生のなかで、まるで孤立した小さな空間となってしまうかもしれない。そうなってもしかたがないとも思う。たった一カ月間の旅行でひとりの人間がそう簡単に変わってしまってたまるか、という気持もある。おそらく滅びることのないであろう毛沢東思想と、没主体的人間たらんとする主体性しか持っていないノンポリを比べるのは僭越であることは充分わかっていながらも……。

三月十七日　晴

六時三十分、起床。八時五分、広州発。十時五分、深圳着。十一時、昼食。十一時五十分、出国。羅湖発。一時、九竜着。六時、夕食。七時、香港島へ。

目に見えない何かから解放されたくてしかたがなかったのに、いざ出国の日になってみると帰りたくないような気分になってくる。

広州での見送りは、昨日の出迎えのときより人数がふえて二月二十一日と同じくらいの規模になっている。僕は毛主席語録を力いっぱい振って列のあいだを進んだ。正気でこんなことができるのはこれが最後だろう。汽車は深圳から来たときに乗った、回転式の座席の軟座車。手荷物を置いてすぐにホームに降りる。「再見、再見」の握手。中国語のできる団員を通訳にしてしゃべろうとするが、ここでも「あなたたちに学びます」式の答えばかり。通りすがりの旅行者にかける言葉としては便利なもので、日本人だけが興奮している。僕たちが接してきた中国人たちは幼児にいたるまできわめて冷静だったんだなあとつくづく思う。

発車の時刻がきた。見送りの学生たちは整列しなおし、僕たちは窓を大きく開けて身をのりだし、語録をふりあった。突然鳴りだしたドラと太鼓がうきうきと、ちょっともの哀しく響く。たくさんの赤い小さな語録がゆらゆら揺れているホームから、汽車が離れるのにほんの十数秒しかかからなかった。ドラの音もピタリと聞こえなくなった。女性の服務員が例の蓋つきの湯飲みを配りはじめている。

十時過ぎに深圳着。すぐに駅の接待所のなかにある税関で荷物の検査。形ばかりのもので中身を調べようともしない。僕たちは手荷物だけを持って食堂へ行く。中国で最初に食事したところで最後の食事もとることになる。もう何もしゃべる気になれない。それよりも、本場の中華料理をゆっくり味わいたい。青島ビールや珠江牌のオレンジジュースまで舌に味を記憶させるようにして飲む。

中国と香港は、天井と側面に鉄板のおおいをつけた五十メートル足らずの鉄橋で繋がっている。両側から伸びてきた鉄道は橋の手前で切れているので、越境者はいったん汽車から降りて歩いて橋を渡らなければならない。

食事が済むと、僕たちはすぐに出発した。レールに沿って橋にむかう。誰もひと言もしゃべらず、力のない靴の音だけが聞こえてくる。レールが跡切れたところで、先頭を歩いていた通訳のひとたちが立ち止まる。そして呉さんがいつもと同じ調子でしゃべりはじめる。

「私たちはここで皆さん方をお見送りいたします。一カ月の中国滞在のあいだに私たちは日本の友人の皆さん方から多くのことを学びました。皆さん方も中国から何かひとつでも学びとられたものがあったとすれば、私たちは幸せです。旅行中、私たちの努力が足らなかったせいで、いろいろとご満足のいかなかったことがあったと思います。私たちはさらに学習して、新たに日本から訪中される友人の皆さんのために奉仕するつもりでおります。

今の時期に、日本から中国に来られることだけでも革命的な行為だと思います。中日両国人民は永遠の友人です。ご帰国後のご活躍をお祈りいたします」

国境に面した、何もないというより何も置くことのできない、殺風景な広い空地に大きな拍手が起こる。通訳のひとたちは横一列に並び、僕たちはひとりひとりと握手する。僕は、「なにからなにまでありがとうございました」も「さようなら」という挨拶さえも言うことができない。相手の目を見ているのが精一杯だ。何かしゃべろうとすると涙があふれてきそうになる。僕たちはぞろぞろと橋にむかって歩く。すこし進むとふりかえり手を振る。僕は毛主席語録は手にしなかった。ほとんどの団員がそうだった。通訳のひとたちも。

橋にさしかかったとき、賑やかな革命歌が駅のスピーカーから聞こえてきた。僕の口がゆがんでくるのがわかる。五人ははるかむこうで手を振りつづけている。僕たちは、彼らの姿が見えなくなるまで、手を振りながらまるでうしろ向きに歩くようにして橋を渡った。最も親密なひとたちだけによる見送りには、悲しい気持をごまかすことができないくらいの誠実さがある。コートの袖ですばやく涙を拭ってから、いたずらっぽく「ひげ」に話しかける。

「林さんたちほっとしてるやろな」

暗い車内、狭い座席。窓から見える景色も中国とは全くちがう。ここの「きたなさ」は救いようがない。中国もピカピカで美しいとは言えないが古いものを大事に使っているという清潔さは感じられた。九竜に近づくにつれて乗り降りの客も多くなってくる。ひと月ぶりにミニスカートを見る。違和感を持ってしまう。感覚がだいぶずれてしまっている。九竜駅でドラと太鼓の音がしないのにとまどう。迎えのバスはまだ来ていない。誰も僕たちに注目しない。大名旅行は終わったのだ。

ホテルは来しなに泊まった金門飯店。エレベーターが一台しかない。踊り場にベッドや机や食器棚を置いて従業員が「部屋」として使っているので階段が利用できない。夕食は、スープとパン三切れとハムエッグと野菜が少々。いままでの三分の一以下だ。大事にされないのも無理はない。ここでは金が万能なのだ。

好き勝手に街を歩く。注目もされず買い物ができる。自動車に対する警戒心もよみがえってくる。喫茶店でコーヒーを飲む。女性たちが美人に見えはじめる。自分がおしゃれしてないことを気にしだす。中国を出てまだ数時間しかたっていないけれど、僕はほとんど日本に帰ったような気分になっている。それでもまだ、林さんや王さんが現れて、

「クロダさん、そっちちがいます。こっちです」

と、行きたいところにつれていってくれるような錯覚を起こす。

フェリーに乗って香港島に渡る。タクシーをひろって「頂上まで」というと、運転手は「タップ（top）？」と聞きかえした。もう、自分で行き先を決めなければならないよ、と言われているようだ。久しぶりの乗用車。夜景を見る。「百万ドルの夜景だ」などと言ってみる。

僕は一所懸命「訪中前」に戻ろうとしている。日本に帰って何年もたってから、突然気になりだすかもしれない。

――王さんはいまごろどうしているのだろう、と。

（了）

久しぶりに、ちょっとゆっくり

福家道信

1

『僕の訪中ノート』はテキスト的にみて三層の構造になっている。ロシア人形のマトリョーシカが三層に入れ子式に重なっているといえばよいだろうか。黒田徹の顔をした、現在のマトリョーシカ。それが「いま刊行にあたって」の内容を語る。その内側にあるのは四十年前、VIKINGでずっと詩を書いていて、ひょんなことがきっかけとなって散文執筆に手を染めた三十歳前後の彼。若者から中年に移ろうとしていた黒田徹マトリョーシカが「まえがき」以下、当時、VIKINGに連載された中国旅行記のありさまを披露する。ところでこの本文の核心部分には実際に彼が訪中旅行をした一九七一年、つまりいまから五十年前の黒田徹が、旅行中に一日も欠かさず書きつづけた原資料たるノート記録が存在する。このノート記録は、文化大革命なかばの時期の中国の行政機関、教育組織、工場、人民解放軍、労働者居住区、幹部再教育現場などで、黒田徹が見聞したことをたんねんに書きとめたものである。

一九六六年にはじまった文化大革命は世界が注目するなかで、年ごとに状況が激変し、一九七六年に終了するまでまさかという出来事がつぎつぎにおきた。しかしその実情は「竹のカーテン」の向こうで生起している事柄ゆえ、なにが本当なのか、中国はどういう方向に向かおうとしているのか、伝え聞く毛沢東の現段階での革命はどう評価すべきか、などなど不分明なことだらけだった。そして、六十年代から七十年代にかけてはなお濃厚な政治の時代であったから、中国で起きていることの日本国内での受けとりようもじつにさまざまであった。分析評価の視点設定それ自体が政治的立場を表すとして議論の対象ともなった。およそこのような半世紀前の世界をふりかえるとき、黒田徹が中国で書きとめた文字の表現内容は、一定の時期の、特定の地点における定点観測的な記録ということができ、この点においてまずはその貴重な資料的価値を指摘できる。

とはいえ本書の基本的な性格をこれまで黒田徹が発表した『詩集　風のなか』、『詩集　家路』、『詩集　なつのあしたに』、『僕のコリアン・グラフィティ』という四冊の本との対比において考えるとき、右に述べたように、書物の本文中に文化大革命の記録を要所ごとに含み、しかも、その記録内容に対する作者による批評、感想、疑念などの対話的要素が日々の旅行記の主要内容となっている以上、この本とのつきあい方は、これまでのように黒田徹の詩を読むのとはもちろん異なるし、彼の散文力が自在に発揮された『僕のコリアン・グラフィティ』ともちがってくる。この点は注意しておくべきだろう。

三層目にあるマトリョーシカは、くりかえすが、記録であるとともに対話である。しかし、黒田徹がじつにさまざまな角度から投げかける批評、感想、疑念、仮設等は、高速で進行する旅の日程のなかで現象に対して瞬発的に投じられた様相を呈しているものが多く、しかも、対象そのものは文化大革命の中国である。答えは簡単に出そうもない。それでも、黒田徹が感じとり、思いついたことそのものは若々しい。そして、政治の季節にあっては、彼のいうノンポリそれ自体が、やはりひとつの政治的立場であった。このノンポリの精神性と魂が中国と対峙する点にこそ、本書のもうひとつの、いや本来的で重要な特徴がある。

ところで、じつのところ三層目のマトリョーシカよりも、もひとつ小さな、時間的にもっと前の彼を眺める、まったく別の視点がある。富士正晴の存在である。富士正晴の作品、思想、というより、要するに、雑談であろう。黒田徹が中国で考えたことの後方には、距離を置いてではあるが、この精神的父親がおりにふれて彼の前でしゃべったさまざまな話題が、目にはみえないかたちで大気中に漂っているような気がする。

ケッ、おれがいまどき、あんなところに行くか。戦争だけでもうじゅうぶんや。

などと言いながら、游魂となって黒田徹の背中について行った、などと考えるのは非現実的ではあるだろう。だが、そう思うと楽しい。それに、本書の内包する話題には、本質的に富士正晴が言っていたことを連想させるものが確かにあるのである。それで、富士正晴的雑談的複合体を頭の一角において『僕の訪中ノート』を紐解く。これがたぶん本書を読む姿勢としてふさわしいのではと思う。この視点からすれば俄然、自由な言説の空間が広がってくるのではないか。というわけで、このように評者を脱線に導くようなややこしさがふんだんに含まれているのが本書の特質の第三点である。

2

『僕の訪中ノート』の位置づけを鮮明にできるような、それでいて硬すぎもせず、偏向性を帯びているわけでもないような適当な類書、あるいは先行本はないか、そう思って物色しても、なかなか簡単には見つからない。そもそもこの本はすでに触れたように、内容的に重々しいものを含みながら一種の知的な軽さがある点がユニークなのだ。それに、中国をめぐる状況はこのあと激変し、翌年の一九七二年には田中角栄訪中により日中国交回復が実現する。第二次、第三次の学生訪中参観団は翌年、翌々年と続くけれども、すでに恒例行事化している。国交のない状況下での受け入れ側、そして、団を引率する人々、また参加した学生たちの緊張の度合いがまるで違う。後にも先にも文化大革命中の、それも政治状況の大転換が起きる直前の一回性という点で、また、団員のいわゆる政治的立場とパーソナリティーがかくもまちまちなメンバーの集合体が、まさにこの時期に行っているという点においても、まぎれもなく独自性が強く、類書は出にくいと思う。たぶん、先行研究に相当するような旅行記が見当たらないだろうというのが、おおよその『僕の訪中ノート』の位置づけであり、中国旅行記作品としての本書の特色である。

ただ、タイムスパンを拡大して、十年ほど時間をさかのぼると、一九六〇年に野間宏、竹内実、亀井勝一郎、開高健、松岡洋子、大江健三郎という名前を見ただけで、それはもうたいへん勇壮にして賑やかな、議論沸騰まちがいなしの文学者訪中団の記録『写真中国の顔文学者の見た新しい国』(一九六〇)、および、開高健『過去と未来の国々』(一九六一)がある。それから、文化大革命が開始された年に現地を訪問した、全くの中国文化大革命についての専門家、中嶋嶺雄の文章「毛沢東北京脱出の真相」(一九六七、後に『北京烈烈』収録)がある。

これらの本と本書を並列するのは、年齢も、人間の立ち位置もあまりに異質であってごちゃごちゃではあるまいかと思わぬでもないが、いうまでもなく野間宏も開高健も富士正晴とは直接的に関係性があったし、旅行の経路のどこをどう動いて、何がそのとき主体の目に映っているかということが確認でき、国交がなかった時期の中国の状況を伝える点ではいずれも興味深いものがあるので名前を挙げておく。

鉄道で香港北端の羅湖まで行き、橋を渡り、深圳で中国に入国し、広東省広州市から次の目的地に向かう。反対に、帰路も広州まで帰ってきて、深圳で中国から出国して香港で航空機の便を待つ。

一九七一年の第一次関西学生訪中参観団にしても、時間をさかのぼって一九六六年、文化大革命が始まった年に紅衛兵が熱狂する現地を訪れ情報収集をおこなった中嶋嶺雄にしても、さらには、一九六〇年、野間宏ら日本文学者訪中団の場合も、同様のルートで中国を訪問している。

また、黒田徹たちの翌年、中国の国連復帰と関連して中国に大きな関心をもつようになったロクサーヌ・ウィトケもおなじルートをとり、江青にインタビューをした。

かつて赤茶けた地面の丘陵地帯が続き、ライチの木の緑が点々と見えた深圳一帯は、その後、文化大革命後の対外開放政策と経済成長のなかで景観が一変し、現在では次世代5Gによって都市機能が管理される近未来型都市の実験地区までできている。

しかし一九七一年、そして、一九六〇年に時間をもどすと、小さな川にかかった橋の向こうに、全行程に付き添う中国国際旅行社の人々が訪中団を出迎え、何かにつけ互いにはらはらするような出来事が多々あったのち、この橋のところで双方とも涙がこみ上げるのを止められずに分かれ、それぞれ体制の異なる日常に帰ってゆく。それは、ほとんどもう牧歌的ともいえる情景で、開高健『過去と未来の国々』も、『僕の訪中ノート』も同じだ。

ただ、一九六〇年と一九七一年とでは、時間的に十年の隔たりにすぎないとはいえ、国境を挟んで中国を訪れる側も、また、出迎えて受け入れる側も、国情は大きく違っていた。

一九六〇年の安保闘争は日本では国民的規模で広がっていて、革新府政下の京都では小学校の生徒が冗談半分に遊びで休み時間には「安保反対」とデモのまねごとをするほどだった。当時の訪中団は国内の安保闘争の熱気をそのまま中国にもっていった感じがあって、開高健によれば、広州に着いた日の夜の歓迎レセプションでは一行のなかから野間宏が代表となって、安保反対の声明文を読み上げている。さらに同地の科学院での講演会では、聴衆席の学生は処々で小さな数人のグループを形成し、要所ごとに立ち上がってそこここからシュプレヒコールを行う。建国以来の思想教育により、彼らは革命の理想と情熱をもち、かりに戦争が今そこで起きても、ただちに共産党の細胞組織として国家のために戦える訓練が行われているのである。大学の日本語学科には日本事情に精通した研究者がいるし、日本の歴史を学ぶにはどんな本がよいかといった話のなかで井上清の名前が出てくる。日本の左翼と中国共産党は国際主義を媒介項として連帯感があり、米軍の植民地的状況から日本人民が立ち上がることに中国共産党と人民政府は熱いエールを贈るがゆえに訪中者を「抗米愛国」の戦士と呼ぶのであった。

このような訪中団と中国側との一体感につつまれて、野間宏たち一行は毛沢東、周恩来、陳毅らと面会する。周恩来は毛沢東に付き添ってほとんど無言のままだが、毛沢東、陳毅の発言はそれぞれ人物の個性が出ているようで、開高健の筆録は読んでいて面白い。

興味深いのは、上海での毛沢東との会見で、毛沢東が自分はもう年であるとわずかながら寂しげな表情を示し、開高健がそれを見逃していないことだ。一九六〇年当時、大躍進政策の失敗により、人民公社に縛り付けられた農民は生産用具も食料の備蓄もないまま夥しい数の餓死者が出ていた。大躍進、人民公社、社会主義総路線という毛沢東の三面紅旗の路線は、調整を行わざるを得ず、劉少奇と鄧小平がその対処に当たっていた。毛沢東の表情に浮かんだ憂いはその実情を反映しており、翌々年の一九六二年、再度自分の夢を追いかけようとした毛沢東は、劉少奇と決定的に衝突し、やがて、文化大革命を引き起こして劉少奇を追いつめ、一九六八年に最終的に劉少奇を追い落とし、翌年、劉少奇は人知れず病死する。アグネス・スメドレーも、エドガー・スノウも著書に書いていない、知られざる中国国内の権力闘争のかすかな徴候を、一九六〇年の訪中において開高健は感じ取っていたわけである。

直接、当事者のトップに会って話を聞くということは、このように歴史的大事件の予兆に触れるきっかけともなるし、その後の活動におけるパワーの源にもなるのだろう。
帰国後、開高健は猛烈な勢いで中国関連の書物を読み、風のように爽やかでおおらかだった延安当時の革命家たちに比べると、行動の自由のない、官僚主義の中国には、もはや、真の意味でのノンフィクション文学を開拓できる余地はないと結論する(「見ること」『現代世界ノンフィクション全集　中国の歌声・目ざめへの旅・中国は世界をゆるがす』一九六六)。彼にとって大きな方向転換だったことだろう。

3

黒田徹ら訪中団の一行は、深圳から広州に着いたあと、湖南省の長沙と韶山、江西省南昌、上海、南京、北京と北上し、北京から湖北省武漢、広東省広州と汽車の旅を続ける。ヨーロッパとほぼ同じ面積の広大な国土のうち、人口の集中する東部、その東部の南から北へと一気に進み、また一気に帰る。気候の点でいえば、亜熱帯から温帯の北端付近までの行動となる。政治状況がどうあろうと、まずもって、この広い国土を駆け抜けてゆく旅に漂うダイナミックな醍醐味は変わらない。

『僕の訪中ノート』では、たとえば、広州の東方賓館では二月なのに蚊がいるのでベッドの上方には変てこな円形に巻き上げた蚊帳が取りつけてある。広州から一夜の汽車の旅で長沙に行くと、そこは真冬の天候で、長江以南は冬も暖房をしないことになっているし空中湿度が高いこともあって、屋外も屋内も驚くほど寒く、北方にいるよりもむしろ耐え難い。毛沢東の生家がすでにその頃、観光地となっていた韶山では、宿泊所に分厚い防寒用外套が用意してあって、それを着用して両手を相互に左右の袖に入れた姿勢でもって見学をつづける。上海郊外の馬陸人民公社ではおそらく湿り気を帯びた土は黒々として、曇り空のもとでも、遠景にある農家の白壁と黒い瓦が引き立って見えたことだろう。南京を発ち、北京に近づく日の出前の車窓の風景ははじめうすぼんやりしているが、やがて、いちめんの白い雪景色が河北平原に広がっているのだとわかる。一晩の列車の旅で風景も空気の感触も激変し別世界にきたような感じがする。このとほうもなく広大な大地と自然に立ち向かう人間の営みが太古以来続けられてきたのである。南京では、南京大虐殺慰霊碑を訪れ姜根福（一九二九―二〇〇七）という有名な語り部に会った翌日、一九六八年に完成した南京長江大橋を見学する。二川も橋も見えないのに「着いた」というのでビルのエレベーターに乗り上がってゆくと、二階に鉄道部分の線路が延々と前後に延び、四階までゆくと車道及び歩道部分になっていて、のんびりと自転車を押して男性が歩いてゆく。巨大な建造物の建設事業も、そのうえを一体どれだけ時間がかかるのかなど気にならないかのように歩く人間の姿も、伝え聞く文化大革命の闘争、暴力、見せしめ、処刑、徒刑、監禁投獄などとは、まるで無関係のように見える。まさに、訪中団の一行が見て歩いているのは、広い国土のなかの微小な点なのである。

いかに現地に駆けつけて資料を集めようと、点からまた次の点へと見ているだけでは、国土の運命を左右する政治空間の実情は見えてこない、ただ見ているだけではだめで考えなければならないというのが、一九六六年に訪中した中嶋嶺雄の述べるところである。それにしても、資料を読み解き、考えるとして、そのためにはおそろしく強靱な思想が必要なのだろう。見る、考える、そしてあの国で本質的なものの洞察に達するのは、なまなかのことではない。

中国はそらおもろいで、そやけどほんまに、正真正銘ややこしい。それでな、魯迅や毛沢東読んでいると、いつのまにか革命しろ、革命しろと言われつづけて、こっちは追いつめられて、それやらずにいるの、なんやら悪いというような気にさせられるやろ。それがかなわん。おれなんか、そこでストップや。

富士正晴の声がよみがえる。

もっとも、そう言われながら、黒田徹とともに富士正晴の書斎で彼に向かい合っていると、聞いているほうは、気がつくと彼の哄笑に囲繞されるうちに逃げ場がなくなり、追いつめられた状況に必ず陥るのだった。別に富士正晴から戦争小説の内容のようなことや、やりきれない暗い話を聞かされたわけではぜんぜんないのだが。

『富士正晴作品集　四』の解説において山田稔が「富士正晴の根底の暗さ」と書いているが、まさにその暗さは魯迅とも毛沢東とも竹内好ともひびきあうものだったのだ。ぴかっと相手を照らす彼の明るさにそのような闇がひそんでいて、彼に対面するとかならず追いつめられる感じになったのではないだろうかという気がする。

山田稔が右のような言葉を記した富士正晴「魯迅と私」(『現代中国文学1』河出書房新社一九七〇年六月、解説)は、今回これを書いていて気付いたのだが、じつは私は出版直後に本を入手して、魯迅の作品とともに夏休み中に狭い下宿の部屋で読んだはずだが、長く忘れていた。大学入学後に最初に読んだ中国現代文学作品集のなかに彼の文章があったとは。もちろん黒田徹に連れられて茨木のお宅に行くより前のことだ。

黒田徹が中国で書いたノートは、中国を見る、考える、そして、洞察できる地点に到達しようという行為への果敢な、しかし、骨の折れる挑戦にほかならない。

彼のノートの記録は、訪問先で何を見せてもらったのか、どのような人たちが出て来て応対したのか、歓迎の挨拶や組織の説明においてどのような内容のことが語られたのかなどが基本的な内容である。

中国側としては見せられる部分しか見せていない。応対人員に軍服姿の人物が目につくことから、やはり、軍関係者の進出が目立つ。それ以外の主要部分は造反派でのし上がった人たち、そして闘争を生きのびた事務官僚らのはずだ。こうした人たちから説明される事柄は、劉少奇が最終的に打倒された後の共産党中央委員会の事務文書に規定された範囲内にとどまる。

ノートの記録から推察すると、一九六〇年の野間宏らの訪中団が、慎重に管理されてはいるものの、それなりに農民、労働者、子供、若者たちと直接的なふれあいが見られたのに比べ、一九七一年の時点では、対応がなるほど、よほど形式的となり、人民大衆との接触が制限されているのが明らかだ。もっとも、団員からはつぎつぎ不満や要望が出されるので、団の執行部と国際旅行社の人々は団員の要求に応えるべく配慮し、手配を行っているのもわかる。人民公社の農民の家のなかを見学しているし、労働者の家族を訪問してもいる。模範的人物ばかりでなく、出身階級の好ましくないとされる人物も座談会に出席して発言する。だが、団員からはストレートに、もっと普通の中国の人に会いたいという要望がでる。しかし、普通という言葉ほど日本の外に出てやっかいなものはないのではないか。まして、文化大革命が進行中の中国にあって、普通なるもの、普通の人をどう探せばよいのだろうか。行く先々で現地機関の人々と交渉に当たる国際旅行社の通訳の人々はさぞかし頭を悩ませたにちがいない。彼らを含め、参観団指導部の対応は『僕の訪中ノート』を読むかぎり、誠意がこもっていて配慮がよく行き届いている。それにもかかわらず、全体としては、十年ほど前と比較すれば、中国人の日常生活とは距離感がめだち、間接的な感じが強い。

これはおそらく、それまでに進行した破壊的な事態がきわめて深刻で、ようやく収拾に向かうべく、外国人来賓を迎えるという一つの課題のために、かろうじて関係者をかきあつめて、各職場の成員や、関連する関係機関を団結させた結果なのではないか。

端的には、北京にたどりついて人民大会堂に案内され会見した周恩来が、みなさんは現在の中国が文化大革命でたいへんな混乱に陥っているとお考えでしょうが、と述べる挨拶の言葉に現れている。すなわち、訪中参観団受け入れの計画は、社会の安定が回復し、寸断されていた交通網が整備され、生産活動が再開されたことを、外国人に示し、対外的に宣揚すること、そのために必要な条件を整備するのは国内行政を整えるうえでもプラスになる。このような大局的な政策変換の一環のなかで訪中代表団の招致を考え、具体的計画が立案作成され、周恩来がそれを確認して毛沢東に最終決済を仰ぐ。そうして実施されたものなのだろう。

ちなみに、周恩来はこの会見の二週間前には、イギリスからの訪中団の若者と会っている。彼らの服装にしても、日本からの訪中団員の長髪でヒゲをはやす男性ファッションや、また、髪をショートカットにして性別が男女どちらなのか判別しがたい女性のヘアスタイルに彼は目をとめ、興味を示している。その文化的な隔絶のありさまは周恩来との集合写真を見れば、人民服に人民帽姿の中国の人々と日本人団員の装いの対比によって歴然としている。あの頃は人民大会堂のなかでもこのようだったのである。

話がいきなり北京での周恩来との会談に飛躍してしまったが、黒田徹がふれているように、関西学生訪中参観団が帰国した翌月の四月には、米中間でピンポン外交がスタートし、さらに二カ月ほど後にはキッシンジャーが極秘裏に一回目の訪中を行って、周恩来と長時間にわたる会談を行う。「抗米」は正反対に逆転する。九月には林彪事件が起きる。毛沢東と林彪との間には当時、深刻な緊張関係がつづいていた。国際政治と国内政治の双方において、きわめて重要な決定的瞬間がすぐそこに迫っていた。黒田徹たちが訪中したときには、見えないところで歴史の歯車が大きく動きだそうとしていたのである。

細部の日常においては、訪問見学という行動のなかで、周囲にめぐらされた目に見えないバリアーの隙間やわきから中国の実情を見出そうとし、大局的視点からすると、なにか大事がおきるのではないかという雰囲気を、研ぎ澄ました神経で感じ取ろうとする、そのような「僕」の姿を本の読者は随所で見かけるだろう。さあどうぞ、とお膳立てを整えられて体験したことにも、もちろん得がたい重要情報があるが、案外、何かのついでにちょっと見えたという光景が面白い場合もある。

『僕の訪中ノート』に記録された周恩来の発言は、開高健『過去と未来の国々』に記された毛沢東や陳毅の会談内容と好一対をなす貴重な参考資料であろう。周恩来の話は整然としていて、提示された話題に対して、瞬時に関連する事柄を一挙に起ち上げるさまがじつに活き活きと本書の筆録に現れている。ゆとりがあればキッシンジャーとの機密会談記録とあわせ読むと面白かろう。とにかく、すごい迫力と体力気力。周恩来は日本人学生との面談で政務とはいえ、やはりなにか心情的にほだされるところがあったのではないか。六時間半もつきあうとは驚きである。林彪事件の際には彼はこのパワーでもって数十時間ぶっ通しで緊急事態に対応したのだ。

それにしても、至近距離で見る周恩来の顔には年齢相応に老人らしい皮膚のたるみがあるなどと黒田徹は書いている。観察が細かく、ちょっと意地悪で、いかにも彼らしい。実は、このような細部まで見てしまう鋭敏な人間観察の素質とそれに裏打ちされた散文力こそが、黒田徹の詩とは別なもうひとつの持ち味なのであって、彼は本作品のＶＩＫＩＮＧ連載においてこれを自覚したはずだ。「ヒゲ」をはじめ人物の印象と旅の中での人間紋様が処々でそれとなく、しかし適確に描かれている。この延長線上に『僕のコリアン・グラフィティ　韓国１９７２年　春』の、暢やかな散文による、まさに作者等身大の韓国体験の作品が産まれるのは自然なことである。

4

『僕の訪中ノート』は全体の三分の一を過ぎたあたりから、原載誌ＶＩＫＩＮＧでの連載においてしだいに要領を得たようすで、俄然、書き手が調子に乗ってきたのがよく伝わってくる。とりわけ、一九七一年三月三日、黒田徹が二十一歳の誕生日を迎える日に、上海革命委員会の豪勢なレセプション会場で徐景賢という人物から祝福を受けた場面が光っている。パーティーでの恒例の乾杯また乾杯で、何杯も白酒《パイチュウ》を飲んだ彼は視覚があやしくなり、分厚いじゅうたんの敷き詰められた通路に出て、勘を頼りに「厠所」に飛び込み、あやうくセーフで洗面所の手洗いにゲロを吐く。躾のよい彼は、このような場面にはよけい慎重になって、王さんが心配顔で手助けしようとするのを、僕が自分できれいにします、と断り、几帳面にあと片付けをする。白酒の酔いは半端ではないので、普通なら、この場面で概ね意識を失ってベッドに直行。十二時間ぐらい経過してようやく自分がどこにいるのか、はっと天井を見たりする――この場合、作者はぜんぜん気づいていないが、彼が見る天井は実は、あの歴史的由緒のある、上海和平飯店の一室の天井、つまり、上海バンスキングのジャズが演奏され、李香蘭が戦火に逃げ惑う人々を下方に眺め、張春橋が上海奪権の作戦をあれこれ構想していた超有名ホテルの一室の天井である。やはり若いから中国蒸留酒への耐性があったのだろう。彼が会場にもどると、徐景賢はそのようなことにおかまいなく、今日誕生日を迎えられた黒田さんにひとつだしものを、と所望する。何と本人はここでしゃきっとなって、陽気に「ひょっこりひょうたん島」を通しで歌いきる。これが団員たちをはじめ会場にいた人に大うけにうけパーティーが盛り上がる。本人は徐景賢のこのメチャブリを咄嗟の機転でもって切りぬけ、さぞかしほっとして嬉しかっただろう。ひょうたんからコマ、まさに「僕」の面目躍如の感がある。

黒田徹にとって思い出の深いひとときを現出させた徐景賢は、そもそもこの日、ホテルで会った瞬間からそれまでの中国側の人物のように形式ぶったところがなく、三十七歳という年齢も若いし、小田実のような雰囲気があって、黒田徹は好印象をもった。実際には、この行程のあと北京で会談することになる周恩来が中国人民を代表するトップの人間としてこの一行を接待したのと同様、徐景賢もこのとき職位こそ上海革命委員会副主任と「副」のついた、一見ぴんとこない肩書きではあるものの、張春橋、姚文元、江青、王洪文という四人組のすぐ下にいる人物であり、張春橋、姚文元、王洪文は概ね北京で公務についているので彼は事実上、上海をとりしきるトップの人間だった。すでに、彼は一九六九年には中共中央委員に選出されているし、訪中参観団のレセプション直前の一九七一年一月からは、上海市常務委員、上海市委書記の地位に就いたばかりであって、黒田徹が感じた気取らない自然な印象はたぶん、周囲に気兼ねする必要のない、絶頂期に登りつめた人物の余裕から発するものであった。

それに、この人物の経歴をたどると、もともと父親が大学教師（交通大学化学系）であり、インテリ家庭の出身である。一九三三年生まれなので、中華人民共和国建国時には十六歳。高校時代から中国共産党の下部組織に率先して入り、卒業後は、大学進学の選択もあったはずだが、訓練機関での学習を経て上海市政府で働くようになる。彼に関する中国語資料によれば当時の上海市政府内には、ひとくちに共産党員といっても、往年の地下活動家、抗日戦争の戦士、延安にいた革命家、国共内戦時に功労のあった人物など、立派な人物が目白押しなので、行政部門にいたのでは順調に等級の昇進が見込めない。それで宣伝部の文芸部門に進み、そこで文筆の才能を発揮し、雑文、評論、散文など、党の立場を代表する視点から多くの文章を発表した。巴金のような建国前から名を成した作家や知識人を批判する文章の書き手なのである。後に、あのころ自分には「頭」がなかったのだと彼は言っており、ひたすら母なる共産党の思想教義を注入されるままに受け入れ、党の忠実なる息子だったらしいというのは、多分事実なのだろう。彼は共産党中央と毛沢東にひたすら忠誠を誓っていた。文化大革命がはじまり、「造反有理」が若い紅衛兵らによって叫ばれ、毛沢東がそれを支持し、攻撃の矛先を党内実権派に向けたとき、彼は上海の実権派の中枢内部にいたわけだが、一九六六年末の時点で、造反派に転じた。実権派からすれば裏切りである。しかし、中央の毛沢東傘下の文革推進派から見れば、ここという時期に内部呼応したまたとない味方である。とりわけ、下層労働者の造反グループの集合体である上海工人革命造反総司令部、略称「工総司」のグループと張春橋とを仲介し、曹荻秋、陳丕顕ら実権派のトップを打倒する節目の、康平路事件（十二月二十九日）で決定的役割を果たした。

建国期の中国共産党の申し子のような徐景賢には、読書人の家庭で育ったインテリ風の雰囲気があったのだろう。四人組打倒後、逮捕され、十五年の刑期を終えたあとの晩年のものだろうか、インターネット上の彼の写真をみると、顔つきはもはや小田実とはぜんぜん似ていないが、きさくな老人といった感じがする。彼の経歴は、歴史的には、政治の表舞台に上る道をある時点で選びとった人間の生き方であり、いちかばちか、命がけの世界である。もちろん、選びとらなくても、文化大革命のような激動期にあってはだれもが命がけの毎日なのではあるが。したがって、このような政治的人間の行為には多数の人々の生死を分かつ命運がかかってくる。『中国文化大革命事典』（中国書店、一九九六）中の彼の項目には数々の誣告行為が書かれている。四人組逮捕の直後、彼は上海の民兵組織を武装させて戦闘しようと試みたらしいが、人民解放軍には勝てそうにないので中止している。当時、ある場所に平服姿で現れ、周囲から「失せろ」といわれ、すんなり出て行ったというエピソードもある。毛沢東と劉少奇という、二つの巨頭による国家の行方をかけた闘争のねじれの部分にこの人物はいたようだ。

『僕の訪中ノート』の三月四日の記録には、文化大革命の発端と奪権闘争について、実に長々とした上海革命委員会による説明が記されている。訪中参観団の日程として、前日に徐景賢が直接、団の一行を接待し、翌日、徐景賢が直接かかわった歴史的行為を細部にわたって紹介するのはもっともなアレンジだろう。右に記したように、毛沢東と劉少奇という対立の下に、徐景賢をはじめとする幹部レベルでの争いがあったわけだが、その下層には、社会の底辺で、工場に働きながらも、党員になるわけでもなく、勤務評価では先進的でもなければ、普通でもなく、落伍と評価査定される人々も大勢いて、そのような人々が「造反」の声をあげ、まずは職場の共産党委員会から圧迫を受けるものの、さらに「造反」を続けて既成の労働組合組織の枠をやぶってゆく。そのような造反派労働者のグループの代表格のひとりが、徐景賢より二歳若い王洪文であって、こちらは毛沢東に見いだされ、一時は毛沢東の後継者の位置にまで昇りつめる。王洪文は満州国の農民出身であり、朝鮮戦争に従軍していたときには家族から届く手紙の文字すら読めなかった。徐景賢と王洪文の経歴を比較すると生粋の上海出身のインテリ革命青年とその正反対のような人物との生きかたが見えてくるようでこれまた興味ぶかい。それにしても、黒田徹が当日聞いたという、上海の大学の造反派グループの数が九十という数字はものすごい。文化大革命早期の頃の武闘の嵐の吹き荒れた暗黒を暗示しているかのようだ。

話は少しわきにそれるが、黒田徹が訪問した上海魯迅公墓の近所に内山書店の建物や魯迅が許広平と暮した建物が今も残っている。かつて魯迅はアグネス・スメドレーを通じて、ケーテ・コルビッツがナチの政権下では作品を発表できないのを知り、『凱綏《ケーテ》・珂勒恵支《コルビッツ》版画選集　一九三六年、上海三間書屋印造』を線装本で限定出版している。手もとのそれを見ると、魯迅の文学の闇と共鳴するかのように、コルビッツの版画も底なしに暗い。ただ、暗く不気味であっても、美しいのは美しく、芸術であるのは確かである。そして、画集の表紙に書きつけられた書名と書誌は魯迅の手書きの文字である。魯迅、毛沢東、周恩来それぞれの文字は一目で分かる。毛沢東の書がくねくねとして、なにか彼の長征の際の進軍に謎の停滞や迂回の繰り返しなどがあったのを連想させるのに対して、魯迅の書は竹内好の指摘したように温和な印象があり、そして、周恩来の署名は雄渾で堂々としていて立派だ。

『周恩来「十九歳の東京日記」』（一九九九）を見ると、周恩来は一九一七年、十九歳で日本に留学に来たときに、すでに後年の署名に見られるような風格のある字を書いている。中国ふうに言えば、立派な字が書けるということは、学問の基礎の完成を意味する。ただ、旅費、学費、生活費を親類、恩師や友人に仰いでいた彼は、じゅうぶんな時間的ゆとりのない状態で高等師範と第一高校を受験したので、天津南開中学で一番だった学力をもってしても、日本語の学力が追いつかなかった。本書で彼が「ボクノニホンゴ、ダメデスネ」というのは、多分これを背景にしている。しかし、受験に失敗したので、いったん帰国し、そしてフランスに行って中国共産党支部を起ち上げる。この経過がなければ、中国革命史はそもそも建国にたどりつかなかったかもしれない。

五十年の経過は、自分で経験するとまったく昨日と同じだ。変てこな恰好をした日本人の若者を睨むようにして見つめる周恩来の心中には、半世紀前の日本での自分の生活の思い出がまざまざとあの見事な弁舌のようにパノラミックに広がり、自身の刻苦勤励の生活やフランスでの勤工倹学の記憶からして、みなアルバイトをしているという日本人の若者の話を誤解したのだろう。ちなみに周恩来は魯迅（周樹人）ともともと同族であり、むしろ紹興周一族の本家筋にあたる。顔つきの頬のあたりの感じが、魯迅と少し似ている。紹興は数百年来、政治家の幕僚、銭財師爺と刑名師爺を輩出したので有名な土地柄であって、魯迅の論争における情け容赦ない手厳しさと、江青はじめ四人組がいくら叩いても失脚せず、行政統治に関して毛沢東がこいつでなければだめだ、絶対彼には手を出すなと見込んだ周恩来の事務遂行能力は、どこかで繋がっている。魯迅が小説で提示する人間の姿は、周恩来には家系、土地柄の伝統などからしてビビっと理解できたであろう。

もうええやろ、そのへんにせんかい。

富士正晴の声が聞こえてきた。

それにしても、クロダの本、なかなかええやろ、がんばって、ぎょうさん書きよった。最後まで書いたのがええ。

ごつごつして、ちょっと見通しがききにくいやろ。

それが、ええねん。

こういうの書くやつはなかなか、出てきいへん。

みな、つるつるにしよってな。あれアカン。おもろない。

ＶＩＫＩＮＧはこれや。

そう、そろそろ老後という年齢になってきた。
富士正晴から移管された文化大革命切りぬき新聞記事を、面白がってよむ時期かな。

あとがき

「VIKING」に『訪中ノート』が連載されていたときの読者は、同人・維持会員あわせて二百人あまりだった。ほとんどが私より年長だった。

文化大革命下の訪中から九年がたっていた。林彪事件、周総理・毛主席の死去、四人組の逮捕と、その間にびっくりするようなことが次々起きて、主役たちがあらかたいなくなった。そして、文革の終結が宣言され、鄧小平復活と改革開放政策のはじまりで、まるで別の国になっていくような気配だったが、舞台が突然一九七一年に戻っても、それほど大きな違和感もいだかれずに読んでもらえる時代だったと思う。

また、読者たちは団塊世代や全共闘を、好き嫌いはさておき、身近に感じていたはずで、旅行記の「僕」のことも改めて説明する必要はなかった。

それから四十年がたった。一冊にまとめる旅行記の読者は、今度は私より若い人たちが多くなるだろう。具体的には三十代の私のふたりの子供達を頭にうかべているのだが、彼らが読んで理解できるよう、時代背景や私の周辺について説明しておこうと思った。そこで、「いま刊行にあたって」を追加した。「1」では、訪中することになるまでの社会や私の様子、「2」では、「VIKING」に連載するまでの富士正晴さんとの交流を書いた。

本文は基本的には「VIKING」掲載時のままとしたが、誤字の訂正、明らかな脱落箇所の補充、漢字・送りがなの統一、掲載ごとの章分けを訪問先ごとに変更することなどは行った。会見や見学、座談会などでの中国側の公式発言は〈　〉で示している。すべて中国側の通訳による日本語を記録したものである。これは原掲載時と変わりない。

文革のニュースには少々わくわくした気分で注目していた。全共闘と紅衛兵がオーバーラップしていたのだと思う。『三国志』や『水滸伝』を読んでいる気分だったようでもある。実際に訪中して、街や村の様子は、日本と比べると新しいモノはほとんどなく、想像以上に貧乏だった。中華人民共和国成立後も階級は消えていないと聞かされた。社会主義と言っても、現実は夢のような社会になってはいないことがわかった。だからこそ、革命闘争をさらにすすめなくてはならないという文革の主張には親近感を持っていた。そのころは、「人民公社」が失敗していたことなどなにも知らなかった。

一九五〇年代後半の社会主義建設政策が失敗して何千万もの餓死者を出し、第一線から退かざるをえなくなった毛沢東が、再び権力の座にかえりざこうとして文革を発動した、という解釈がいまは一般的になっている。

七八年から改革開放政策がはじまり、八〇年代には階級闘争が終了している。八一年に採択された「歴史決議」では、文革は「毛沢東が誤って発動し、林彪、四人組ら反革命集団に利用され、党、国家、人民に重大な災難をもたらした内乱」として、完全に否定された。

九〇年代に入ると、文革時代の実態を描いた書籍が翻訳されて日本でも読めるようになった。私が読んだのは、毛沢東の主治医や看護婦兼秘書の記録、党幹部の子で紅衛兵だった女性の書いた家族の話などで、どれも暗い時代として描かれている。社会や人間関係のひどさ、むごさ、周囲に対する絶えまないおびえなど。何年もの間にいろんなことがだんだんとわかってくる。一千万もの人が犠牲になった、という報告もある。私の文革に対する親近感は薄れていき、いまは逆の方に気持が傾いている。国中がたいへんな時期に、豪華で気楽な旅をさせてもらったことだと、時がたつほどにますます重く思えてくる。

解説は、去年上梓した詩集『なつのあしたに』につづいて福家道信君が書いてくれた。彼は中国現代文学の研究者であり、今年の春まで四十年近く、近畿大学に在職していた。大阪外大時代は「プロレタリア文化大革命研究会」のメンバーで、私を中国に送り出してくれたひとりである。出発の数日前、中国語が全くわからなかった私に、「コンニチハ」「サヨウナラ」「アリガトウ」「イクラデスカ」「ベンジョハドコデスカ」の五つの言葉を、正しい発音になるまで何十回も言いなおしをさせ教えてくれた。「VIKING」では、七七年にいっしょに「乗船」した。八〇年二月の「二十代特集号」の編集は彼がしたから、『訪中ノート』の最初の読者でもあったわけだ。二人で富士さんのお宅にお邪魔しておしゃべりしている楽しい時間を思い出させてくれた。

私は、去年、食道癌の手術を受けた。八月上旬に退院したが、動悸息切れがひどくて二、三十メートル歩いては座って休まなければならない状態だった。七月に亡くなった母の納骨もちゃんと歩けるようになるまで延期することになった。春から準備をはじめていた詩集が十一月はじめにやっとできあがった。その月の下旬、病院での手術後の検査で左肺に影が数カ所見つかり、癌が転移した可能性があると言われた。もしそうなら、日常生活はもっと不自由になるかもしれない。前年に考えていた散文集の準備を急がなければならないと思った。

家族が古い「ＶＩＫＩＮＧ」のコピーをとってくれたのを、編集工房ノアの涸沢純平さんに送り、『訪中ノート』を読んでもらうことにした。十二月下旬になって、「半世紀も前の旅行記が今どう読まれるか」が心配だが、「作者の顔や観察が随所にでている」のが魅力的だという旨の手紙が届いた。その三日前に再検査があったのだが、肺の影はどういうわけかほとんど消えていた。本作りはゆっくり時間をかけてできるなと思った。そして一年後、やっと「あとがき」を書く段階にまで作業はすすんだ。体力は少しずつだが上向いてきていると思う。調子がよければ一キロメートルは歩けるようになった。

というわけで、今回も涸沢さんにお世話になった。「ＶＩＫＩＮＧ」掲載時はかなりいい加減だった送りがなをすべてチェックしてもらった。表紙、写真、スケッチ、地図、年表についても相談した。私の作業スピードはかなり遅かったが、気長に待ってくれた。そして、助言もあって、『僕の訪中ノート　1971』と改題した。

福家道信君と涸沢純平さん、それに四十年前、「ＶＩＫＩＮＧ」連載時に例会評で面白がったり、ぼろくそに言ったりしながら、最終回まで励してくれた、富士正晴さん、井口浩さん、松本光明さん、山田稔さん、北川荘平さん、福田紀一さん、廣重聰さん、安光奎祐さんら大先輩たちにも、また五十年前、大阪外大でカンパを集めて送り出してくれた「プロ文研」の仲間たち、カンパに応じてくれた先生方や多くの学友のみなさんにも、改めて感謝を申し上げたい。

黒田　徹

（二〇二〇年十二月十七日）

関連年表

1966.5　文化大革命はじまる。
67.1　上海１月革命。
6　初の水爆実験。
7　武漢事件。
68.7　上山下郷運動（下放）はじまる。
9　革命委員会が全国の省・自治区で成立。奪権闘争が完了。
10　劉少奇国家主席、共産党除名（第８期12中全会）。鄧小平副総理解任。
69.3　中ソ国境紛争（ウスリー川の中州で）。
4　林彪副主席、毛主席の後継者に（第９回党大会）。
11　劉少奇氏死去。
70.4　初の人工衛星打ち上げ成功。
71.2　第一次関西学生訪中参観団訪中（～３月）。
4　米卓球チーム訪中。
7　キッシンジャー補佐官、１回目の訪中。
9　林彪副主席死去（林彪事件）。
10　中華人民共和国、国連加盟。常任理事国に。
72.2　ニクソン大統領訪中。
9　田中角栄首相訪中。日中国交正常化。
73.3　鄧小平氏復活（国務院副総理）。
76.1　周恩来総理死去。
7　朱徳全人代常務委員長死去。
9　毛沢東主席死去。
10　四人組逮捕。文化大革命おわる。
77.8　文化大革命終結宣言（華国鋒主席、第11回党大会）。

黒田　徹（くろだ・とおる）
1950年京都生まれ。
大阪外国語大学朝鮮語科卒業。
「VIKING」同人。
詩集『風のなか』（VIKING CLUB 刊）
詩集『家路』（編集工房ノア）
詩集『なつのあしたに』（編集工房ノア）
小説『僕のコリアン・グラフィティ
　――韓国1972年　春』（編集工房ノア）

僕《ぼく》の訪中《ほうちゅう》ノート　1971

二〇二一年三月三日発行

著　者　黒田　徹
発行者　涸沢純平
発行所　株式会社編集工房ノア
〒五三一―〇〇七一
大阪市北区中津三―一七―五
電話〇六（六三七三）三六四一
FAX〇六（六三七三）三六四二
振替〇〇九四〇―七―三〇六四五七
組版　株式会社四国写研
印刷製本　亜細亜印刷株式会社

ISBN978-4-89271-337-8

富士さんの置土産　古賀　光

富士正晴の言葉、表情をいきいきと再現したエッセイ集。なかでも会話は、そのものをよみがえらせる妙がある。素顔の魅力が伝わる。　一六〇〇円

故地想う心涯なし　中川　芳子

私や子供の漂泊はとめどがなかった。京城で育ち天津で結婚、北朝鮮で疎開。敗戦で38度線を母子で越える。時代の変転、断層を生きる連作。二〇〇〇円

別れ　沢田　閏

ひとつの時代を、寡作に、真摯に生きた作家の生のかたち。詩・小説・エッセイ・評論。「ＶＩＫＩＮＧ」「日本小説を読む会」「果樹園」。　一九四二円

臘梅の記　林　ヒロシ

大槻鉄男先生のこと　先生といると高められ安らいだ。仏文学者・詩人・大槻鉄男とのかけがえのない師弟愛。とりまく友情の時間を呼びもどす。二〇〇〇円

火用心　杉本秀太郎

〔ノア叢書15〕近くは佐藤春夫の『退屈読本』遠くは兼好法師の『徒然草』、ここに夜まわり『火用心』、文芸と日常の情理を尽くす随筆集。　二〇〇〇円

象の消えた動物園　鶴見　俊輔

私の目標は、平和をめざして、もうろくするということです。もっとひろく、しなやかに、多元に開く。２００５〜２０１１最新時代批評集成。二五〇〇円